文史哲學集成

林漢仕著

周易匯真

文史哲出版社印行

國家圖書館出版品預行編目資料

周易匯真 / 林漢仕著. -- 初版. -- 臺北市：
文史哲, 民 87
面： 公分. –(文史哲學集成 ; 400)
參考書目：面
ISBN 957-549-178-5(平裝)

1.易經 - 研究,考據等

121.17 87016026

文史哲學集成 ㊵⓪

周易匯眞

著者：林漢仕
出版者：文史哲出版社
登記證字號：行政院新聞局版臺業字五三三七號
發行人：彭正雄
發行所：文史哲出版社
印刷者：文史哲出版社
臺北市羅斯福路一段七十二巷四號
郵政劃撥帳號：一六一八〇一七五
電話 886-2-23511028 · 傳眞 886-2-23965656

實價新臺幣六〇〇元

中華民國八十七年十二月初版

版權所有 · 翻印必究

ISBN 957-549-178-5

林漢仕自序

鳳美園上代老主人林公上學下鳳，其四子：元、亨、利、貞皆好書。家藏線裝古易經等數百種。因道利嗜酒，不論聖賢頑騃皆醉，遂爲王田差遠枚鄰居所欺，幾頓飯局後，數千卷圖書借閱一空。卅年前鳳公孫南生忽而好易，窮蒐海內外舊版易經近百種，又得拜讀今人嚴輯易學集成三百十九家，林漢仕其愚不可及，擇善而固執，忘個人之癡陋，摘食前賢碩果之餘，著手妄加嗤點前輩精心所鑄之象，甘甜苦澀，又大言不慚謂不知老之將至，今舉數例彼所裁成易傳冰山之一角，並請易學大家共笑其愚：

1. 大過九五爻辭：

枯楊生華，老婦得其士夫，无咎、无譽。

林漢仕案：易之作者、贊者、傳易之施、孟、梁丘、京、費皆男士、注家馬鄭王孔、朱來杭屈亦我同性，男尊女卑定矣！佛祖以女人有五漏垢穢，不能成佛。佛經中「去女即男難。」，佛四十八願之一「我作佛時，國无婦女，命終隨化男子。」女身非法器似成定論。八敬法謂出家女衆在有比丘僧團中，其職權不可凌駕任一比丘，否則犯墮惡道戒！中國五十六少數民族中仍以母權至上者不多。男與女乃最早對決爭鬥族類，男勝女後觀其限制女性活動之種種宏謨，必欲置之奴婢永不翻身觀念之普遍栽植，孔子嘆唯女子小人難養時即嚐到其苦果，女子之無知乃我男性共同塑造現象。以曹大家之才，不能廢祖先家法。老子牝常以靜勝牡；牝牡之合，負陰抱陽。理是而不能平衡易家及天下男女胸中矛盾。女子之德，處常履順，親蠶治生，敬舅姑，助夫長子，議酒食，操井臼，黽勉於內定矣！女子之名不出戶限。所謂積家成國，家恆男婦半，各盡其分，如是家和國治之說，話正行醜已廣爲風俗矣！男子志在四方，女子則生長環堵之中，欲與男子競馳，比權量力，有不可言之矣！後世子孫視既得利益爲當然，觀其著論：「夫老妻幼，尙有生育之功。」「老婦得士夫爲可醜。」傳易者黨老男而醜老婦之心態活現！

2. 小過上六爻辭

弗遇過之，飛鳥離之，凶，是謂災眚

林漢仕案：小者弗過而遇諸塗，上六我本閑散人，因邂逅而一頭栽入，五湖四海，天上地上，唯我獨尊之身世，一入彼彀則不得不發矣！世俗之禮遇榮耀，無形之索已套牢爲之驅馳矣！从野鶴閒雲身，爲榮譽、虛名、財色、祿位緊箍，咎由自取也，是之謂災眚。蓋受人者常畏人也。毛遂錐之不入囊，莊子寧爲污泥中爬行，嚴光五湖四海，顧炎武刀繩具在，不因偶遇而改，改則自負一切後果也。

又離字，張根謂離于網罟。江藩謂遭，屈萬里謂罹，李鏡池謂通羅，網也。前人逕謂離麗網罟。若謂遠離網罟，奮衝天之志，笑彼北山張羅，可奈我何！其志大才疏，力有未逮耶，效鯤鵬怒翼，搏扶搖而上九萬里，力盡而墮，亦可哀也！

小過卦辭大吉，烏有卦辭大得，上六爻釋入死胡同者耶！故知凶者失也，災眚者，錯誤嘗試之煉鑠也。所謂人謀鬼謀，百姓與能也！與亨，大吉亦祇一寸之遠耳。

3. 无妄卦辭

无妄，元亨利貞。其匪正，有眚，不利有攸往。

林漢仕案：无妄一詞，已融入先民生活中常語，如管子本乎无妄之治。（无誤，不虛假也）戰國策世有無妄之福，又有無妄之禍，今君處無妄之世，以事無妄之主，安不有無妄之人乎？（必然之意）宋鮑彪注無妄，言可必，一說無所望之意。中庸有誠者眞實無妄之謂。眞實不虛僞也。今出土原句爲无孟、漢唐人已改爲无妄。

雜卦无妄，災也；序卦復則不妄矣，故受之以无妄，有无妄然後可畜……。韓注无妄，災也。乃拆開无而單解妄。故稱无妄之世，妄則災也。雜卦解上合史記無所希望，無所復望。序卦謂不妄即天理，即至誠，无敢詐僞。再由易家引申不期望，自然之謂，不期而有，非意所及。察諸卦意，无妄、元亨利貞。與乾、坤、屯、隨、革同詞。苟得其養，人人可爲堯舜。固非著力點。其匪正有眚乃條件。反語正則無眚，利往矣！漢人妄之言望，後來易家即以希望解其義。又如蜀才，九家易，將无妄加字解爲无有災妄，於是无敢虛妄，天命至誠出籠矣！漢人无妄，无望。望，月滿爲望，過望爲既望，可知望乃滿之意。又無望爲無界畔。无望，无滿足，無界畔也。蓋无妄无滿足，无圓滿，乃人心思一追求之境界。猶之大學「止於至善。」可有一永久至善桃源？隨人心昇華，隨世界昇華，隨環境昇華。故无妄无滿足之努力，元亨利貞也。无欲速，无欲使壞，使壞則災眚並至。豈止不利所往而已！

本書每卦每爻，除輯先聖先賢哲語供吾人膜拜欣賞外，亦隨興加入個人讀易心得，偶有妄下雌黃亂語，還請易學大家哂正。

祖籍廣東蕉嶺峽裡村倉樓下
客居臺灣臺北溫州街鳳美園　林漢仕南生述一九九八、十、十五

周易滙眞目次

䷔ 噬嗑（火雷）

噬嗑，亨，利用獄。

初九，屨校滅趾，无咎。
六二，噬膚滅鼻，无咎。
六三，噬腊肉，遇毒，小吝，无咎。
九四，噬乾胏，得金矢，利艱貞，吉。
六五，噬乾肉，得黃金，貞厲，无咎。
上九，何校滅耳，凶。

䷔ 噬嗑，亨，利用獄。

彖：頤中有物曰噬嗑。噬嗑而亨，剛柔分，動而明，雷電合而章。柔得中而上行，雖不當位，利用獄也。

象：雷電噬嗑，先王以明罰勑法。

鄭玄：勑猶理也。（釋文）

陸績傳彖：動而明，象雷電也。（京氏易傳注）

王弼：噬，齧也。嗑，合也。物不親有間，物不齊有過，有間有過，齧而合之所以通也。刑克以通獄之利也。

孔疏：假借口象以爲義，喻刑法也。凡上下之間有物間隔，當須用刑法去之乃得亨通。

司馬光傳彖：明罰勑法，先王明罰，非以殘人，所以正法也。

張横渠：子路禮樂文章未足盡爲政之道，以其重然諾，言爲衆信，故片言可以折獄，如易利用獄，利用刑人，皆非卦爻盛德，適能是而已焉。

程頤：天下事不得亨者，以有間也。噬而嗑之則亨通矣。天下之間非刑獄何以去之！利以察獄以究情僞，得其情則知爲間之道，然後可以設防與致刑也。

蘇軾：道之衰也，物至相噬，以求合教化則已晚矣，故利用獄。

張浚：以震離二體亨，利用獄者何罪？主斷非到明者不能斷，不曰刑而曰獄，獄必得其情，正其罪而後加刑。噬嗑明德在上，故利用獄，互坎爲獄。五柔中不當位而利用獄。

鄭汝諧：不必泥大象而爲鑿說，此卦可見。得意忘象。噬嗑，除間也。去間不於其微，則爲間日深，不當其位則刑人不服。刑者不得已而用，除間用刑，用所當用也。

張根：除間之謂。

朱震離震合體，頤中有物象。噬嗑，噬而合之。剛決而止下亨矣！推之人事，上下之際有讒邪間之者，除去之則合矣。

項安世：動明兩體合而章，大化亨矣！五柔得中，用獄噬頑民。陰陽相噬有聲爲雷，有光爲電，因噬而合。舜期無刑。成王刑寬、穆王哀矜折獄、咸中正以柔中爲主也。

李衡引胡：九四一陽居三陰之中，如剛梗之物在頤中，必齧合後合。引伐：所亨在刑獄，故不云无亨。刑獄非大正之道，故不言利貞。引皐：使醜類盡除而異方會合。

楊萬里：食有梗，治亦有梗。梗食者齧，梗治者決。不齧則味不合，不決則治不通。嗑，合也，亨，通也。獄刑人之事，何利乎用獄？獄廢則梗存矣。

朱熹：噬，齧也。嗑，合也。上下兩陽，中虛，頤象。九四間其中，必齧之而後合，則亨通矣。五得中，雖不當位，治獄威與明得中爲貴。有德則應其占也。

趙彥肅：頤中物，噬而嗑之，食道也。所以養人故亨。頤外實中虛，囹圄之象。中有實焉，囚也。決而去之，獄貴空爾。此卦動故利用獄，賁止故折獄致刑也。

楊簡：九四奇是頤中物，噬此物則嗑矣！故噬噬物亡，嗑則事濟，非亨乎。噬者除間之道也。小人巨姦間則除之。

吳澄：噬齧，嗑合。頤本合，有物間之，必齧噬後合。合則亨。離中虛獄象，五卦主治獄，鞫得其情，猶噬合也故利於用之以治獄。

梁寅：卦取口囓物象。專言刑獄之事，聖人期无訟，然有強梗者害吾治，不可不懲。利用獄者，以其有威震又明照，乃用刑之象也。

來知德：噬而嗑，物不得間，自亨通矣。利用獄者，噬嗑中之一事也。噬齧，嗑合也。上下兩陽、中虛，頤象。九四一陽，頤中物象。

王夫之：一陽入於三陰之中而失其位。三陰欲連類，爲一陽所間，不能合也。初上噬者，以剛強函雜亂之陰，是齧合。亨者，物不合，志不通，齧合亦合矣，是亨也。離明主用獄，邪妄可息也。

折中引李舜臣曰：噬嗑以去頤中梗，刑獄去天下之梗也。

李光地：外實中虛，如頤中銜物，必噬而後合。物有間者噬合則通，故占多。用獄者去天下之間也。

毛檢討：噬者齒物，嗑者合也。初上齶，塡物于中。上開下動，中有決斷，自能亨通。上下兩剛同于犴狴，決斷諸有，兼類折獄，既亨即因用獄，亦有利焉。

李塨：齧合也。九四頤中物，必噬而嗑則亨。觀卦位，剛柔分；卦德，下動上明；卦象，雷動電照成章；卦本坤柔得乾上行，五柔行剛，用獄何弗利焉！

孫星衍：（釋文）勑，俗字，字林作勅。鄭康成勑猶理也。

丁晏：本義雷電，項安世謂石經作電雷，晁公武當從石經。京房傳雷電合分，漢易皆作雷電，唐石經亦作雷電，經文未可臆改也。且象傳亦云雷電合而章，安在其爲電雷乎！

張惠言引（注）：否五之坤初，坤初之五，剛柔交故亨。坎爲獄，艮手，離明，四不正係獄，上當之三，蔽四成豐，折獄致刑，故利用獄，坤爲用也。

姚配中（案）：震動離明則雷電交，震上離下成豐，故雷電合而章，章明也。柔中上行，雖不當位，利用獄也。柔中勝剛愎也。

吳汝綸：噬嗑，大傳借爲市合，證古訓借聲立義也。利用獄如利建侯，利涉類，偶舉一事以證，非全卦專取此也，說者以爲刑獄之卦，非是。

馬通伯引李舜臣曰：噬嗑去頤中梗，雷電去天地之梗，刑獄去天下之梗。引趙汝謀曰利用獄，歸六五柔中哀矜之意乎！引胡一桂曰剛柔分而柔得中發其義。案此言卦變也。

丁壽昌：案李資州曰頤中有物曰噬嗑謂九四也。四互坎，坎爲法律、刑獄。四在頤中，齧而後亨故利用獄。案剛柔相間，孔疏釋剛柔分義爲長。

曹爲霖：漢桓帝時，崔實曰凡爲天下，嚴則治，寬則亂。爲國之道有似理身，平則致養，疾則攻焉。刑罰者治亂之藥石也。德教者治平之粱肉也。雋不疑叱衛太子論，尤足證不當位利用獄之義。

星野恆：噬齧也，嗑合也。九四頤中物，噬而嗑之，間除無隔，故亨也。剛柔得中，性無所偏，以此斷獄何難之有！

李郁：除惡之卦，噬嗑，齧而合之，去喉中之鯁，除天下之穢。否初往五，陰陽交故亨。治獄貴明，故利用獄。

楊樹達：爲獄，十月卦。（太平御覽）下動上明，其象先王以明罰飭法。賞不隆善不勸，罰不重惡不懲。故賞罰使驚心，民乃易視。（潛夫論）

胡樸安：噬嗑，齧而合會。與獸博亦噬。雜卦傳古代民衆博鬥皆爲食也。噬嗑是游牧時代語言。治民博鬥，君主用獄。獄之大用以情爲重。

高亨：古人亨祀筮遇此卦故記亨，亨即享字。又筮遇此卦，利於訟獄，故曰利用獄。

李鏡池：噬嗑與吃喝音義近，跟飲食有關。吃喝對貴族當然是亨，但奴隸在飲食上犯錯就得入獄。利用獄是站在奴隸、貴族立場上說的。

徐世大：齮齕：普徧。宜用拘留所。此卦以獨幕劇譯爻辭。噬嗑以同聲字訓爲齮齕，小小爭鬥。噬口筮，卜者，另置甲、乙登場人物。

屈萬里：噬嗑即今俗言吃喝。序卦傳飲食必有訟。故利用獄。以齒斷食，猶斷獄也。利用獄利於訟。

嚴靈峯帛書：（　）（　），（　），利用獄。

張立文：噬嗑言口中含物而咀嚼之。譯：噬嗑，亨通，利於進行訟事。

金景芳：咬掉口中物必亨通。利用刑法去掉天下之梗。噬嗑這一卦主要講刑獄的。

傅隸樸：噬齧，嗑合。赴形四爲梗，初上象上下顎，二三五象牙齒。卦義除暴安良，治亂世用重典，明足察奸，威足除暴，齧去梗阻就通暢了故噬嗑亨，判刑案也宜用此法。

徐志銳：齒咬物合咀嚼，初上象牙齒，中間虛象口，九四梗塞物，畫形象釋卦名。六五剛柔相濟最合治獄斷案。

朱邦復：亨通，可利用刑罰治理整頓。

林漢仕案：丁晏斥項安世電雷排列組合之不當，雖然項謂石經作電雷，晁公武亦謂當從石經，而引象傳，唐石經皆作雷電，而議「經文未可臆改。」作雷電者，象象其始乎？張浚之震離，陸績之動明，下動上明，與一般習慣：象：山下有險爲蒙，象：天與火同人，象：火在天上大有，不同，象之言雷電噬嗑時，朱熹即註言明雷電當作電雷也。蓋依習慣雷電已爲豐矣！而象多依先下後上次序，象則直依先上後下組合，或明言山上有澤咸，天下有山遯。無關乎卦義大旨也。讀者諸君就依先賢習慣，時時配合上下，下上可矣！而其卦爻排列，上電下雷——噬嗑，上雷下電——豐則不可易也。

噬嗑，屈萬里，高亨，海峽兩岸當代賢者，不約而同謂噬嗑即今俗言吃喝，音義通。與飲食有關，序卦傳飲食必有訟。象傳頤中有物曰噬嗑。依常理，頤中有物確爲吃喝之動作，齧閰噬梗乃爲一飽過程中手段，非目的也，思飽、思食，文爭武奪，各盡所能。食人，食於人，端視力與智之充份條件。食指大動，有人遭羞辱，有人遭族滅，飲食與人大矣哉！鳥爲食死，人亦何異於鳥獸耶？本卦說者謂二三五牙齒，四爲梗，去梗則食順，豈眞矛盾生大業耶？九四噬九四，楊萬里之論也。果眞有人以九四剛居柔，得用刑之道。朱子之言也。李光地：四用刑主。邱富國以四五兩爻治獄剛威兼施，治獄道得矣！四從梗必去之而後快，四爲罪犯一變爲治犯主官矣！王宗傳於是乎言四強梗者，以剛才去梗……是盜者與揖盜，官兵強盜合一矣，豈九四鄭熏做賊後作官，而衆官是做官兼作賊？易家以初爻爲下，爲始，上爻爲終，爲上，卦卜一時邪？卦卜一世耶？必有其進程，初正遭縲絏之禍，非其罪也，六二時乎時乎！第吃喝養志，不參與正經事，大塊臠肉大碗喝可矣！六三從宴安中體態之轉型，肉食者卑，宴安鴆毒，覺醒而後有動作，善補過也。九四得意象之剛直，具象之金矢，屬壯盛之年，人以棘手噬乾胏，四則樂斯迎賓，惟勉利艱貞守成則吉也。六五爲噬嗑主，噬爲動作，所噬者爲乾肉，過程中得黃金。金粒耶？金矢耶？抑金塊？由矢而見直，金之得剛，黃之合中，又居尊位。銅矢鏽生則劇毒，戒五貞正，心懷危厲則无咎矣！上九或係用刑不當，反遭來俊臣請周興入甕之羞，君子宜多所韜光，庶能從吉凶中生大業，合乎聖人勉作易者其知盜乎之義也。

初九，屨校滅趾，无咎。

象：屨校滅趾，不行也。

干寶：趾，足也。屨校貫械也。初居剛躁之家，體貪狠之性，以震揜巽，強暴之男也，行侵陵之罪，以陷屨校之刑，故曰屨校滅趾，得位于初，顧震知懼小，懲大戒以免刑戮，故曰无咎矣。傳象：不

敢遂行強也。（集解）

王弼：居無位處刑初，受刑而非治刑者。凡過始微後著，罰始薄至誅。過輕戮薄故屨校滅趾，桎其行也，足懲而已故不重也。小懲大誡得其福。校即械也。取其通名。

孔疏：履踐，校械。初受型人。過輕戮薄，校之在足，校之在足已沒其趾，桎小過誡大惡，過能改乃是其福。

張載：戒之在初，小懲可止故无咎。

程頤：初九无位下民之象，受刑人，罪小刑輕。小懲而大誡，小人之福。校，木械。屨之於足，滅傷其趾，懲不敢進惡故无咎。初上无位爲受刑人，餘四爻爲用刑人。

蘇軾：六爻以噬爲事，惟初與上內噬三陰，貪得不戒，故始小過，終大咎，聖人寄小人明相噬得喪。

張浚：離火下動而麗，惡跡未著，懲之止之爲小人福，故无咎。震爲足，屨校拘以校而滅其趾，使不得有所行。

鄭汝諧：初乃動體，動之始而能制，故不行。

張根：誅以馭過之義。

朱震：否下體艮爲指，在下體之下爲趾。巽變震爲足，爲草木，以草木連足指，象沒矣。履校滅趾也。械亦曰校，屨校沒足使止不行，所以懲小戒大，所以无咎。

項安世：噬嗑惟初二兩爻正，故皆得无咎。先儒以初上爲受刑人，析六爻爲兩說，穿鑿紛紛，終不知合。初本爻滅趾即本象。言校者，爻在頤中則能噬，初上在兩端不可言噬，校之施於體亦有噬之象焉。初可禁足未可絕其心。

李衡引牧：初剛趨下，小人性欲動而无應，故不得下桎梏于獄者。引石：屨校桎足，使止思過，初陽明震懼，能思止過故无咎，上九不能故滅耳之凶。引朱：疑古制菲屨赭衣當刑者服之，以示愧恥。屨校止不行小懲大戒所以无咎。

楊萬里：初小人，能薄刑止惡則不貽上九惡積之禍，故庶頑以撻而格。王駘以兀而賢。朝小人暮君子豈特无咎而已！

朱熹：初无位，受刑之象。中四爻用刑象。初卦始罪薄，過小又在卦下故爲屨校滅趾象。止惡於初故得无咎。占者小傷而无咎也。

楊簡：屨如校焉，遂滅其趾。屨趾所以行，今校滅之則不行。禁初也，其惡不行，亦無咎矣！

吳澄：初下爻辭用獄取象。履如納履，校械也，滅沒，震下畫爲趾，初剛橫震足下，械處其趾象。初未鞠問，恐其走逸，械足使不得去。初犯得位非有罪而獲釋，占无咎。

梁寅：震爲足，初居震下，趾象。在下罪薄，故但校滅其趾，以輕刑治小罪可无咎也。

來知德：校，足械也。屨者以械加足如納屨，中爻坎爲桎梏。滅，沒也。因刑而懲創以爲善。初上受刑人，中四爻用型者。趾，人用以行，懲使不行惡，小人福也故无咎。

王夫之：屨校，施械於足。滅掩沒。見械不見足也。初雖剛，處卑下，屈己合物，二又柔乘己，議刑者刑械其足，薄懲則惡止矣，故可无咎，戒用獄者早爲懲創，免民於咎道也。

折中引俞琰曰：校，獄具也。初在下趾象。滅沒不見。剛加屨沒其趾，故曰履校滅趾，懲小戒初故无惡。姜寶曰言屨校於足而遮其趾，非傷滅其趾之謂也。

李光地：四用刑主，初爻爲受刑之人。止惡於初則不入於罪，无咎之道也。

毛檢討：初上兩剛能斷物，用獄能斷決也。震剛，陰沒于陽中，似震足下垂見剛木，不見趾，若以校木爲屨緉者，校者足械也，如是則不行矣！

李塨：震足，初亦足，趾象。一陽橫亘于下如桎梏，則屨校而滅沒其趾之象，震行不得矣！小懲大誡，故无咎。

孫星衍：（釋文）校，爻教反。馬音教。滅止本亦作趾，足也。傳象不行，或本作止不行也。

丁晏：釋文作止，本亦作趾。案士昏禮鄭注止，足也。漢禮樂志獲白麟，爰五止。顏注止，足也。說文無趾字。止下注云足也。

張惠言引（注）：屨貫趾足也。震爲足，坎爲校，震沒坎下故屨校滅趾。初位得正故无咎。

姚配中：初應在四，化應則失位，震不見故屨校滅趾。屨校者，已蹈愆震應坎也。滅趾者，未至災，初未化，懲於法則不化故无咎。自注云：初化滅趾，不化則不滅趾。小懲謂屨校，大誡謂滅趾。以滅趾爲誡故得无咎。

吳汝綸：滅，沒也，或以爲傷，非是。

馬通伯引錢澄之曰：凡民有罪，未麗於法而害於鄉里者，桎梏而造諸嘉石，役諸司空，此爻當之。案初變與四應，壞故不行，義取改過順九三不以失位爲咎也。屨校懲其妄行，非被刑之象也。（若亡其足）

丁壽昌案：干令升屨校貫械。侯果屨貫趾足。震足坎校震沒坎下，故屨校滅趾。初正故无咎。惠定宇以械爲屨，故傳屨校。漢謂貫械。九家說卦坎爲桎梏，故校，校械也。

曹爲霖：冀州刺史朱穆爲宦官僭，大學生劉陶上書訟冤，以穆感王綱不攝，竭心爲上，帝赦之。誠齋曰初九小人薄刑止其惡，不貽上九罪大凶禍矣！

星野恆：校木械。滅趾傷其足，言刖刑也。陽居下受刑，人微罪輕，故有屨校滅趾象。能改過故得无咎。

李郁：屨貫也。初六爲趾，以陽貫之，如木校趾，而趾滅矣，罪微罰輕，小懲大戒故无咎。

胡樸安：履足所依，校，木囚。足貫木械也。滅斷，趾足，斷其足，刖刑之始。先械足，復斷足，不言犯罪之由，可見罰不公，非其咎也。如此用獄，法不能行也。

高亨：按周易踐履之義皆用屨，此作屨，疑讀爲婁，曳也，足曳校而行，校囚具。拘囚輕罰也，知警惕則免重戮於後。

李鏡池：屨拖。校枷。滅遮蓋。奴隸因飲食受刑，拖著刑枷，遮住腳板。无咎另占。

徐世大：甲乙兩人在街上動武，用腳校量，弄得鞋破趾縮，別鬧了！无咎。校以較，角同聲互訓。

屈萬里引惠定宇曰以械爲屨，故曰屨校，漢謂之貫械。

嚴靈峯帛書：初九，(句)( )( )(止)，无咎。

張立文：句假爲屨，音同相通，訓貫，即拘義。校，木製夾足的刑具，頸枷，手梏，足桎，通稱校。滅砍掉。譯：初九，有人戴木製夾足刑具，足趾砍掉，無滅身災禍。

金景芳：履校，腳帶刑具。滅沒，看不見腳趾。不是消滅，這個无咎。程朱以爲初九是受刑的人。

傅隸樸：初爻是無地位的顯示。代表被刑的。古訓具有三種，枷、梏、桎。皆木製。校就是桎，五刑無校，是輕刑，套了校見不到趾故滅趾。薄懲改過，還有何禍？故无咎。

徐志銳：將桎加足上遮沒了腳趾。初九在下，人身言腳趾。治獄言初犯，小懲而大誡，知過不再犯罪，此則无咎。

朱邦復：刑罰爲了使人畏懼，无咎。象：初九下民爲受刑者。

林漢仕案：屨，履也，關西呼履謂之屨，漢以後通作履。虞翻注屨爲貫，帛書原字作句，假爲屨。注家僅高亨一人注意屨履不同而屨讀爲婁，曳也。李鏡池直譯屨爲「拖著」。就比應言，項安世注意彼初二兩爻之正，而斥群彥爲「穿鑿紛紛」，析六爻爲兩說。易家作傳所立規矩，卦氣、卦變、升降、爻辰、納甲、半象、互體、錯綜，無非在使卦爻辭納入賢者軌道，運轉自在自如也。後世學者，只須熟記前修軌跡，遊戲其間，確能自慰自足，以爲左右在逢得其源也。右五十幾家高明立說，屨校滅趾，无咎，當无可挑剔矣夫？

初九「屨」校，帛書作句，讀曰鉤。曲也。引鉤出直。又帶也。如此，則不必假句爲屨。句校即帶校，句曲之校，其意較之：貫械，拘以校，屨而校焉，納履，屨拖，桎也，刖刑……明矣！校即械，桎也，木械，疑古制菲屨赭衣當刑者服之，以示愧恥。木囚，枷，校，較角。排比一下：

校即械

桎也，

木械，

古制菲屨赭衣意，

木囚，

枷，

較量，較角同聲互訓，

古名桎械，今名腳鐐，幾是衆口一辭，而其物也，古今必不同，名稱亦不同，而鐐於腳其意一也。菲屨，木囚，較，角，對下文滅趾，似不能匹配成意。

鉤鐐滅趾，或更淺顯言帶著腳鐐滅趾。滅趾意見亦多，約而言之：滅沒其趾；滅傷其趾；械加足如納履；遮沒；非被刑象；傷足、刖刑；斷其足，滅斷；趾縮；足趾砍揮；非謂傷其足。腳趾看不見應是較佳詮釋。蓋腳鐐之加於腳踝也猶手銬之加於手腕。腳帶著鉤曲腳鐐，看不見腳趾，其爲噬嗑卦之起境乎？初九无位下民，剛卑而得正无應，初動主，強暴之男也。初上兩陽齟，毛檢討言，上下兩剛同犴狴（案應爲狴犴，獄門外猛獸），夫如是，初如何反爲受刑人，懲小過戒大惡邪？試以齟爲例，下動始得開合，始得齧咬，開合，齧咬，動也，初爲震動主，雖不得四之援而或如干寶言強暴，侵陵，正因其守職或不奉命而遭上官反誣入縲線之禍，非其罪也，孔子之嘆公冶長者，初乎？罪非在我而轄我者之不正也！无過咎者一出自我良知，亦一出自易簡之斷案可知也。是初爻之正卜得如是必无咎。吃喝談笑間，初遭反制，刑人反遭鉤鐐鎯鐺，遮掩其下，正者自正，人做天看，非汝過咎，易亦爲小人言矣夫！抑天下正，君孰敢不正也耶？下民可奈上之不正何也！讀易君子固宜三思！

六二，噬膚滅鼻，无咎。

象：噬膚滅鼻，乘剛也。

馬融：柔脆肥美曰膚。（釋文）

王弼：處中得位，所刑者當，故曰噬膚。乘剛刑未盡順道，噬過其分，故滅鼻。刑得所疾故无咎。膚柔脆之物。

孔穎達：六二處中得位是用刑者，所刑中當做噬膚，膚柔脆喻受刑人。噬過其分至滅鼻言用刑大深，中理故无咎。

張載：六三居有過之地而已噬之，乘剛而動，動未過中故无咎。

程頤：二居中得正，用刑中正。噬齧肌膚易入，滅沒其鼻。另說以中心之道，乘初剛，用刑剛強，與嚴刑待剛強義不相妨。

蘇軾：陰居陰，故初九噬之若噬膚然，至滅鼻而不知止，非初之利也，二无咎矣！

張浚：二柔中爲噬，乘初剛，柔上爲噬膚，膚柔脆陰屬，言噬之易爲力也。滅鼻謂剛閒屏氣，示梗之必除也。

鄭汝諧：二應於五而四比之，皆得乎君而用刑者，故无咎。

張根：不得不爾。

朱震：艮陰爲膚，六三不當，六二噬之，兌口故噬膚，艮爲鼻，二動兌見艮毀，滅鼻也。滅鼻當息，言三不當，二用刑不過中，故无咎。

項安世：二正，得无咎之全。噬嗑以乘剛爲利。柔居柔，至柔爲膚，膚在中爲鼻，二柔猶鼻，鼻有膚而無肉，易噬，乘剛如膚在齒上，故噬則滅鼻，滅則其念絕，而絕惡莫要於二。

李衡引牧：噬膚，刑其皮膚，鞭笞之刑，文之太深至劓而不以爲咎，滅趾而不悛也。引房：陰居陰，性刻乘剛，張湯杜周之流，無可咎者，當位故也。

楊萬里：二至五皆噬，上下噬齧象。二能絕四初應，則四自孤無與。膚患淺，鼻者氣之通，六二中德去惡，居大臣位，乘初九剛德與位偕，又何咎？

朱熹：祭有膚鼎，蓋肉之柔脆，噬而易嗑者，六二中正故所治如噬膚之易。然柔乘剛不免傷滅其鼻，占著雖傷无咎。

趙彥肅：以柔居柔，乘剛故最易噬。

楊簡：噬膚言其易也。間者長惡尚淺故噬易也。鼻上通之象。滅使惡不上通。六二乘剛，初九梗政，二噬之易也。六二得位，又以中正之通臨之，此其所以噬之易。

吳澄：中四畫乃頤中所噬物。二三五柔脆，四剛物堅，二柔居柔，膚者豕腹下無骨肉，古禮實膚鼎，二易筮，所筮掩過噬者鼻，故膚滅其鼻，其間易去故占无咎。

梁寅：中正用型者，所治如噬膚之易。膚者肉之腴，治強梗必深入如噬膚沒其鼻，雖小傷於己而無虧於法矣，又何咎哉！

來知德：凡卦中次序相近者言膚。離三震四也。爻位以次漸深，噬肉以次漸難。祭有膚鼎，蓋脆而無骨。中爻艮、艮鼻，二變爲離，不見鼻。朱子謂沒鼻子器中是也。

六二聽斷治獄，有噬膚滅鼻之易。其占如此。

王夫之：初上噬者，四爻受噬者。大臠無骨曰膚，捧大臠噬，掩鼻不見。二柔近初，易噬若膚者，象以其乘剛，故可恣意噬之。二有取噬之通，噬之者可无咎。初罪輕，可薄罰以止之者也。

折中引胡炳文：噬而言膚，胏肉者，取頤中物象。六二柔中正，故所治如噬膚易入，初剛未服，不能無傷，終可服也。

李光地：中四爻取噬義，初易制，二近而治之，如噬膚之義，用力深至滅沒其鼻，居中得正，故占无咎。

毛檢討：二三柔在噬嗑間，六二本損之兌，二剛隆所謂鼻也，今易四柔，隆者亡矣！二四互艮爲鼻，二當艮喙之根，見喙不見鼻，則凡爲剛者皆魚肉之矣！可乘剛乎！

李塨：二三五噬物者，骨陽肉陰，六二互艮爲膚，革也，艮又爲鼻，正直所噬之膚，有噬膚沒鼻象。乘初剛齧柔物。

張惠言引（注）：噬，食也。艮爲膚，爲鼻，鼻沒水不見，故噬膚滅鼻，乘剛又得正多譽，故无咎。

姚配中引注：二應在五故噬膚，謂貪其祿位也。欲動應五，化而失位，艮象不見故滅鼻，不化故无咎。自泣引漢書董賢傳朕惟噬膚之思未忍。孟康曰喻爵祿恩澤加之不忍誅也。

吳汝綸：二三五皆柔，三五以柔居剛，雖脆而堅，二最噬。噬膚腊本於禮之膚鼎腊鼎，膚者，豕腹之下，古禮別實一鼎曰膚鼎。

馬通伯：膚者人所嗜，六二知懼，不貪其味故滅鼻，无咎。滅，亡也。臭則若亡其鼻也。太玄謂沒所芳，溫公云先覺臭芳，見得思義，不可失正也。以滅鼻爲弗臭矣？

丁壽昌：噬嗑四爻言膚腊姊肉，指鼎實言，取頤中有物之象。程傳噬人肌膚，與下文腊胏不類，當從本義。

曹爲霖：誠齋曰二絕四應則四自孤而無與，故吳濞非楚則反不決，燕旦非上官則謀不發。膚者患淺，鼻者氣通。

星野恆：膚，肉之柔脆易噬者。傷滅其鼻。爻以中正之德，當用刑之任，故易治如噬柔肉，雖刻見傷，不失職可尙也。

李郁：自二至五皆在頤中故皆云噬。二柔故稱膚，鼻突出於面，以柔隸剛，膚噬則滅鼻，二得位故无咎。

胡樸安：噬膚，爭奪肥美肉而食，滅鼻，劓刑之始。民衆爭奪膚食，斷其鼻而罰之，罰得中故无咎。初九被刑者，六二指用刑者。

高亨：噬者齧而未咽也。凡肉皆可稱膚。滅鼻，掩鼻，其臠大，食得大臠，自無咎。

李鏡池：貴族大啃其鮮肉鮮魚，連鼻子都給遮住了。膚肥美的肉。

徐世大：甲七兩人互用嘴咬，使勁鼻子蹋。別鬧！別鬧！

屈萬里：滅，沒也。大過：「過涉滅頂。」即沒頂。儀禮聘禮：「膚鮮魚鮮腊。」注：「膚，豕肉也。」按膚肥音近，豕肉最肥故曰膚。

嚴靈峯帛書：六二，筮膚滅鼻，无咎。

張立文：筮借爲噬。噬膚謂吃肉。譯：六二，有人吃肉越分割掉鼻子，無滅身災禍。

金景芳：六二是用刑人。噬膚，咬到了肉。滅鼻，咬得深入，把鼻子都沒進去了。六二柔順中正，終能治服罪人故无咎。

傅隸樸：居中得位，執法人用刑過猛，輕罪重罰，因咬連鼻子也沒入了。如非故入人罪，仍得无咎。

徐志鋭：舊註以斷案强解，穿鑿附會。從合去認識六爻，是基本思想。二柔居陰故爲膚，噬沒鼻，合得毫不費力，就斷案說，二乘初九之上，噬而嗑之，合得非常容易。

朱邦復：以柔制剛，小有損折，无咎。象：六二乃治獄者。

林漢仕案：嚴靈峯帛書筮膚滅鼻。滅鼻當係滅鼻之誤。噬膚：共得二十六解，而誰噬？噬誰？亦有數說：

帛書筮借爲噬。

柔脆肥美曰膚。

所刑者當故曰噬膚。

噬齧肌膚（易入）。

噬膚，刑其皮膚，鞭笞之刑。

祭有膚鼎，肉柔脆，噬而易嗑。

噬膚言其易也。

膚者豕腹下無骨肉。

膚者肉之腴。

凡卦中次序相近者言膚。祭膚鼎，蓋脆而無骨。

大臠無骨曰膚。

凡爲剛者皆魚肉。

六二互艮爲膚。革也。

噬食，艮爲膚，爲鼻。

二應在五故噬膚，謂貪其祿位也。

膚者豕腹之下，古禮別實一鼎曰膚鼎。

噬嗑四爻指鼎實言。程傳噬人肌膚，與下女腊胏不類。

膚者患淺。

二至五皆頤中物故皆云噬，二柔故稱膚。

噬膚：爭奪肥美肉而食。

噬者齧而未咽也。凡肉皆可稱膚。

大啃鮮肉鮮魚。膚，肥美的肉。

膚肥音近，豕肉最肥故曰膚。

噬膚謂吃肉。咬到肉。

執法過猛，輕罪重罰。

二柔居陰故爲膚。

孰是噬者？六二噬人？上下噬六二？初九噬六二？

王弼之處中得位，所刑者當。——是六二用刑者，膚柔是受刑人。

六三是受刑人。六二噬六三。

六二用刑中正，乘初剛，嚴刑待剛強。初九是受刑人。初九梗政，二噬之易也。

初九噬六二。

二應五比四，得乎君而用刑者。又陰居陰，性刻乘剛，張湯之流也。李衡引房暨傅隸樸如是說。

上下噬齧象，二至五皆噬。楊萬里言。這噬應云被噬。

吳澄即明言中四畫乃頤中所噬物。二易噬即二被噬也。

王夫之亦謂四爻受噬者，二柔近初，易噬如膚云云。

應在五故噬膚，貪其祿位。

二三四五言膚腊胏肉，指鼎實言。

甲乙兩人互用嘴咬。

中四爻取噬義。

二柔爲膚，乘初九，合得非常容易。

噬人即用刑人，用刑人未加定位，致有中四爻取噬義：噬膚，噬腊，噬乾胏，噬乾肉。中四爻乃噬人者，用刑者，撇開上下爲齦，二三四五爲頤中物之象，依爻文順其義噬膚、腊、胏、肉，噬之刑之可也。爛帳一筆，似皆成理也！若依卜得噬嗑卦，其演化進程，初如何？其後又如何？再又如何？往後如何？可有高峯期？結尾又將如何？則卜者自得其卜之義，卜既爲決疑，不疑又何卜？而卦本身則劃一完整概念，進程得看各爻之逐段繙發其承順比應剛柔，從現實環境中覓取關係以定其吉凶，當然，爻辭乃主軸，一切關係隨主軸轉，不得有例外。夫如是，噬膚是六二動作，滅鼻是緊跟動作後之現象，无咎是貞卜這階段之占語。易家必圍繞這爻辭找可能之歷程，敘述因果，看張立文之帛書，何曾改今本易一字？句假爲屨，筮假爲噬，根假爲艱，凡與今本易異者一律假借，帛書易無益於今人解易矣！一切仍舊也。

噬嗑初九本守職，反遭誣而句校，鉤鐐鎯鐺，遮掩腳趾，喻小人遭君子之誣也。第二階段噬膚，六二亦正，六五，不與應，不得上應，本身爻位中且正，舍努力加餐飯，待時而動能如之何？蓋不得己也夫，滅鼻，來知德引朱子謂沒鼻子器中，埋首吃也，第一階段認眞受罰，彼在上君子之不明，或宦商勾結而遭厄。第二階段只管大碗大塊肉吃喝，能得清閑不用事應是六二時處境。初之言斫掉腳趾，二之言割掉鼻子，上九言割去耳朵，果眞刑罰如是，是人冥頑不靈之可知矣！懲前不能毖後也。至若李鏡池大啃鮮肉鮮魚，屈萬里膚鮮魚鮮腊。蓋儀禮聘禮卷廿一載「南陳牛羊豕魚腊腸胃同鼎，膚鮮魚鮮腊……」字樣。疏牛羊無膚，豕則有膚無腸胃，豚則無膚，以其皮薄故也。注膚是豕肉。而兩君皆自謂膚肥美肉，豕肉最肥。而不致誤謂鮮魚亦膚也夫！

六三，噬腊肉，遇毒，小吝，无咎。

象：遇毒，位不當也。

馬融：晞于陽而煬于火曰腊肉。（釋文）

荀爽：笞肉謂四也，三以不正，噬取異家，法當遇罪故曰遇毒，爲艮所止，所欲不得，故小吝也。所欲不得則免於罪故无咎矣。（集解）

司馬光：噬嗑食也。故皆以食物明之。禽獸全乾謂腊，噬之至難。乾肉難噬膚而易于乾胏者也。

張載：間在四，四剛故曰腊肉。非禮傷義，故曰遇毒。能以爲毒而舍之，雖近不相得，小有吝而无咎也。

程頤：下之上，用刑者，不當位，刑人則人不服！如噬齧乾腊，堅韌，惡味反傷口。刑人不服是可鄙吝。然用刑非爲不當，故雖可吝，非有他咎也。

蘇軾：腊肉乾肉難噬，陰居陽不純柔，中有剛，勢不能拒，君子以不拒爲大，六三於九四，力不敵而懷毒以待之，則已陋矣！小吝，見噬不能堪，故非其咎。

張浚：六三不中，柔履剛，噬爲艱，腊肉至堅，三上爲腊肉，四欲誅強去梗，反爲害，三志除惡，雖小吝終无咎。坎爲毒，四剛在險中爲遇毒。

鄭汝諧：三遇毒者不當位。不得乎五，處不中正也，雖吝无吝者，噬人非噬於人者也。

張根：才不足故。

朱震：鳥獸體乾爲腊，噬最難。九四不正，強梗者。艮爲啄，離爲雉曰熯之腊，六三位不當，柔噬剛反傷之，故遇毒，毒，坎險也。小吝者六三位不當而柔也。荀謂四噬腊。

項安世：先儒以二三四五爲用刑之人，不合。六爻皆取本象，豈必指他人之膚肉哉！三柔居剛故爲腊肉。不中爲毒，此所謂腊毒也。三在下而小，乾爲腊，三以上爲力漸難於是有吝。自治者貴於知務。

李衡引子，柔僭剛位，刑物如噬腊遇毒，懷懼不果刑。引陸：三四失位相謟，三噬四，柔謟剛，刑必難。引牧：三下體無位，吏之小者，常懼弗敢。得无咎者含章能明無成有終。引胡：三不中正刑人，人無服之者。應上九察邪正所以无咎。引昭素：馬腊肉晞陽之肉，上九陽契其象。

楊萬里：三以柔弱之才，居剛決之位，此弱齒而噬堅者也，能不遇毒夫！小吝而无吝者，度才而噬其小，庶吝不咎矣！

朱熹：腊肉謂獸腊，全體骨而爲之者，堅韌之物也。陰柔不中正。治人而不服，爲噬腊遇毒之象。雖小吝而无咎也。

趙彥肅：獸乾者腊物，雖小有骨，三柔易噬，居剛噬則易傷口，遇毒故小吝。終噬之故无咎。

楊簡：噬莫難於乾脯，次腊肉。三漸深故爲次難。三噬當也，反遇毒者，無德，不當位也。彼爲間者而三除之，義正，雖小吝，終無咎。

吳澄：三五柔，肉無骨者，六三互坎下畫離日在上，豕肉受日暵者，腊則柔亦堅矣！位剛故也。上九陽噬六三不中正之陰故爲遇毒。小者筮此爻則吝。大者遇毒无咎。

梁寅：柔居剛亦能用刑者，己不中正，治強梗猶噬腊肉而遇毒。腊蓋有骨難噬，能傷人者也。身不正無以正人，固可羞矣！然彼終必伏法，故可无咎也。

來知德：腊肉即六五乾肉。離前，三變離，上下火，乾其肉象。遇，逢也。易中言遇，皆雷與火。故言遇毒。說文毒，厚也。言遇陳久太肥厚味之肉也。三柔不正，治獄遇多季陳久煩瑣之事，一時難斷。亦有小咎。當噬嗑義无咎。

王船山：乾兔曰腊，體小而堅，不易噬者。噬嗑以不受噬爲正。強噬必相害，三亦咎矣。小謂陰。相持不從，固无咎也。

折中引胡炳文曰：肉因六柔取象。腊因三剛取象。六三柔居剛故噬象腊肉。比二難矣！小各者，中正不中正之分也。

李光地：三上應，強梗怙終，治難服故有噬腊肉遇毒象。以柔居剛，動麗明，雖所治至難，不免小吝而无咎。

毛奇齡：稍于大離近上爲腊肉，但三入互坎爲病，則腊毒容或有之，小吝耳，何咎焉！

李塨：三在膚內爲肉，上離日熯之，腊肉也。五行志曰厚味腊毒，柔居剛，位不當，所遇多艱，逢毒，非我所致，雖小吝而无咎矣。

張惠言引（注）：三在膚裏故稱肉，離日熯之爲腊，坎毒故噬腊肉遇毒。毒謂矢毒。失位承四故小吝。與上易位，利用獄成豐故无咎也。

姚配中案：上來之三遇坎，易位得正故小吝无咎。周語曰位高實疾僨，厚味實腊毒。荊蒯芮曰食其食，死其事，吾食亂君之食，安得治君而死！此其噬肉遇毒者與！

吳汝綸：腊鼎，實兔之虀爲腊。

馬通伯引鄭注周禮：小物全乾曰腊。引陳漢章曰噬嗑，食也，中四爻皆象食物。膚腊皆鼎俎之實，鼎之陳，三牲爲上，膚腊下，二三在下卦故象膚象腊。其昶案：三不中正，互坎爲毒，苦也。煬火而焦，味苦不堪食故小吝。不食不致有患故无咎。國語：厚味實腊毒。腊苦人知，厚味人溺，故舉以相況，使人知愼也。

丁壽昌：腊即昔重文，說文昔乾肉，白晞之。惠定宇曰坎多眚故爲毒。昔肉久稱昔，味厚者爲毒，久故噬昔肉遇毒。解故離爲矢，四矢象，後漢書以毒藥傳矢，故遇毒謂矢毒。

曹爲霖：此難折之獄也。小謂小人。宋理宗起復史嵩之，上疏論之者遽卒，諸生伏闕上書云：昔小人傾君子不過死蠻鄉，今蠻鄉不在嶺海而在朝廷。詔鞫治，獄迄無成。小吝无咎似謂嵩之也。

星野恆：肉薄爲脯，全乾爲腊。陰不中正，居下之上，治人不服，反噬！不免小吝。刑非不當，得无咎！居位行法，強梗不順者不得肆其兇，其可居位徒負其才！

李郁：晞于陽而煬于火者腊肉。三近離爲日爲火。遇毒謂遇四，頤中物毒物也，貪不擇食，失位小吝，有應故无咎。

胡樸安：腊肉，乾肉，經夕之肉，噬之遇毒。因遇毒，赦奪食之罪。小吝者遇毒之人也。无咎者赦奪食之罪也。

高亨：噬腊肉而遇毒，毒僅在口，未入腹，未及於身，故小吝无咎。此或古代故事歟？

李鏡池：一時吃不完的肉晒乾，製作不善變壞有毒，銅箭頭生銹也有毒。所以吃乾肉中毒，還好，不嚴重。

徐世大：甲：前天你請我吃臘肉，害我中了毒。先生：笑話！笑話！別鬧了。

屈萬里：國語周語下：「厚味實腊毒。」韋注：「腊，亟也，讀若廣，昔酒焉。味厚者其毒亟也。」按韋說未必是，然可證腊常有毒。腊，集解荀虞並作昔。說文乾肉。釋文馬融曰：「晞于陽而煬于火曰腊肉。」

嚴靈峯帛書：六三：（筮）（腊）肉，（愚）毒，（少）（閵），无咎。

張立文：腊肉即乾肉。愚借爲遇，吃腊肉遇毒，毒在口未入腹故小吝。譯：六三，有人吃腊肉遇毒，有小小艱難，無大災患。

金景芳：腊肉是陳久的肉，不好咬。古人把肉晾乾，變成腊。程傳說刑人不服，如噬乾腊遇毒惡之味，反傷口也。只是小吝，無有大咎。

傅隸樸：柔居剛位，以不正之身執法，難生明刑弼教之效。好比咬臘肉，反爲味苦所毒傷。用刑治人，反遭犯人怨毒。三上不犯順，下不乘剛，用刑不枉，雖小失無傷大體。

徐志銳：三柔居陽位，喻臘肉堅硬難噬，時間久陳腐的臘肉即言遇毒。但畢竟還可噬而後合。

朱邦復：處事不當反傷己身，小吝，无咎。象：六三柔弱，能力不逮反受毒害。

林漢仕：爻位進至下上，孰噬？噬誰？孰遇？孰小吝，无咎？項安世言：六爻皆取本象，豈必指他人之膚肉哉！是眞知易者耶？其占其卜明明本爻六三，必欲離卦覓爻以證腊肉和毒，猶之言一九九八年在臺灣統治者李登輝，儘管你如何出示戶籍資料，人證物證，其人確名爲李登輝無誤，其相同資料不下二十件，似是矣而非大溪山莊主人，中華民國在臺灣之統治者則名象相同實無意義之曲折翻騰也。吾故曰噬嗑六三噬腊肉，遇毒，即六三時位當如是，象言遇毒，位不當也。正指六三遇毒，六三位不當也。六三噬，荀爽以下皆稱三噬無誤，腊肉則謂四也，腊肉有十數說，前賢馳騁言之有物也！

昔肉謂四——荀爽。

獸肉全乾謂腊——司馬光。朱熹謂腊肉即獸肉。二說同。

四剛故曰腊肉——張載。

凡易陰居陽不純乎柔，中有剛矣。故三五難噬——似指六三本身即腊肉。——蘇東坡。

三上爲腊肉。——張浚。

三柔居剛故爲腊肉。——項安世。噬次難腊肉，三次難——楊簡。

上九陽噬六三——吳澄。

腊肉，晞陽之肉，上九陽契其象，李衡引昭素。

腊肉，全體骨而爲之者——朱熹。腊蓋有骨難噬——梁寅。

三五柔，肉無骨者，腊柔亦堅矣——吳澄。

腊肉即六五乾肉——來知德。

乾兔曰腊，體小而堅——王夫之。

肉因柔取象，腊因剛取象，三柔居剛故噬象腊肉——胡炳文。

三于大離稍近上則爲腊肉，火所乾也——毛奇齡。

三肉，上離日熯之爲腊肉——李塨，張惠言。

腊肉腊即昔重文，昔肉久稱昔——丁壽昌。經夕之肉——胡樸安。腊肉即陳久的肉——金景芳。

至若姚配中所謂位高實疾償，厚味實腊毒。與今本國語高位寔疾顚，厚味寔腊毒稍異，亦與漢書五行志異。國語韋昭注「厚味喻重祿，腊，亟也，讀若廣，昔酒焉，味厚者其毒亟也。」漢書顏師古注「腊，久也。言高者必速顚仆，味厚者爲毒久。」屈萬里按「韋說未必是，而證腊常有毒。」可笑！按韋謂重祿厚味，竟夕酒焉，毒亟也。顏師古以腊，久也，味厚者毒久。皆非專指膚裏肉，日熯爲腊之腊肉，蓋指甘旨美味，流連宴席爲亟毒，爲久毒。姑不言寔安鴆毒傷志，即今飲食條件說，酒內穿腸過，百病生焉！故厚味絕非如徐志銳言「陳腐有味的腊肉……變成有氣味的腊肉。」金景芳言「遇毒惡之味，反傷于口也。」果眞不能爽口，如何下嚥？汝會舉箸向腐肉？屈萬里之謂足證腊常有毒，而國語、漢書所稱「厚肉實腊毒」不足證也！胡樸安謂腊肉爲經夕之肉。李鏡池謂一時吃不完的肉，製作不善變壞有毒，銅箭生銹有毒，雖屬想象，然其製作菜餚供作食用時絕對美味無比，絕非味苦惡臭可知！

腊內指爲三，爲四，爲五，爲上，亦即六三，九四，六五，上九皆是腊肉；有謂獸肉乾，昔肉，兔肉，陳久之肉，過程皆經日晒火熯；腊肉有謂有骨難噬，謂肉無骨者。林林總總，女擇一深噬之，彼言之早已成理，亦將爲一易學大家矣，漢仕仍本初衷，六三時位從宴安中遭遇或體態之改變，胖而百病伏焉；或肉食者卑，宴安鴆其毒，志益下，遇毒也者，覺醒也，惟其知毒乃能覺醒，故繫辭云悔吝者言乎其小疵，无咎者善補過也！而吉凶悔吝生乎動者也！動，覺醒也，覺醒小疵，非善補過也邪！

九四，噬乾胏，得金矢，利艱貞，吉。

象：利艱貞，吉，未光也。

子夏：九四，噬乾脯。（釋文）

孟喜：噬乾𦚏。（說文）

馬融：有骨謂之胏。（釋文）

荀爽：噬乾胏（音甫，釋文）謂陰來正居，是而厲陽也。以陰厲陽，正居其處而无咎者，以從下，明上不失其中，所言得當。（集解）

鄭云：噬乾胏，胏，簀也。（釋文）

王肅：四體離，陰卦，骨之象，骨在乾，肉脯之象，金矢所以獲野禽，故食之反得金矢，君子于味，必思其毒，于利必備其難。

陸績：肉有骨謂之胏，離爲乾肉，又爲兵矢，失位同刑，物亦不服，若噬有骨之乾胏也。金矢者取其剛直也。噬胏雖復艱難，終得伸其剛直，雖獲正吉，未爲光大也。（集解）

王弼：陽爻爲陰主，居非位噬物，物亦不服，故曰噬乾胏也，金剛也，欠直也。噬乾胏而得剛直，可以利於艱貞之吉，未足以盡通理之道也。

孔疏：乾胏是臠肉之乾者，居非位治物，物不服猶噬乾胏然，金矢金剛也，矢直也，雖刑不能服物而能得其剛直。利益艱難守貞正之吉，猶未能光大通理之道。

張載：五陰柔喻乾胏。能守正得剛直義，故艱貞吉。其德光大，則其貞非艱也。

程頤：近君當噬嗑之任。胏，肉之有聯骨者，乾肉兼骨，至堅難噬者。金剛，矢直。爲得剛直之道，利克艱貞固其守則吉也。四陽居柔，剛傷果；柔守不固，戒堅貞。

蘇軾：取其堅而可畏。九四居二陰間，處爭地致交噬者。不能以德相懷，常有敵致噬，敵亡將無所施，幾自噬，以有敵爲福，未可安居享福。

張浚：噬嗑正謂四也。四五乾位爲金，離爲戈兵、爲矢、爲中也。矢直也。艱貞貞厲，愼用刑也。附骨肉曰胏。離日爲乾胏乾肉。四未光居離初。

鄭汝諧：中四爻用刑者也。諸爻皆具艱難之辭，蓋知其不得已也。

張根：金矢猶所謂束矢。

朱震：附骨之肉謂胏。古文⿱亼⿱肉土，橫渠謂五。胏比腊易，比膚難，乾金，巽木，坎矯，弓，離兵，矯木施金加弓上，矢也，金剛矢直，噬之則剛直行矣！四五易坎毀成頤，噬乾胏得金矢也。九四不正故利艱貞乃吉。四噬五可也。

項安世：爲閒已大，非貞不濟，四剛直爲金矢，可去閒，然居不正，必難貞而後吉。所遇者艱，非才之罪，能以貞勝，雖艱可也。九四吉者，以爲頤中之間。噬乾胏之強，收金矢之用。

李衡引陸績：肉有骨謂胏。引陸：三噬四、四反噬三，剛噬陰，得剛直。引牧：居位極履危，又獄事不可慢故艱貞吉。引石：失位刑人，道未光。引王逢：以剛直之道刑於人，非艱難於正則不吉，其亦未爲光也。

楊萬里：四梗也。乾胏有骨之肉。九四噬九四也！剛直噬強梗。周公與管蔡竝居周位。管蔡，強梗也。故得金矢鑽乾胏，骨去肉可噬。金剛、矢直。剛惡爲乾胏，剛善爲全矢。去惡非正固必敗。去強梗者，聖人之不得已。

朱熹：胏，肉之帶骨者，與胾通。周禮獄訟入鈞金，束矢而後聽之。九四剛居柔，得用刑之道。必利於艱難正固則吉。

趙彥肅：易噬者膚，乾肉次之，難噬者乾胏，乾腊次之，乾腊雖小，易之而遇毒。乾胏雖堅，人知其難致力焉，故利艱貞。陽體剛直，與陰中伏陽者不同。

楊簡：噬尤難也。四間益深，益大，故曰噬乾脯，或作胏。猶未盡乎善通，可勉而至故曰艱貞。

吳澄：胏，骨之連肉者，在離體內所乾。九像骨剛，居柔。九剛金，離矢。九四乾胏，噬之者初九。於胏中得金矢。金矢堅可爲用。宜艱心正主事。初九噬四，以難處之所以吉也。

梁寅：不中不正，又爲噬主而輔六五用刑，以強治強者也，故爲噬乾胏象。胏，肉之帶骨，堅而難噬。得金矢即周禮獄訟入鈞金束矢而後聽者也。令納金，取其堅，矢取其直。強梗者果爲民害，不可不治，不正反爲中傷，故利艱難正固乃吉。

來知德：胏，乾肉之有骨者。離爲乾。三居卦中，獄情之難服者，故以堅物金象之。陽居坎九四、金象。變坤錯乾亦金象。矢直，中爻坎，矢象。若六五變乾，無矢象矣，故止得黃金，四剛不正，戒剛。艱者恐一毫少忽，貞者恐一毫不止。獄事難明，故必剛直正固則吉。

王船山：肉帶骨曰胏。噬之最難者。金鏃矢，傷人者也。初上不度德，四操矢相加，四不恤其艱而貞不聽命，故吉。

折中引陸績：金矢剛直，噬胏雖難，終申剛直。引王宗傳曰：四頤中物，強梗者；從剛直才去梗也。肉附骨謂胏，最難噬者。引邱富國曰：四五兩爻治獄，剛威哀矜兼施，治獄道得矣。引胡炳文曰：四剛居柔，得金矢服矣，必正固乃无咎。

李光地：四五居高位，訟入矢，獄入金，四臣位，金矢受下之成以獻君，任莫重焉，必艱難居心，守正然後吉也。

毛奇齡：離爲乾，一陽夾兩離間，直乾胏而已！金矢本箭鏃，今食田肉而得丸鏃者往往有之。又我噬殘肉，得利器，味必思其毒，利必思其難，金矢之得必艱貞而後利也。

李塨：剛爻象胏肉帶骨者，乾金坎木合爲金矢而忽得之，居離初，離火未光，守貞則吉。

孫星衍：（釋文）胏，緇美反。子夏作脯，徐音甫。按說文引𩰪，唐石經吉字上旁注一大字。

張惠言：肉有骨謂胏，陽骨離乾之。乾金離矢，金矢毒物，四體離，焚棄惡人故得金矢。四五易體屯故利艱貞，三上變既濟，故吉也。

姚配中案：四噬初也。四應初承五，五之正，離成乾，故得金矢，利之正，與二互坎故利艱貞吉。

吳汝綸：四剛故爲乾胏，胏有骨。得金矢，別爲一象，與上不相蒙。解者謂噬而得之，於義不可通也。

馬通伯引陳漢章曰：胏，即說文𩰪，與䀋鬻同類，䀋一作齏。昌本脾，鬻有骨，無骨曰醢，皆豆實也。金矢，饗禮之庭實。案：利艱貞者懼失禮也。諸侯相厲以禮則外不侵，內不陵，尚何獄訟之有！

丁壽昌：釋文胏子夏作脯。馬云有骨謂胏。說文𩰪，食所遺。楊雄說𩰪從胏。本義謂㑊與䤋通，非也。說文䤋，與𩰪胏音義全別。金矢所以獲禽，食反得金矢。蘇蒿坪曰離乾體爲金離又爲矢，有得金矢象。互坎爲險有艱象。

曹爲霖：胏通䤋肉帶骨者。四剛居柔象之。此搏豪強治貴近之象。唐憲宗朝柳公綽爲京兆尹，初赴府杖殺神策小將，上怒，對曰小將唐突輕陛下詔令，臣知杖無禮之人，不知神策將軍也。上退謂左右曰此人朕亦畏之。此利艱貞吉也。

星野恆：胏與胾通，肉之帶骨者，至堅難噬。矢取直，金取堅，過中間愈大，剛居柔必艱難其事，固其守則吉也。

李郁：肉少骨多曰胏。四剛齧于頤中故噬乾胏。金矢指離，故得金矢。有所噬又得矢亦吉矣，與初敵故利艱貞。

胡樸安：古代當有罰金矢之事，贖刑之始。有爭奪乾胏而食則納金矢罰之。執法者言得，有利執法者，其事雖吉，其行難廣。故象曰未光也。光廣也。艱犯法者，貞，事也。

高亨：蓋古人射獸，矢箸鏃折而鉗於骨肉中，未剔出，食之發現金矢，未吞金矢入腹，肉有骨而食之難。古故事歟？

李鏡池：吃乾肉發現銅箭頭。吃肉順便說及農業，利艱貞即旱占吉利，糧食可望豐收。胏連著骨頭的肉。金矢銅箭頭。乾胏乾肉。

徐世大：乙：你還說，前兒個你到我家吃火腿，捎了支金箭去。　先生：長久與患難的，好說！好說！

屈萬里：胏說文⿱⿵人肉土。子夏作脯。馬融有骨謂胏。初學記卷二六引王肅曰金矢所以獲野獸，故食之反得金矢。用禮天官腊人掌乾肉，凡田獸之脯腊膴胖之事。按：大獸解肆乾之曰乾肉；小獸全而乾之曰腊。薄折曰脯。

嚴靈峯帛書：九四，（筮）乾（⿰王豊），得金矢，（根）貞吉。

張立文：乾⿰王豊，通行本作乾胏。⿰王豊疑當讀爲體。乾體是乾的帶骨的肉。得金矢，金屬的箭頭。根假爲艱，通行本作利艱貞。譯：九四，啃帶骨頭的乾肉，得金屬箭頭，占問雖有艱難，結果吉祥。

金景芳：金矢當剛直講。治獄的人必須爲人剛直，又能艱難守正才能得吉。

傅隸樸：九四失位，所要加刑的是有勢力的犯官，辦案有如噬乾帶骨的腊肉。四雖剛而柔位，有不能堅持之虞，故爻勉如金矢剌乾胏，貞固不屈，才能除元凶獲吉。

徐志銳：九四剛居柔，帶骨頭的肉乾，其中還藏著銅箭頭。全卦噬此爻最需氣力，唯堅持不懈地啃而合得吉。

朱邦復：眞相難斷，案中有案，艱苦奮鬥守之以正，吉。

林漢仕案：李衡引胡謂九四如剛梗在頤中，齧而後合；楊萬里言不齧不合；張浚曰噬嗑正謂四也；朱熹云九四間其中，齧後則亨；折中引李舜臣曰噬嗑以去頤中梗，刑獄去天下梗。丁壽昌案李資州曰頤中有物曰噬嗑，謂九四也。九四似成當棄去之梗矣！梗去則合。九四不正之聲非一也！然而中四爻爲用刑者，四爲刑主，九四剛居柔得用刑之道，出自諸大家手筆也，九四以不變應歷史時代人物之萬變，何其多彩而又多姿耶！九四在卦中本爲過街老鼠，人人喊打，至初爻即升值，李光地許爲刑主，從蘇軾之交噬，居二陰間，至自噬，楊萬里謂九四噬九四，又九四噬六三，李衡引云。九四噬六五，朱震引稱。九四噬初九，姚配中案語。讀易至此不眼花撩亂者，必有師承，而得定靜安慮之禪那功夫也！易之可貴，在永世寄跡戰國，不必一統尊王之春秋大筆去維護正統面目也，是故：

楊萬里云：九四噬九四。

蘇軾云：居二陰間交噬。

李衡引云：九四噬六三。

朱震云：九四噬六五。

姚配中云：九四噬初九。

曹爲霖云：四搏豪強治貴近之象。至

六三噬九四——李衡引

初九噬九四——吳澄。

折中引邱富國及李光地自語謂四五兩爻治獄，剛威哀矜並施，治獄道得矣！九四之道在其中矣！

九四未必是頤中之梗，二三五非必爲齒牙，初上若係罪犯，齒牙如何咬其上下唇？初上上下唇也，先人遊戲規則比應，飛伏，半象，爻辰，各隨己意翻騰，言之有物而成理，自是易家天下各據一隅山頭漢子，其大者七雄乎？小者亦享有跟班扈從，受尊一角也邪？是故九四，噬乾胏，即九四之在噬乾胏，乾胏之爲物，儘管有：

乾脯。

乾[illegible]。與[illegible]臡同類。[illegible]一作齏，脾，皆豆實。

有骨謂之胏。

胏，簀也。

肉有骨謂之胏。

乾胏是臠肉之乾者。

五柔喻乾胏。

肉之有聯骨者，乾肉兼骨。

與胾通、本義謂㧘與胾同，非也。胾坴胏音義全別。

有九說不同，而其九四之噬也應是爻義，九四之噬乾胏，九四之得金矢，就具象言，金矢：

兵矢——陸績。

金矢堅可爲用——吳澄。

鈎金束矢——梁寅。　訟入矢，獄入金——李光地。

金鏃矢——王夫之。

金矢毒物——張惠言。

金矢，饗禮之庭實——馬通伯。

矢鏃折鉗骨肉中——高亨。

銅箭頭——李鏡池。

金屬的箭頭——張立文。

意象則取金其剛，矢其直，即剛直公正，曹爲霖所謂：「此人朕亦畏之。」唐憲宗皇帝之畏剛直京兆尹柳公綽也。具象顯示九四之噬齧乾脯豆實或帶骨之臠肉，時值上下，下上不遠，不惑之年乎？意志體態皆處顚峯狀態，必津津有味於是，必樂接受挑戰，有是因而得是果，得具象之金矢，得意象之剛直，人以爲棘手之噬乾胏，九四則樂借此而揚萬世名。柔位剛居，人性亦有柔脆面，故勉之利艱貞則吉也。是攻而得，貴在守成乎？

六五，噬乾肉，得黃金，貞厲，无咎。

象：貞厲，无咎，得當也。

王弼：乾肉，堅也。黃，中也。金，剛也。柔乘剛噬物，物不服，噬乾肉也。然處尊位居中能行戮者，剛勝也，雖不正而刑戮得當，故雖貞厲而无咎也。

孔疏：陰處陽，柔乘剛，治罪人不服如噬乾肉。黃中金剛。居中是黃，乘剛是金，能行其戮，剛勝者也。刑戮得當故象云得當。

程頤：居尊位乘勢以刑天下，卦將極爲間大，非易嗑也，故爲噬乾肉。黃中色，金剛物。五得中道處剛，四輔以剛，得黃金。雖處中剛然實柔故戒正固懷危厲則无咎也。

蘇軾：取其居中而貴。六五居二陽之間，爭地致噬者，六五難噬，賴九四上九以存云爾，未可安居而享福，賴有敵而後存。得當者，當二陽之間也。

張浚：五本乾位爲金，坤在離中爲黃金，離爲戈兵，爲矢，黃中，矢直，五貞厲愼用刑，戒險。易之得金矢，得黃金，謂得中直之道。

張根：黃金猶所謂鉤金。

朱震：噬上也。上剛居柔，離日熯之，乾肉象。乾肉比膚難，比胏易。五上易成兌口故噬乾肉。離黃中上乾變金，故得黃金。九居五貞正，噬上九而當，雖厲終无咎也。

項安世：五剛中之位爲黃爲金，才不當位，必貞厲後无咎。爲噬嗑主，得中上行，用獄有利。離中得當，收黃金之用，待強梗其仁，用艱貞之力成其吉免其咎。人主當六五之厲，故曰邦之安危，惟茲殷士。

李衡引陸：二先噬己，己往噬之，位不當，刑己當无咎。引石：二至五俱噬，二陰居陰得位，刑人服，餘皆失位，不能期於無刑。引牧：五柔居薄，噬嗑主，處剛得中，內含陽明，能斷大事。獄成于己，決之而懼則不輕用。

楊萬里：陰柔噬強梗无咎，有助也。得九四剛正者六二、三協力，惟上九惡積罪大小人，則上九乾肉何難噬哉！貞固危厲，謹之至也。黃言中，金言剛。

朱熹：噬乾肉，難於膚而易於腊胏者也。黃中色，金鈎金。五柔順而中，居尊位，用刑人無不服。必貞厲乃无咎。

趙彥肅：陰居陽，與三同而象異，五離體故無幽隱，噬者知其中堅，貞厲則无咎矣。噬者九則當位，六三位不當，言體，戒噬者謹。六五言效，勸噬者貞，各有所主也。

楊簡：除間至五當益深，益難，而曰次難者，有黃中金剛貞正之盛德，又尊位，行無毫髮之失，故雖厲而无咎。六五黃中，中庸謂其德至矣乎，民鮮久矣。

吳澄：五互坎亦豕肉。質柔居剛，乾而堅。離火所乾肉，五中故黃，變剛故曰金。上九噬之，肉中得黃金可爲用，上九噬雖近猶難，故正主事則吉。噬堅得用之貴故无咎。

梁寅：柔居剛，文明得中，用刑賢於六二，故爲噬乾肉，得黃金而不至滅鼻，亦必貞固危厲然後无咎也。

來知德：噬乾肉易于乾胏，治獄匪難匪易之象。黃，中也。變乾金象。離得坤中爻，中女，離中坤土故曰黃金。貞者公無私。厲者危懼之心而無忽也。刑罰當民不冤也。

王船山：黃金，金之貴者。五離明主，上九近欲噬，見其位尊，覬分其利，五大明中正，灼見其情，嚴厲行法，上不敢犯，雖立威巳過而非咎也。

折中引朱子語類：戒占著治人，須艱難正固處之。引李過曰：六五柔噬，人君不忍之仁也。引胡炳文：噬一節難一節，五易，柔居剛得中，大獄以聞也。引谷家杰：五先貞後厲，猶以危厲惕其心，獄成人君以好生爲德也。

李光地：五尊位執要，曰乾肉，黃金，然用獄危道，必處無不正，則危而无咎，五柔中行正，故因以戒占者。

毛檢討：噬乾肉同，五柔爲否，乾所易，乾金，位坤五中爲黃金，天下事何常以意外之獲而守以恐厲之心！而貞厲與艱貞一也，何咎之有！

李塨：爻柔，乾肉矣，坤五中爲黃，變乾爲金，忽而得焉，兼金忽錫，殊危厲，然无咎也，以其居中得噬嗑之當，（有意外之獲如漢韓嫣以金丸彈雀，是肉中亦有黃金。）

張惠言引（注）：陰稱肉，位當離，日中烈故乾肉。乾金黃故得黃金，眞正，厲危，變得正故无咎。

姚配中案：噬二也。五應在二，自動之正成乾，故噬乾肉，得黃金。

吳汝綸：中四爻皆取噬義。

馬通伯引陳漢章曰：乾肉即說文膊與膴鱐爲類，皆籩實也。離乾卦故乾胏，乾肉，凡饗禮必兼燕與食禮。饗禮雖亡，見於易矣。案：用獄之卦，中四爻舉禮食爲說，所以使无訟也。

丁壽昌：虞氏陰稱肉，離中日烈故乾肉。乾金黃。蘇蒿坪曰五柔居離中，乾肉黃象，變乾有金與厲象。案六五失位，貞不變則厲，變得位居中故无咎。王注象誤解貞厲之義。

曹爲霖：噬肉得金。元朝黃如徵稱贓吏貪婪，不問良民塗炭。至鷹揚虎噬，賄賂緘口，回覲之日，各飾巧詞，致九重丹詔班恩至，萬兩黃金奉使回之謠。五守正思危得无咎。

星野恆：乾肉視乾胏易噬，黃中色鈞金，柔中居尊，其勢易制，必貞厲乃得无咎也。柔順輔以勢位，則無乖戾之患。

李郁：肉柔，在離火中故曰乾肉。五本剛位，柔來成離，色黃故得黃金，能正則所得彌珍，故无咎。無應故厲。

胡樸安：有爭奪乾肉而食者，罰納黃金，黃金重於金矢，其事更艱，故曰貞厲，罰當其罪而无咎。

高亨：齧乾肉發現黃金粒，金粒甚微，不入腹幸也，入則死，不死亦幸也，此遇險化夷象。古代故事歟？

李鏡池：吃乾肉時發現銅箭頭，吃了有點不舒服，沒有大問題。黃金，銅鏃。

徐世大：甲：去年你到我家吃家鄉肉，你袖去一錠金子。 先生：他得害長病，別鬧了吧！

屈萬里：黃金蓋亦矢之類。傳象得之當故无咎。

嚴靈峯帛書：六五，（筮）乾肉，（愚）（毒），貞厲，无咎。

張立文：通行本作得黃金。吞黃金能死人，有人謀害食者。譯：吃乾肉，發現肉中有毒，沒吞下，雖有危險，結果無災患。

金景芳：咬乾肉得黃金。五陽位有君道，有四大臣爲輔，故得黃金。貞厲，六五還是有危險，比較困難的。

傅隸樸：以陰居陽，以柔乘剛。五君位，質雖柔，位剛如金，足乘剛克堅。六五黃中之位，行不失中故得黃金。黃金即剛中之異辭。雖失位不貞，既得黃金就可无咎了。

徐志銳：柔居陽位，啃肉其中藏黃金，易中有難。斷案使不合爲合，強調貞固于正道，常懷危厲之心方可无咎。

朱邦復：意外之得，正心知艱，无咎。象：六五柔順無能，九四扶之，得黃金象。必正其心懷危厲，如无咎。

林漢仕案：金本爲喻堅剛，漸轉爲金矢，鉤金，朱熹言鈎金，王夫之謂黃金，爲金之貴者。至星野恆則變爲鈞金矣！高亨謂黃金粒，甚微。李鏡池謂銅箭頭，徐世大謂一錠金子，屈萬里謂黃金矢類，張立文稱呑黃金能死人，肉中有毒，徐志銳云肉中藏黃金。胡樸安罰納黃金，黃金重於金矢。李埁引漢韓嫣以金丸彈雀故事而謂肉中亦有黃金。從抽象喻剛堅之金，轉爲實質金矢，鉤金。（兵器）星野恆之謂鈞金，卅斤爲鈞，想係誤植鉤鈎爲鈞也。高亨謂金粒少量，胡樸安謂黃金重於金矢，可眞一車羽輕於一鉤金耶？金矢固量少，而黃金未明言其量也，何來重於金矢？王弼之金喻剛至屈萬里仍爲矢，幸傅公隸樸回歸黃金即剛中之異辭，排除王夫之以來黃金，金之貴者，而張立文更異想天開，想入非非，以呑黃金能死人，肉中有黃金爲毒肉——傅公其有可議處在剛中，以金爲剛，以黃爲中，不知六五不當位也。項安世言五理當剛中之位爲黃爲金，而六五，才不當位，失位而言中，蓋黃中，離中，坤中，柔居剛得中，仍可找出五合中之理，程頤之五得中道處剛，大家浩浩之言，能無從乎！雖然，大家所本遊戲規則六五中不當位，彎彎曲曲，配合中道，大理、五信其中而不當位矣夫！

項安世謂校亦噬也，然則六五校乾肉矣夫？六五必爲溥儀，必爲梁武帝矣！察諸文義，似非也。蘇軾言六五難噬。五既爲噬嗑主，噬上九邪？朱震、楊萬里如是說。吳澄則以上九噬五，王船山亦以爲是。姚配中案五噬二。其後易家噤口，蓋六五之噬上九，上九噬六五，六五噬六二皆不能明爻意也！第言噬肉得金，噬肉遇毒。要之五噬爲動作之始，所及之物爲乾肉，過程中得黃金。噬得金矢，金粒，皆有可能，然絕非鈞金可知。蓋一鈞三十斤也。由金矢則見矢之直，金之剛，黃之中，又居尊位，戒五貞正心懷危厲則无咎矣。蘇軾之謂「有敵而後存。」馬通伯之謂「乾肉皆饜實。」李塨之「兼金忽錫。」曹爲霖之「贓吏貪婪。」徐世大之「袖去黃金。」高亨與張立文呑金必死，及肉中有毒。從六五易卦與爻辭中臆造山河，自圓其夢。而張立文之肉中有毒，必爲銅綠也夫！金非黃金矣！

上九，何校滅耳，凶。

象：何校滅耳，聰不明也。

馬融傳家：耳無所聞。（釋文）

荀爽：爲五所何，故曰何校。據五應三，欲盡滅坎，三（義海作上）體坎爲耳。故曰滅耳，凶。上以不正，侵欲无巳，奪取異家，惡積而不可弇，罪大而不可解，故宜凶矣。（集解）

鄭云：離爲槁木，坎爲耳，木在耳上，何校滅耳之象也。（集解）傳象，目不明，耳不聰。（釋文）

王肅：荷校滅耳，凶。荷，擔。（釋文）傳象聰不明，言其聰之不明。（釋文）

九家易傳象：當據離坎以爲聰明，坎既不止，今欲滅之，故云聰不明也。（集解）

王弼：處罰之極，惡積不改者也。罪非所懲，故刑及其首至于滅耳及首，非誡滅耳，非懲凶莫甚焉。

孔疏：何謂檐何，處罰之極，惡積不改，故罪及其首，何檐枷械滅浸於耳以至誅殺。惡積深，尋常刑罪能懲戒，罪已及首，性命將盡，非復可誡，將欲刑殺，非可懲改。

張載：九四上九難於屈服，故曰乾肉得居中，持堅之義，正而危則得无咎也。

程頤：過尊无位者也。受刑者，間大，惡積不可揜。故何負，謂大頸。何校而滅其耳，凶可知矣。

蘇軾：滅趾者，止其行而已，不行猶可以无咎，滅耳則廢其聽矣！无及也故凶。

張浚：上九亢志以動，告之弗入，戒之不及，凶自取。曰滅趾，鼻、耳，除惡務本之意也。胏肉用噬有革化之理。刑去趾鼻耳，天下竦視，知所戒懼，茲又懲勸之一道也。

鄭汝諧：初上取始終之義以爲戒，上雖明體積而過至於怙終，故聽不明也。

張根：是所謂怙終趾下身，上各從其類。

朱震：四坎耳，上之三巽木，巽見坎毁，何校滅耳也。上九有耳不明乎善，罪大惡積，陷于凶不知。上之三離目毁，无見善之明，責其有耳之形，无耳之用也。

項安世：先儒以初上爲受刑人、不合。上九在上爲滅耳，即上本象。初上言校者，校之施於體亦有噬象。離極聰不明，火旺水囚，故耳受其病。

李衡引正：擔何也。引荀：上體坎爲耳故曰滅耳。

楊萬里：上九滅耳，以聰不明，聰而明，聞過而改久矣！何至惡積罪大而受大戮乎！商鞅不聽趙良之言，故及。

朱熹：何，負也。過極之陽，在卦之上，惡極罪大，凶道也。

趙彥肅：噬嗑之義所包者廣，故四爻取諸物象，使人觸類而得。初終舉用爲例。用刑，噬嗑之一端爾。

楊簡：此爲問者爲惡至於上則極矣，初始足，上登於首矣！今獄具有首足之校。人心本善，因昏而失，言非無良性也。小人省此，庶乎其瘳矣。

吳澄：何，負也。謂負之於首。問獄成，以其有罪，何至厚之械，罪不可解矣！耳，械厚掩過其耳。終爲惡而受罪，故凶。

梁寅：初卑上高而无位，皆受刑者，過極之陽不能卑伏，此惡極罪大，怙終不悛之人也！其何校而滅耳，凶孰其焉！

來知德：何，負也。在頸。中爻坎爲桎梏，滅者遮滅其身也。坎爲耳痛，滅耳象。上九當獄終，惡極罪大，故何校滅耳之象。占者如此，凶可知矣！

王船山：何校滅耳，械其項而掩其耳也。六五貞厲，施刑於上九，猶滅耳不聽，欲噬求合。初上皆噬者也。上頷貪很倍甚，五非可噬者，懲不知戒，允爲凶人宜加刑也。

折中引郭雍：滅，或以爲刑，孔訓沒，何校械具，械大沒耳也。或以爲刵，鼻爲劓，趾爲剕，漢斬趾同棄市，初九小刑固不當斷趾，上罪大不當輕刑，知滅非刑也。

李光地：耳所以聽，滅耳懲其不納誨而無悛心。初上取受刑何也？示民畏法，周於民用也，用刑弼教之始終，蓋未嘗不具焉。

毛奇齡：初爲足履校，上爲首荷校，荷校者項械也。坎耳，荷械則滅之矣！離電明而滅耳，不聰不明用獄，不其凶乎！

李塨：一陽橫上象校而坎耳，下則荷校而滅耳。今聽不明，何校即凶，終威難挽也。

孫星衍：何校，本亦作荷，王肅曰荷，擔也。（釋文）

張惠言：何負也，在坎校上，坎爲耳，水自下沒上故滅耳。惡積不可弇，罪大不可解；子弒父，臣弒君故上凶。

姚配中案：謂三，三在坎故何校，三失位不化之正，則上之三以正之，上之三滅坎耳，故何校滅耳，始何於校！終於滅耳故凶。自注云三上失位，勢必化，故一遇毒，一滅耳。

吳汝綸：初上象刑獄。

馬通伯案：古者刑以弼教，初上二爻，道之以政，中四爻，道之以德。惟三上應故不可變，上變離壞，坎失明故聰不明。彼方自以得位，告勿變不悟，不聽。屨校初至上，猶何校！是終不改。周禮云：其不能改而出圜土者殺，故凶。

丁壽昌：何本作荷，說文儋也，解故何荷通。滅，正義皆訓爲沒，程傳訓傷滅，郭雍以爲刑。何校械首，或以滅耳爲刵。上九罪大不當輕刑，知滅皆非刑。正義說爲長。

曹爲霖：上九聰不明，至惡積罪大而受大戮之凶。荀文若事曹操，以漢臣望之，至操九錫始悟非人，卒見殺。然則明能見千里外，不能自見其睫也噫！

星野恆：何荷同，陽居上惡積罪大，何校傷滅其耳，凶可知。初上受刑者，初趾上耳，人若不自聞其過，苟聞改過，何凶咎之有！

李郁：陽在上爲荷，上六爲耳，剛來校之乃滅耳耳，罪大罰重，故凶。

胡樸安：先械其頸，後斷其耳，刵刑之始。不言犯罪之由，罰不明，聽不聰故凶。專以罰治民而民不可治。

高亨：古書借荷爲何，儋俗作擔。何校滅耳，此重罰也。繫辭傳下惡積而不可掩，罪大而不可解，易曰何校滅耳凶。得其恉矣！

李鏡池：何借爲荷。奴隸因飲食小過受大刑，擔枷遮住耳朵。凶屬另占。以上可見階級壓迫與對立嚴重存在。

徐世大：甲乙兩人拿起背著的東西再校量校量，弄得滿頭臉聞耳朵也看不出。先生：哎呀，凶，不得了。

屈萬里：釋文王肅曰何，荷擔也。傳象聰聞也，聽也。

嚴靈峯帛書：（尙）九，（荷）校滅耳，（兇）。

張立文：荷，何義同而通。校，枷也。譯：上九，肩上負著木枷，割去耳朵則有禍殃。

金景芳：受刑人刑很重。滅作沒講，不是割耳朵，械大把耳朵都沒上了，所以凶。初上受刑者，中四爻用刑者。

傅隸樸：負荷即戴枷，滅耳是殺頭。上居卦極，罪極，故受極刑。殺賊不是治罪人，乃是除禍害，不能姑息。

徐志銳：上九陽剛居上，積小惡成大罪，肩負木枷遮沒了兩耳，遭得凶禍。又云上九不合大懲而得凶。

朱邦復：罪大惡極，怙悛不改，當有此災，凶。上爲受刑人。

林漢仕：何校，荷，檐，擔，儋，担也，即負荷，戴枷，負枷，肩枷，何檐枷戒，各家共同依文傳釋，何即荷也，擔亦荷也，何校，荷枷也，除徐世大以校爲校量校量外，幾無異辭，即徐世大之何，釋爲背著東西，何亦荷義。滅耳，滅，盡滅·誅殺、廢聽、大戳，掩過其耳，遮滅其耳，沒耳，刖刑，傷滅，割耳，殺頭。何校滅耳，依上訓有：

荷擔著枷，遮掩其耳。（即械項掩耳）

檐枷誅殺，大戳，殺頭。

何校滅耳，廢其聽也。

滅刑其耳，令聽不聽。

械頸斷耳，刖刑之始。

傷滅其耳。

背著東西校量校量。

初上受刑者，初上取始終之義爲戒，初卑上高而無位受刑，上九亢志。六五施刑於上九。項安世謂：「先儒以初上爲受刑人，不合。」來知德謂齧合上下兩陽頤象，毛奇齡以上下兩剛同於犴狴。以吃喝言，頭下動而上不動，以狴犴言亦不動之石獅子，初上爲受刑人果然不合，上之亢志，亢龍有悔，柔位剛居，應三有黨，不知變通而一於卑志，三之所以遇毒，小吝，上九固當荷校滅耳矣！易既爲君子謀，女自卜得是卦而忖己爲君子，則應熟知見乎外之吉凶，生乎動之吉凶，就不難知乎吉凶生大業耶！子曰作易者其知盜乎之義也。至若姚配中說象：三在坎故爲何校，化正，上之三滅坎耳。故何校滅耳。三上失位故一遇毒，一滅耳。據孟氏，虞氏逸象按圖索校也，象是象矣，奈何本爻爲上九！是上九時位固當如是耳。上九荷枷校遮沒其耳，只爲其亢龍之志，恃有應而結黨營私乎？外剛直而內理不足，失得之象已陳，君子宜有所惕厲而韜光。蘇軾謂初上內噬三陰，貪得不戒！王夫之謂初上噬者。吃喝，高亨，屈萬里皆謂與噬嗑音義近，上九或係用刑不當，反遭「請君入甕」之羞乎？

☶☲ 賁（山火）

賁，亨，小利，有攸往。

初九，賁其趾，舍車而徒。

六二，賁其須。

九三，賁如濡如，永貞，吉。

六四，賁如皤如，白馬翰如，匪寇婚媾。

六五，賁于丘園，束帛戔戔，吝，終吉。

上九，白賁，无咎。

䷕ 賁，亨，小利，有攸往。

彖：賁，亨，柔來而文剛，故亨，分剛上而文柔，故小利，有攸往。（剛柔交錯）天文也。文明以止，人文也。觀乎天文以察時變，觀乎人文以化成天下。

象：山下有火，賁，君子以明庶政，无敢折獄。

荀爽：此本泰卦，謂陰從上來，居乾之中，文飾剛道，交於中和故亨也。分乾之二，居坤之上，上飾柔道，兼據二陰，故小利有攸往矣。（集解）

鄭玄：賁，文飾也。離爲日，天文也。艮爲石，地文也。天文在下，地文在上，天地二文相飾成賁者也。猶人君以剛柔仁義之道飾成其德也。剛柔雜、仁義合，然後嘉會禮通，故亨也。卦互體坎艮，艮止于上，坎險止于下，夾震在中，故不利大行，小有所之則可矣。賁變也，文飾之貌。 傳象，折，斷也。

王肅：賁（符文反）有文飾，黃白色。（釋文）傳象，山下有火賁，離下艮上，離爲火，艮爲山，賁飾。（家語註）

王廙：山下有火，文明相照。夫山之爲體，層峯峻嶺，岩巒峭麗參差，被日光照耀，如以雕飾而見文章，賁之象也。

干寶：四時之變，縣乎日月。聖人之化，成乎文章。觀日月，妥其會通，觀文明而化成天下。（集解）

蜀才：君子以命庶政。（釋文）

孔穎達：賁，飾也。以剛柔二象交相文飾。柔來文剛得亨通。剛上文柔不得中正，故不能大有所往。

張載：无敢折獄者，明不兼於下民未孚也。止可明政以示民耳。

程頤：物有飾而後能亨故曰无本不立，无文不行，有實而加飾則可以亨矣！文飾之道可謂其光彩，故能小利於進。

蘇軾：剛不得柔濟則不能亨，柔不附剛則不能有所往。故柔文剛，剛亨；剛文柔，小者所以利往。

張浚：賁非聖人本心，因時之宜不得不用其飾。賁亨，天道自然，剛柔相飾。柔來文剛故亨，分剛上而文柔，故小利有攸往。質宜勝文也。

鄭汝諧：賁，賁飾也。剛質，質勝文故亨。柔質，文勝質，故小利有攸往。

張根：白宜正白，黑宜正黑。

朱震：泰坤上六居二，一柔文二剛，柔得中故曰賁亨。九二上，以一剛文二柔，剛不中，柔中，小者利也。然剛不往則小者无以濟，不能文矣，故小利，有攸往。賁者文飾之道。

項安世：賁亨謂內卦，小利有攸往謂外卦。二剛質柔文之，卦內體有亨之道，反使二柔質剛文，豈堪大事？故小利。大抵柔文剛則順，剛文柔則悖，質弱文无所施也。

李衡引陸：離自外來而柔得正故亨。艮反於上而剛失中，故小利有攸往：小當作不。

楊萬里：上六柔文九二剛，文雖柔而質剛，又中正故亨。二剛文上六柔，文雖剛而質柔，又非中正，故小利有攸往。

朱熹：賁飾也。內離外艮，有文明而各得其分之象。以柔文剛，陽得陰助，離明於內故爲亨。剛上文柔，艮止於外，故小利有所往。

楊簡：剛柔必資相濟，相賁以成章。本質剛大，柔來文之則亨。本質小柔，雖剛文之，僅小利，有攸往而已。

吳澄：賁文飾也。內卦文明，衆美之會。小謂陰，剛止於上，四五二柔宜往上以求其文。

梁寅：有質加之文，可亨。質待文也。文則无不亨也。文之加文采非能變其實，文過非利也，恃此以進，但小利有往而已！世之不知本而屑屑於文飾，安得而亨乎！

來知德：綜噬嗑，柔來文剛者，柔指離陰，剛艮之陽。離明足照物，物无不藏，所以亨，亨之不大，僅可小利有攸往而已，不能建大功業也。

王夫之：賁卦一陽甫立即間以一陰，至五一陰間一陽。以陰文陽則合乎人情可亨，陽反陰順人情不詭於道則小利有攸往。小謂陰。雖亨雖利，不足貞。象四德有亨利無元貞。

折中引王申子：徒質不能亨，專尙文則流，故曰小利，小者謂不可太過以滅其質。 引張振淵：離文明莫掩，艮止不過，有不盡飾之象，以戕其本眞，故小有利有攸往。

李光地：剛質柔文，質本文末，其德文明以止，其象山下有火，草木得其光耀，故爲賁。然文不可過，宜有節之，故小利有所往而已！

毛奇齡；賁飾，山火天地之大文。古今后王藉以飾物，質巽白，坤黑黃，其色不純，賁之爲亨，將察時變以化成天下，垂衣裳而飾至治者，此豈止小利有攸往已哉！

李塨：賁，飾也，鄭王皆曰黃白色。離文飾剛道，嘉美亨通故亨，艮上飾柔道，故柔者小，亦利有攸往。

孫星衍引集解傅氏曰：古斑字，文章貌。鄭玄賁，變也，文飾貌。王肅賁有文飾，黃白色。（釋文）

丁宴：傅氏曰賁，古斑字，文章貌。案毛詩有頒其首，書盤庚疏引作賁其首，古賁，斑聲相近。賁亨，亨字本義疑衍，孔疏連云賁亨者，由賁致亨。唐人本有享字。

張惠言引（注）陰陽交故亨，小謂五，五失正。以剛文柔故小利有攸往。（往者之正卦，唯五上失位故小謂五。剛謂三，柔謂四，五變分三成離爲文。）

姚配中傳虞注象：案天道陰陽，地道剛柔。以剛柔言，地文也；以陽陽言，天文也。分陰分陽，迭用柔剛，故易六位成章，文明以止人文也。

吳汝綸：賁飾，古斑字，又變也，美也，兼數訓而後義備。凡言亨者皆陽。小陰，陽得柔文，氣始通。陰得剛上文而後利往，小陰，其占爲小事也。

馬通伯引張沐曰：剛亨也，柔利也。案剛內爲質，柔外爲文。內卦陽通陰，陰爲主，質重於文也；外卦陰從陽，陽爲主，文返質也。

丁壽昌：傅氏賁古斑字，文章貌。鄭云變也，文飾貌。王肅云黃白色。惠定宇云雜色爲斑。亦君明易傳五色不來謂賁。正義由賁致亨事義相連。程傳无敢用文折獄也。

曹爲霖：賁，京房文彩雜，王鄭黃白色，家語孔子曰以其雜，非正色。黃白不純色爲賁。刑法宜刪繁密以一視聽，唐太宗之去奢薄賦用廉吏，海內清平，此毋敢折獄意。

星野恆：內離外艮，卦變與噬嗑相錯，剛柔相交以成其事，所以能亨。剛柔相錯所以小利有攸往，皆自然之文也。郭氏舉正本小字作不者，非也。

李郁：剛柔雜故亨，小指柔，文柔故稱小，上宜往五以應乎二，故利有攸往。賁大義在反樸歸眞，粉飾胥無所用也。

于省吾按：賁飾也從貝卉聲，劉心源解爲斑繁斑較是也。西谿易說有分卦無賁，分即賁也。分賁古通。荀爽謂分乾之二、居坤之上，失之。

楊樹達：孔子止得賁。孔子曰不吉。夫白而白，黑而黑，夫賁又何好乎！（呂氏春秋）又孔子卦得賁，仰歎，意不平。以賁非正色，丹漆不文，白玉不雕、質有餘不受飾也。（說苑）

胡樸安：賁，修飾男女配合之事。賁亨者，男女嘉會也，和以後各有所往。

高亨：筮遇此卦，有所往則小利，故曰小利，有攸往。

李鏡池：賁有三義：裝飾，借爲奔，又借爲豶。小利有攸往，占行旅，屬附載。貞兆辭亨也不連續。

徐世大：營葬：普徧。少宜有所云。賁通墳，綜合从賁得聲字諸義，實乃墳墓之墳，動辭築墳。送死，下著一亨字，甚恰當。

屈萬里引惠定宇曰：賁爲離色，雜色爲斑，故賁古作斑。

嚴靈峯帛書：（ ）（ ），（ ），（ ）（ ）有攸往。

張立文：蘩假爲賁，音近相通。文飾義。歸藏作熒惑，火星，與賁義異。譯：賁，亨通，有小利可以有所往。

金景芳引王申子說：徒質不能亨，質而有文可亨。然文盛則質衰，苟專尚文以往則流，故曰小利往往。小者謂不可太過以滅其質也。

傅隸樸：賁是白質無色體，才能受五色之飾。賁在物質是文飾，在精神是文明。世事藉文飾而通，只是小通，故小利有攸往，子曰不學禮無以立。禮飾耳，有飾而後能遠故亨。

徐志銳：无色爲素，素爲素質，飾爲文飾。通過剛柔爲命題，柔來文剛故亨，指離二剛質，一柔文。艮以二柔爲質，一剛爲文，質柔故小利有攸往，不能大有作爲。

朱邦復：有小利，可從事不太重要之工作。

林漢仕案：賁義爲：

文飾（剛柔二象交相文飾）又賁，變也。美也。

古斑字、文章貌。毛詩頒其首，書引賁其首。賁斑聲近。

賁大義在反樸歸眞，粉飾胥無所用。

从貝卉聲。斑檗，斑駁。分，賁古通。

非正色，不受飾。

修飾男女配合之事。

借爲奔。

又借爲豶。

通憤。

墳墓。

蘩借爲賁，歸藏作熒惑。

賁，黃白色。——王肅

離日天文，艮石地文，天地二文相飾成賁——鄭玄。

山下有火，文明相照；峯巒參差，日照雕飾見文章——王廙

白宜正白，黑宜正黑——張根。

一陽間一陰，至五一陰間一陽——王夫之。

山下有火，草木得其光耀故爲賁——李光地。

山火天地之大文，質巽白，坤黑黃，其色不純——毛奇齡。

雜色爲斑——惠定宇。五色不來——京君明。——丁壽昌引

京房文彩雜。　家語以其色雜，非正色——曹爲霖。

孔子卜得賁曰不吉，夫白而白，黑而黑，賁何好乎！以賁非正色。丹漆不文，白玉不雕，質有餘不受飾也——楊樹達。

白質無色體，才能受五色之飾——傅隸樸。

无色爲素，素爲素質，飾爲文飾。離二剛質，一柔文；艮示柔質，一剛文——徐志銳。

「賁」經孔老師鑑定非正色，不吉，黃白不純色爲賁，以其雜。孔老師惡紫奪朱，紫非正色明矣。紅、黃、藍三原色本爲正，古以青、黃、赤、白、黑爲五色。繪圖三原色能變一切色，白質無色，而繪事後素，素乃底色，非今之謂素描，然白非色而有江漢濯之，秋陽曝之，白雪之白，白玉之白之異，色數可讀則濃淡有序互作素材以範圍彩色是可也。黼黻文章，黼正黑白相間相次成文，其爲非孔子所斥之色也明矣！丹漆不用文，白玉不用雕，質有餘也；白即全白，黑即全黑，不受飾自有其美善面，紅黃藍三原色爲正色，餘爲調合之輔色、間色也，夫子之嘆賁不吉，其毋乃惡奪朱之紫色乎？山青火紅合而爲紫，正是間色，輔色，然察諸卦意，非貶賁色之非正，而吉，无咎之爻不一而出也可見。

李鏡池之賁借爲奔，又借爲豶，去勢之豶豕。徐世大之通憤，築墳。以之釋卦名，似无多大意義。而張立文之蘩，假爲賁，音近相通。削足適履乎？帛書蘩，古無借蘩爲賁者。蘩有白、紫黃，紫赤，故引申爲文飾，似从蒿蘩之花色爲卦名，擇其色之一而爲夫子所惡，然絕非蘩設卦之原意也！歸藏之熒惑，斑駁矣夫！回歸彖傳柔來文剛，荀爽之文飾剛道似較全理。賁，如何亨？又如何獲小利，有攸往，李衡引郭云，小當作不。小利，不利也，然睽諸賁全卦，从初之賁趾，至上之白賁无咎，己立而立人，己達而達人，如賁者言小，孰能爲之大？況又爲之更「小」爲「不」矣！夫子之卜得賁，觀乎夫子之道，親人倫，述仁義，四海之內，將澤彼流風，夫之賁九州及宇內矣！初時位未至，自飾行止，舍競逐而養羽翮，初之舍車，有心哉！二賁而須，待時晉身，必借汝口揚我持重老成之譽，藏青雲之志於芒芴。九三光環在頂，處中得位，千載一時也。六四陰陽合志，縱橫捭闔，一呼四應，揚眉得意之日乎！六五器宇才識大則宏瞻遠矚，可過湯武；識小則守成尙有餘也。上九寓偉大於平凡，淡而勝醲，素而多姿，白賁，百賁也。

初九，賁其趾，舍車而徒。

象：舍車而徒，義弗乘也。

鄭玄：趾，足。（釋文）

王弼：剛處下居无位，棄於不義，安夫徒步以從其志者也，故飾其趾，舍車而徒，義弗乘之謂也。

孔疏：剛處下，居无位，棄不義之車而從有義之徒步故云舍車而徒，以其志行高絜，不苟就輿乘，是以義不肯乘。

張載：文明之德，以貴居賤，修飾於下。義非苟進故徒。

程頤：剛陽明體處下，君子无位唯自賁飾其行而已！舍車寧徒，衆羞，君子以爲賁。舍比二遠應四，如舍車徒行，君子賁俗羞，俗貴君子賤。趾於行爲義。

蘇軾：初九無文。六二言，初其趾。六二之文，初九不受。車養趾爲行文，六二文初爲車矣。初九自潔以答六四之好，故義不乘其車而徒行。

張浚：自修廉隅義，不苟從曰賁其趾。陽在下爲趾，互坎爲車，二在前載之而行。舍車從義，正應得賁之貞。

鄭汝諧：初應四。

張根：招賢聘才，天下之盛節而初最在下，其禮尙薄，義不屑就故也。

朱震：艮爲指，初在下體之下，動應足趾。二坎輪，震大途，爲足趾行乎大途。初九以九二近，四遠，舍二徒行，緩步當車，守義故也。

項安世：初下爲趾，飾其趾，剛正在下，不以不義汙之，天下之至榮也。

李衡引陸：初在四軒車之象。四德不順故義不來，舍四處下，徒步之象。引牧：居下无位，乘則僭矣！素貧賤行乎貧賤，行而宜之之義。引石：六爻交相賁飾，初从二是乘車，近而安。應四是徒行遠而勞，非義就勞舍安。引陳：舍車不乘，得居下之理，亦賁之道也。

楊萬里：初九剛賁文明，在下无位，飾一身而已！賁其趾，飾身之所行，義而已。義在止，舍車而徒。二近又賢，非吾應，四遠吾應，不得從。嚴光不事光武，初賁世放民也。

朱熹：剛德明體，自賁於下，爲舍非道之車而安於徒步之象。占者自處當如是也。

楊簡：初九義不乘車，君子以義爲榮。義在徒，榮在徒。義在趾，賁在趾。人達此者寡矣。聖人於是發之。

吳澄：初畫在下爲趾。屝屨之屬，飾趾爲行計也。二三四互坎爲車，徒步行也。二柔飾初剛，不受，故舍二車以步行，不資不飾，剛正而明者能之。

梁寅：初四應，四近君柔弱，不能引進，初自賁飾所行，无藉駟馬之貴可也。古謂安步當車，晚食當肉，无罪當貴，豈非賁趾舍車之義歟？

來知德：以文飾其足趾也。舍棄也。徒行也。舍車而徒即賁其趾也。不以徒行爲辱。易凡言乘皆在上。承皆在下。初无乘理，故舍坎車从震趾。賁下隱者，安於徒乎象。

王夫之：剛居下，介然獨立，二來飾己，己淡泊明志，雖錫車不受，安於徒步。禮大夫不徒行。象謂潛處不邀賞。

李光地：三陽質素，陰所求也，陰依陽德以立，初九剛正居下位，不援上應故義弗乘也。

毛檢討：初當震足之下，趾也，今易震爲離，以離文而飾其趾矣！益下震，泰下乾，乾震爲車，則有車可乘，易離則盡舍之。初爲民位下當徒行。

李塨：二柔文初，三剛初可受其賁，初剛居下，性孤介，以下爲趾，民位當徒行，自賁其趾，應坎車弗乘，義固然也。

孫星衍：（釋文）趾，一本作止。車音居。鄭張本作輿，漢始有車音。

張惠言：引（注）應在震，震爲足故賁其趾。應在艮，艮爲舍，坎爲車，徒步行也，位在下，故舍車而徒。　賁義柔飾剛，賁初者四，四體震。不堅應初，故舍之，初爲士也。

姚配中案：初欲進四故賁趾。足容在下之禮也。初之四，乘坎車則失位，故舍車而徒，謂不之四。

吳汝綸：賁飾也。趾當作止，不進之義。須，待也。初象不進，故曰弗乘，二象待故與上興，上者三。賁句，言當賁時，其止勿進也。

馬通伯案：二四爲車，初舍車而徒，不比二應四。說苑孔子曰丹漆不文，白玉不雕，寶玉不飾，質有餘者，不受飾也。初舍車亦不受飾也。

丁壽昌：釋文趾一本作止。車，鄭張本作輿。王子雍曰在下稱趾，舍車徒步。崔憬：近四棄于二比故曰舍車。蓋賤事也，自飾其行。述傳初无位，不尙華，安步可以當車。

曹爲霖：初在下爲趾，舍車而徒，不爲質勝矣！此即顏斶徒步當車，無罪以當貴之意。杜林身推鹿車，載弟喪行千里；徐穉負糧步千里至江夏哭奠太辱黃瓊，有舍車徒之象。初九義不乘六二之車，舍之而徒行者是也。

星野恆：陽居下，有才居下，無援乎上，無正應，當舍車輿之安就徒步之勞，令聞廣譽而不願人之文繡。

李郁：賁無色，無色爲上，塗飾爲下，飾及趾斯下之又下矣，所重在足，懷徒行志故舍車。　傳象：志在以趾炫，弗作乘車之想。

胡樸安：修飾其足來聚會也。來時有乘車，到聚會處則舍車而徒矣！其儀式不宜乘車也。故象曰義弗乘也。

高亨：賁飾从貝卉聲，古人貫貝而繫於頸爲美飾，取諸色貝。古人文身，賁其趾，文其足，舍車步行，人皆見之。不宜飾足而飭足，不宜舍車，不宜徒行而徒步，故文失實象。

李鏡池：本卦是對偶迎親故事。全氏族向女方遷徙時，有坐車有走路，把腳裝備好，準備不坐車而徒步，這些都是青壯年。

徐世大：築墳基，古者孝子爲親負土或墳。故譯；築墳基，下車步行。舍車步行，不敢馳過也。

屈萬里：高亨周易古經今談卷二，賁其趾者文其足也。　又序卦傳：賁者飾也。飾其足故舍車而徒步，以示優異。車石經作輿。

嚴靈峯帛書：（　）（　），（　）（　）（　），舍車而徒。

張立文：初九，蘩其趾，舍車而徒。蘩疑爲繁，馬之文飾。趾謂足。棄車縱馬而馳。譯：初九，把馬從頭至足文飾起來，捨車縱馬奔馳。

金景芳：外卦重質，內卦重文。初爻在下象趾。不用車，徒步行。因爲賁其趾，才舍車而徒行。

傅隸樸：陽剛居明始，有德無位，賁其趾即是修潔其行，即在舍車而徒，舍車捨六二，徒是遠應四，堅持正義，不貪便宜。

徐志銳：初爻稱趾，六二來文初，柔在剛上爲逆，六二文初，初不接受六二而正應四的文飾，故言舍車而徒。車指六二，徒步行與六四相應以成文飾。

朱邦復：腳踏實地，為守節義，寧捨車步行。 象：初爻在下，無車可乘，安步當車之象。

林漢仕：帛書易蘩卦，今作賁卦。蘩，白蒿也，張立文引「蒿有青蒿、白蒿，花紫黃色，紫赤色，故引伸蘩為文飾。」按今茼蒿，蔬菜類，花亦紫色。而蒿類有蘿蒿，蓬蒿，游胡、旁勃，蘩孫，葭孫。菊科植物。詩經中莪蒿喻美材而單名緊蒿則喻庸材。是蒿科古受重視之一例。以蘩菊科多色，即紫色，生乎聖人前有齊桓及國人愛紫衣，生乎孔子之後有，南北朝以來紫衣為官服、朱紫、金紫人人羨，而紫氣，紫雲，紫藍黃旗，紫袍金綬祥瑞好兆，誰復記得惡紫之奪朱也撻伐聲？而紫能奪朱也，故為色王乎？鮮明奪目，可飾物而不可加飾以奪其明亮，迨非李郁所謂「反樸歸眞，粉飾胥無所用也！」亦非白質無色體，无色為素，傅隸樸，徐志銳之論也。楊樹達之非正色，不受飾近乎哉！蓋其多彩艷麗也。夫如是賁之所以文飾似乎獲得更合理之解釋，亦見前賢論著彌足寶也。

初九，賁其趾，貴其趾也！趾不出戶，目不觀園者若干年，閉戶讀書也。有客自謂來自中國東北，趾臺灣者五十年，不出門，著書無算，姦偽輩畏之若鬼魅。自謂民主鬥士，而不組黨，其為李敖乎！是趾亦足止也，如此而賁其趾，似有賁其止泊，賁其止舍之意焉。邦畿千里，維民所止。止，居止也。賁其趾，賁其止泊，止舍，居止，其居止多彩艷麗乎？趾於是而多彩艷麗，故高梁文鏞操之在人都不願汲汲於是也！初爻際遇蓋如此乎？

試讀各家高見：

趾，足。在下故稱趾。又趾以行爲義。

剛處下，居无位。貴居賤。——張載

六二言，初其趾。初九自潔以答六四。——蘇軾。

陽在爲趾。不苟從曰賁其趾。——張浚。

天下招賢而初在下，其禮尙薄，義不屑就也。——張根。

初下爲趾。剛在下，不以不義汙之。——朱震。

初剛資文明無位，飾一身而已！賁其趾，飾身行義而已。——項安世。

初在四軒車象，四德不順故舍四徒步。又引从二乘車應四是徒。——李衡引

初九義不乘，義在趾故賁在趾。——楊簡。

舍車而徒即賁其趾，震趾，賁下隱者。——來知德。

初九剛正，居下位不援上應，故義不乘也。——李光地。

剛居下介然獨立，安步當車，禮大夫不徒行。象潛處不邀賞。——王夫之。

初爲民位，當徒行。——毛檢討。

二柔文初，三剛，初可受其賁，性孤介，民位當徒行，自賁其趾。——李塨。

賁初者四，不堅應初，故舍之，初爲士也。——張惠言。

初欲進四故賁趾，乘坎車則失位，故舍車而徒，謂不之四。——姚配中。

賁飾，趾止不進。故曰弗乘。——吳汝綸。

二四爲車，舍車不比二應四，亦不受飾。——馬通伯。

近四棄與二比故曰舍車，蓋賤車也，自飾其行。——丁壽昌引

初九不乘六二之車而徒行者是也。——曹爲霖。

初有才無援，令聞廣譽而不願人之文繡。——星野恆。

賁無色，飾趾下之又下，志在以趾炫，弗作乘車想。——李郁。

修飾足聚會，來時乘車，到則舍車而徒。——胡樸安。

賁，貫貝繫頸爲飾，女人文身賁趾，文失實象。——高亨。

對偶迎親，青壯年把腳裝備好徒步向女方遷徙。——李鏡池。

築墳墓，孝子爲親負土步行。——徐世大。

引高亨文足以示優異。——屈萬里。

蘩疑爲繁，馬之文飾，棄車縱馬而馳。——張立文。

初有德無位，賁趾即修潔其行，舍二遠應四。——傅隸樸。

車指六二，初不接受六二，與六四相應成飾。——徐志銳。

彙輯古今各家之見，初之角色迨：

剛處下，居无位，貴居賤，受禮薄，初爲民，初隱者，性孤介，初爲士，有才无援，志行高絜，飾

趾炫耀，飾趾爲行，文身飾趾，腳裝備好，孝子負土築墳，馬飾其足，初有德修行，潛處不邀賞。姚配中足容在下之禮，果然丁壽昌引在下趾，舍車，蓋賤事。其說與隱者，孤介，高潔似有差距，曹爲霖之無罪當貴，與李衡引「素貧賤行乎貧賤。」程頤之「君子賁，俗羞；俗貴，君子賤。」相通，亦各行其志耳。而張載之「以貴居賤」，初乃下民，初乃隱者，無位者，何來貴？陽剛貴，陰柔賤？凡初爻陽剛皆可謂以貴居賤矣，六五上六皆以賤履貴矣！伊麗沙白是賤人，維多利亞是賤人，則天皇帝，慈禧臨朝皆以賤貴貴，舉天下之貴人皆禮拜賤人惟恐不及，誠貴人鬚眉之羞也！初无位爲民，可以志行高潔，可以孤傲耿介，可以如後漢書逸民傳稱「吾已知富不如貧，貴不如賤，但未知死何如生耳。」但初稱貴，不知貴爲人邪？貴爲男子邪？貴行其志邪？貴貴不如賤耶？以事論事，初无位潛處，以俗眼看絕非貴也！初之賁其趾，自我富麗居止也，故安步可以當車，晚食可以當肉，舍競逐如市儈之爲名利逐臭，初之自修行止吾見其人耶！初之棄比二車，就三剛邪？棄六四，應六四成飾邪？衆議成林，鑿鑿有跡，築墳，迎親，縱馬，修飾是以會男女事，飾趾文足炫耀時人，似皆可以休矣！初時位之未至，自飾其行止，舍競逐而安養羽翮，畜沖天之志，初之賁止舍車，有心哉！

六二，賁其須。

象：賁其須，與上興也。

王弼：得位无應，三亦无應而比，近而相得者也。須之爲物，上附者也，循其所履以附於上故曰賁其須。

孔疏：須是上須於面，六二常上附三，若似賁飾其須也。循其所履附上，與上同爲興起，故象云與上興也。

張載；賁其須，起意在上也。

程頤：賁主，故言賁道，飾於物不能大變其質，因其質布加飾耳，故取須義，隨頤動，動止繫於所附，善惡繫其質。

蘇軾：二施陰二陽之間，初九有應不受，九三无應而內之，无應而納者正，是以仰賁其須，須者附而興之類也。

張浚：須譬文采，九三蘊乾，二待以興，曰賁其須。先王用人先道德後文藝，謂其待人興，不能卓然自立，不有剛健君子，其何以救文勝之弊邪！

鄭汝諧：柔處二剛間，二剛賴其賁，二當賁其須，須與上興，謂賁三也。柔文剛不能加乎其質，故須取義。三則上无其應，二所當賁也。

張根：所謂分剛上而文柔。

朱震：毛在頤曰須。二柔在頤下，須象。文不虛生，譬如須生於頤。二三剛柔賁成震起也。文待質而後興。

項安世：二柔文剛，主內卦之文者，以文爲文故曰賁其須。須之麗身最爲虛文也。然陽氣不盛，須與陽同其盛。二以上爲主，文與質未嘗離，故不言吉凶。

李衡引子：柔而位卑，依剛成文。引胡：上无正應，未可往，與九三合志，同心以興起。引牧：須待也。三與己從得賁，故曰賁其須。引侁：卦柔文剛。六二須上六來成文。

楊萬里：六二主一代文明之大臣，佐文明之治者也。須，來也，待也。許上興也。惜其不待求而發。求而不能應，恥也。賈誼知易之賁，未知賁之須也。

朱熹：二以陰柔居中正，三以陽剛而得正，皆无應與，故二附三而動有賁須之象。占者宜從上之陽剛而動也。

趙彥肅：與二皆无應，相須成賁。

楊簡：二柔不能自立，猶須不能自興。六二耦附下，須象。六二雖無吉，亦免凶，自知之明也。

吳澄：三四五上肖頤，二在頤下，須象。二卦主，須美必附麗於頤，二自賁又附麗於九三而爲九三之賁也。

梁寅：陰麗於陽成章者也。必附三，三取象須，須附頤生者。或曰須，需也。六二賢需五束帛之聘也。

來知德：在頤曰須，以髭髯，頰髯。須隨頤動，附頤爲文者。二陰柔中正，三陽剛得正，皆无應與，故二附三動，猶須附頤而動也。古附其君于斯，无愧于賁矣。

王船山：須繞頤生，二飭初三，三亦以陽飾二，徒爲美觀，其爲文也抑末矣！

折中引俞琰：二比三相賁，柔來文剛故亨。文當從質，二純柔，必待九三動而後動故曰賁其須。引蔣悌生曰：六以二居中有賁須象。須但可爲儀表隨貌而動，文采容止可觀。引何楷須陰血之形附麗於頤，二必從三，聖人右質左文。

李光地：人一身皆質，華而文者須耳，二文明主附初三之剛，且卦有頤體，故以賁須爲象。

毛大可：損兌上口，口下爲鬚，二五互頤，頤下亦爲鬚，須者鬚也。離文飾鬚。初飾足，二飾上首。

李塨：侯果曰自三至六有頤象，二須象，上无應，三亦无應，故上承三，與比而賁其須焉。

孫星衍：（釋文）其須字從彡水邊作頁，非。

張惠言：須，待也。二无應，待五之正二則賁之。歸妹六三須注云須，需也，彼待四，正與此同。

姚配中案：須五，五正乃應。反須，待也。姚鼐云須者所俟也。須二欲應五，五未正位，須成既濟則陰陽俱有應。

吳汝綸：賁如斑如也，賁如自飾。濡如，六二飾之，二三同德。

馬其昶引劉牧曰須，待也。引袁樞曰柔不能自立，得剛而後立。案剛處上文柔，柔乃不陵；柔處下文剛，乃得所承，古祭齊七日，須也，敬之至也。

丁壽昌：須，即鬚眉也，俗加髟，非。集解引侯果曰：自三至上有頤象。二在頤下，須象。上无應，三亦無應，若能上承三，與之同德，雖俱无應，可相與而興起也。

曹爲霖：明皇爲弟煮藥而爇鬚，李勣爲姊煮粥而爇鬚，友愛美談傳之後世，此之謂賁其須。至明英宗時工部侍郎王佑貌美無鬚，太監王振問，對以老爺無，兒女敢有，聞者鄙之，不足觀乎人文可知已！

星野恆：須古鬚字，隨頤動，陰柔中正，不應而與三比，附離致榮，猶鬚附頤而動，故曰賁其須，動作由人，故不涉吉凶。蓋柔中之人，善人不可不親也。

李郁：須待也。義同鬚，文飾及鬚，所見小矣！

胡樸安：說文須，面毛。言面上毛與頭上毛同爲修飾。

高亨：賁不一色也。須俗作鬚，賁其須，須有黑白也。此老人象，壽者之徵也。

李鏡池：須，鬍鬚。隨遷有老人，長老之類，把鬍鬚修飾一番，一派喜氣洋洋。

徐世大：譯：築墳頂。賁其須即築墳上銳下展成平置，須鬚本字。即築墳尖頂。

屈萬里：須，鬚本字。說文面毛也。　傳象與，從也。

嚴靈峯帛書：六二，（蘩）其（　）。

張立文：蘩（賁）其須。賁，黑白雜色文飾。須即鬍鬚，謂鬍鬚黑白相雜如文飾貌。譯：九二，鬍鬚斑白。

金景芳：須是胡須，對臉有文飾作用，沒有什麼大用處！俞琰說二无應比三，三亦无應比二，故與之相賁。以柔來文剛故亨。六二純柔，待九三而後動故曰賁其須。

傅隸樸：鬚眉男子之美稱。六二是賁卦卦主，好比一個儀容端正的男子，再加鬚眉修飾，益顯其莊嚴美好故曰賁其須。

徐志銳：六二文飾三與之比，胡須附于顏面文飾人外表。九三軀體，六二柔爲鬍鬚，即六二文飾九三。

朱邦復：受人支配，難以自行作主。

林漢仕案：須之義，依易家言：

與上興，上須於面，隨頤動，毛在頤曰須，今言鬚也。又須，待也，檢也，俟也。——楊萬里，姚配中。

相須也。——趙彥肅。

或曰須，需也。——梁寅。

毛奇齡直言須者鬚也。丁壽昌言須即鬚眉也。

面上毛與頭上毛同爲修飾——胡樸安。

鬚有二色，黑白也，老人壽考之徵——高亨。

把鬍鬚修飾一番，喜氣洋洋——李鏡池。

築墳尖頂——徐世大。

鬍鬚斑白——張立文。

鬚眉，男子之美稱——傅隸樸。

受人支配——朱邦復。

易以外，須義有止也。有才智之稱。歸妹以須之須，易家亦賦須義爲賤女。賤行之人。妹之姊等義。

須，止也，見書經五子之歌昆弟五人須于洛汭，作五子之歌。馬云止也。孔云待也。

依行程，卦之第二爻，下卦之中，六二陰柔，不祇不能美髯，根本不能鬍鬚黑白相雜之老態。楊萬里言賈誼知易之賁，未知賁之須也。楊意須，待也。毛大可謂須，鬚也。賈生若賁鬚，賈生壽考矣！賈生非如顏子之不幸短命死矣！設一卦六爻爲人生之一始終，則六二始壯也，近乎立年，又設一卦爲因疑而卜，六二決疑之第二步驟也，六二之賁其須，皆不當髭鬚其飾，一龍鍾老婦矣！高亨言鬚有二色，老人壽考，李鏡池謂喜氣洋洋，丁壽昌鬚眉，傅隸樸謂男子美稱。六二時位皆柔，所以有鬚，必如李光弼母，變類似男子矣！君曾見立年婦女于須滿面，與上興，隨頤動乎？女子不能，其男子鬚眉假老成乎？年最少，歲中超遷，公卿之位唾手可得矣！奈何「嘴上無毛」之譏！二之鋒芒必適時而斂，蓋此時操之在人也，我能者予人穩重老成，暫伏之狸貓，搏不遠矣夫！

二本當應五，五無應，六二陽氣不盛，項安世言。是六二之賁，柔賁剛，則六二可賁初，賁三，賁上矣，各有支撐徒屬，亦各旗幟鮮明，比九三，賁三乃主流，而三四五上肖頤，二之賁，果爲九三之賁耶？一點尚繫全體，況一片耶？二柔文初，引从二乘車，皆牽一髮而動全身，故執从初，从三，四五上皆有所是而有所不是，不如言六二之時位當扮演角色，晉身成熟之路，莫過待五之變而應，自修其身，雅潔穩重，德業共欽，孔子所謂：「山川其舍諸」！是操之在「年最少」而重於泰山之弱枝強志乎？

九三，賁如濡如，永貞，吉。

象：永貞之吉，終莫之陵也。

王弼：處下體之極居得其位，與二相比，俱履其正，和合相潤以成其文者也。既得其飾，又得其潤，故曰賁如濡如也，永保其貞，物莫之陵，故得永貞吉也。

孔疏：賁如華飾之貌，濡如潤澤之理。居得其位，與二相比，和合文飾而有潤澤。其美如此，長保貞吉，物莫之陵。

張載：上下皆柔，无物陵犯，然不可邪妄自肆故永貞後保无悔。

程頤：文明之極，賁盛。如辭助，賁飾盛，光彩潤澤故濡如。賁飾之事難乎常也故戒以常永貞正則吉。

蘇軾：九三之正配二，初九近之，近不貞失正，故九三不貞於二，貳於四，其配見陵於初。九三言賁我者二，濡我者四，我可兩獲焉，然以永貞二爲吉也。

張浚：九三互坎體坎水。濡也。上下二陰小人也，其賁也。懼或儒之，將爲不善。君子守貞，小人訣說濡其遠矣！三處離上而獲吉於賁永貞功也。位不中故濡如之憂。

鄭汝諧：三處二陰間，二陰交賁故濡如濡潤澤也。受二陰之賁，惟久於正則吉。陰交賁易以陵乘乎陽，故告之。

張根：嚴光之事。

朱震：六二柔賁剛，賁如也。九三坎，剛賁柔，坎水濡，濡如也。二近相得，三守正不動，二柔麗中正故吉。

項安世：三四文盛而不相得，三乾剛處離上，賁而明麗者，光澤可鑑，故曰賁如濡如。詩所謂六轡如濡也。三以正守文，孰能傾之，何慮四哉！

李衡引子：剛得位，柔附賁文濡沃，履位守正獲吉。引牧：三接上相賁飾。濡變也，上下交賁則能變其體成文，假物相飾，不固則散，永貞則吉。引石：二三相親，不犯守正，物莫之陵。引介：賁如自飾，濡如二飾之，剛上柔下各得其正。柔之正者又麗而柔焉，二待上興，不足稱吉。

楊萬里：賁德在九三，千載一時。處文明之任，聚剛柔之文，二四以柔文三之剛，三以剛文二四之柔，制作備矣！賁飾如濡之著，永貞固以守之，則下不陵上，天下安矣。

朱熹：一陽居二陰之間，得其賁而潤澤者也。然不可溺於所安，故有永貞之戒。

趙彥肅：永貞，捨四取二。兩柔交賁，文之過潤，捨其一焉，剛上柔下，故永貞吉。（取二捨四，有順无陵。）

楊簡：賁卦以柔得剛爲美，剛比柔爲醜。三居二陰之間，有小人濡染君子之象。孔子見南子，有濡如之跡，而未失正。正不永，有時而衰也。

吳澄：互坎水有濡象，謂所飾文采鮮澤。一剛在二柔間錯雜成文故賁如，又六二柔飾於下，賁之最盛故濡如。不溺於二，長永正則吉。

梁寅：上下之陰皆附麗故曰賁如，有坎象故曰濡如。言賁盛而潤澤也。然陽在陰中易溺失正，戒長永其貞則吉也。

來知德：如助辭。九三陽居二陰間，陰來比己，得其賁而潤澤者也。不可溺于所安，能守永貞之戒，斯吉矣。

王船山：三飾二，上飾四，二四交飾三，陰潤物相染故有濡象。陽可受潤不可受染，剛循情貶道不如以道飾情爲有節。

折中引胡炳文：互坎有濡、陷義。三能永貞則二陰爲我潤澤之濡。引俞琰曰：三處二四間故賁如濡如，文過則質喪文弊，永久剛正則吉。引潘士藻曰：三本剛正，慮爲二陰陷溺故戒。引何楷曰：一剛二柔，賁盛，猶詩言六轡如濡。文采鮮澤，恐爲物溺故戒不以文滅質也。

李光地：一陽陷二陰之間，雖有剛質，不免於濡溺矣！文時不可濡溺，終守剛質，永其正固則吉矣！

毛檢討：三居卦末，當坎中，以洗濯爲飾。永能守正，卦位已終，又誰陵其上者？剛能陵剛不能陵柔，濡柔之至，以濡自文而陵免矣！

李塨：三爲二所賁，處六四下，陰陽相錯，賁如也。坎水之潤，鮮澤濡如也。然濡不可過，恐爲物溺，惟永貞則吉。

張惠言：賁如體坎水故濡如，永貞。謂五正則六爻皆正，三守正以待五上變則吉，與元永貞義近也。

姚配中案：三自賁也，在坎中故濡如，濡如賁貌。三得位，德潤身也，化則失位，上來陵之，故永貞吉，不可化也。惠棟云坎水自潤故濡如。詩箋濡言鮮澤也，三得位故也。

吳汝綸：六二飾之，二三同德。

馬通伯引盧氏曰有離文自飾故賁如，有坎水自潤故濡如，體剛履正故永貞吉。引俞琰：文過則質喪，質喪則文敝，以剛正之德固守則吉。案初舍車而徒，褆夏尙忠，失野。二賁須，殷尙敬。三濡如周尙文，守正不變，故以吉歸之。

丁壽昌：王註三與二比；傳謂與二四相賁。集解引盧氏曰離文自飾，坎水自潤，故賁如濡如。體剛履正故永貞吉與二同德故終莫之陵。案互坎離二卦故九三兼二卦之象。

曹爲霖：士先器識然後文藝。如篤實之儒，間與一二淹雅文藻之士往來，多所漸染，亦足增助文采，所謂濡如也。文人務浮華，人得玩侮之，故戒以永貞吉。

星野恆：濡如光彩潤澤也。以陽處文明之極，錯二陰間，文飾之至，故賁如濡如。常永貞固守之則吉，不可渝變也。

李郁：濡潤色，以剛居剛，質已勝，略爲文飾可已，不動則應故永貞吉。

胡樸安：濡，需借字。說文須，待也。言男女互相求取時，各賁如而來。（指初，二兩爻）需如待也。男女求取已畢而吉也。不相陵越。

高亨：言須賁如濡如。賁如黑白參雜，濡疑借爲需，即沾濡，遇雨須濡，老人壽考，出行遇雨濡然，吉兆。永字與壽考之象意相應也。

李鏡池：賁借爲奔。濡，汗濕。寫途中情況：人們奔跑，跑得一身大汗，永貞吉屬另占。

徐世大：高高的，潤潤的，永遠堅固吉祥。七字乃極好墓銘。隆起潤澤光輝。永貞吉，寄極大希望焉。

屈萬里：陵本作淩。賁古作斑，亦即班，賁如即班如，濡需待之義。賁如濡如，盤桓不進貌。三爲進退故有是象。

嚴靈峯帛書：九三，（蘩）茹濡如，永貞吉。

張立文：茹假爲如，助辭。濡爲潤澤光美也。譯，九三，斑白的鬍鬚潤澤光美，永遠守正道則吉祥。

金景芳：九三處六二六四兩陰間，所以賁如濡，文飾太多了。所以要永貞，守正才能得吉。

傅隸樸：九三位正資剛，六二賁主，賁之盛在九三。二四以柔文都是不正親比。賁指光輝，濡指德澤。要光被上下，德澤旁流，惟有循正道方能獲吉，故曰貞吉。

徐志銳：九三一剛陷二柔間，三文最勝，知道文勝滅質，能長久固守實質不追求外表，剛質不被侵凌，吉在得理。

朱邦復：名利兼收，能永久守正則吉。象：一陽居二陰間，志得意滿之象。

林漢仕案：初時自飾行止，舍競逐養羽翮，其有心哉！六二面現文采，雅修泰山之穩重，假外物以成其視聽，似已入世嶄露頭角矣，然仍以養「龍在田」之志爲上。九三光環在頂，處大中，居得其位，如日中天，楊萬里謂賁德在九三，千載一時！按卦理，九三絕非如張立文言：「九三斑白的鬍鬚潤澤光美。」鬍鬚斑白，雖然無限好，只是近黃昏。吾師魯公實先嘗言，老來愛看歌舞秀，必坐前排，年輕女子出場，大聲吆喝鼓掌捧場如儀，其他則喝茶抽煙，屈乎耳順之年，醫囑當戒煙酒，戒……人生如此，乏味！近乎六十，戒吃喝，戒觀賞即言乏味，斑白鬍鬚其老過矣，徒有其表，如賁如，濡如何！九三乃中天之離日，乃甫從「年最少」晉入光華奪目，噴射多姿之世紀，人生之高峯期也。在賁如，濡如之餘，作者戒之永貞，乃吉之條件，反之不能永貞則悔吝隨之，更無論終莫之陵矣！

賁如濡如狀態如何？茲誌其大概如后：

與二比，既得其飾，又得其潤。——王弼

與二比，和合華飾而有潤澤，其美如此。——孔穎達

如，助辭。賁，飾盛。光彩潤澤故濡如。——程頤

三正配二，近初，不貞二，貳於四。二賁我，四濡我，我兩獲焉。——蘇軾

三互坎，濡也；上下二陰小人其賁也，位不中故濡如之憂。——張浚

二陰交賁，故濡如潤澤。——鄭汝諧

六二近相得，柔賁剛，賁如也；三守正不動，坎水濡，剛賁柔，濡如也。——朱震

三乾剛處離上，賁而明麗者，光澤可鑑，故賁如濡如。——項安世

三接上相賁飾。濡，變也。上下交賁能變其體成文。又賁如自飾，濡如，二飾之。——李衡引牧，引介。

二四以柔文三剛，三以剛文二四柔。——楊萬里

一陽居二陰間，得其賁而潤澤者也。——朱熹

兩柔交賁，文之過潤。——趙彥肅

三居二陰之間，有小人濡染君子之象。子見南子，有濡如之跡。——楊簡

一剛在二柔間錯雜成文故賁如。六二柔飾，賁之最成故濡如。——吳澄

上下之陰皆附麗故賁如。坎象故濡如。言賁盛而潤澤也。——梁寅

九三居二陰間，陰來比己，得其賁而潤澤者也。——來知德

三飾二，上飾四，二四交飾三，陰潤物相染故有濡象。陽可受潤，不可受染。——王船山

互坎有濡，二陰爲我潤澤之濡。三處二四間故賁如濡如，一剛二柔，賁盛，猶詩言六轡如濡。——

折中引

一陽陷二陰間不免於濡溺矣！——李光地

三居卦來當坎中，以洗濯爲飾。——毛檢討

三爲二所賁，處六四下，陰陽相錯，賁如也。坎水之潤，鮮澤濡如也。濡過恐爲物溺。——李塨

賁如體坎水故濡如。——張惠言

三自賁，在坎中故濡如，濡如賁貌。三德潤身。——姚配中

離文自飾故賁如，坎水自潤故濡如。——馬通伯。

互坎，離二卦故九三兼二卦之象。——丁壽昌

士先器識然後文藝，多所漸染，所謂濡如也。——曹爲霖

濡如光彩潤澤也，陽錯二陰間，文飾之至。——星野恆

濡，需借字。男女相求，各賁如而來，需如待也。指初、二兩爻。——胡樸安

賁如，黑白參雜，濡借爲需即沾濡，遇雨須濡。——高亨

賁借爲奔，濡，汗濕。奔跑，一身大汗。——李鏡池

七字乃極好墓銘。隆起潤澤光輝。——徐世大。

賁作斑，班。賁如即班如。濡需待，盤桓貌。——屈萬里

斑白的鬍鬚潤澤光美。——張立文

二四以柔文都是不正親比。賁光澤，濡德澤。——傅隸樸

九三剛陷三柔間，三文最勝。——徐志銳

從九三與六二比，蘇軾擴增九三正配六二，近初不貞，貳於四，配爲初陵。賁我者二，濡我者四。東坡先生眞乃風流種子也。朝雲、琴操、碧桃、榴花，一以貫之在王弗，閩之之間，果然東坡先生多多受益善！二三四互坎水故濡如，三四五互雷，五亦涵蓋三之隆隆砲聲，雷聲中矣，若九三與上相飾，相賁濡，不怕同性戀曝光？公然啖人餘桃，方便斷袖？一陽二陰（六二，六四）之畸型關係，衆家許爲賁，許爲濡，交相濡染，甚至方詩六轡如濡有比賁濡之盛，置九三於何地？九三以德潤身，九三有器識然後文藝，至此九三污染爲一登徒子矣！（詩言如濡，易言濡如）

賁如，飾盛；濡如，潤澤。從離坎中尋獲光彩，潤濕之依據，三卦火，二三四互坎，（象一）；二陰交賁，故濡如潤澤。（象二）；近初、配二，濡四，（象三）；三上相飾，濡變，交賁變體成文。（象四）；三飾二，上飾四，二四交飾三。（象五）；三自賁，三德潤身。（象六）；男女相求各賁如而來，（象七）；鬍鬚黑白參雜，遇雨沾濡，（象八）；奔跑汗濕，（象九）墓碑隆起潤澤光輝，（象十）；班如盤桓，（象十一）；九三剛陷三柔間，（象十二）。

賁如濡如，其美如此；光彩潤澤；位不中故濡如之憂；小人濡染象，濡溺；洗濯；男女相求……從離日麗，坎水濡至男女事，鬍鬚濡，奔汗濕，盤桓，九三之賁如濡如，幾無定解矣！然而九三光環在頂，處大卦之中，（張浚以二五爲中，故謂三位不中）居得其位，如日中天，左右逢源，貞千載一時也，意得志滿之餘，易家著一吉字，配以永貞爲條件，其吉乃久長，可謂君子愛人以德深矣！

六四，賁如皤如，白馬翰如，匪寇婚媾

象：六四當位疑也。匪寇婚媾，終无尤也。

馬融：翰，高也。（釋文）

荀爽：賁如波如。（釋文，孫堂案疑聲之誤）

鄭玄：賁如皤如。（皤音煩。孫堂案元本作燔，又引作皤。）白馬翰如，謂九三位在辰，得巽氣爲白馬，翰猶幹也。見六四適初未定，欲幹而有之。（孫堂案一本作翰，白也，誤。）

陸績：賁如皤如。（孫堂案皤，元輯作皤，無音，從顧氏易音改作皤。）震之爲馬，爲白，故曰白馬翰如。（集解）

王弼：有應在初而閡於三，爲己寇難。二志相感，不獲通亨，欲靜則疑初之應，欲進則懼三之難，故或飾或素內懷疑懼也。鮮絜其馬，翰如以待，雖履正位未敢果其志，三剛猛未可輕犯。匪寇乃婚，終无尤也。

孔疏：皤是素白色。應初，三爲難，故猶豫，或文絜賁如也。或守質素皤如也。但鮮絜其馬，其色翰如待之，未敢輒進。若非九三爲己寇重，乃得與初爲婚媾也。

張載：以陰居陰，性爲艮止，故志堅行潔，終无尤累。

程頤：四初正應本當賁如，三隔。皤、白，未獲賁也。馬在下未賁故云白馬，從正應之志如飛故翰如。匪九三寇讎所隔則婚媾遂其相親矣！初四正應必獲親。

蘇軾：當可疑之位，以三爲寇莫之媾。近三，六二其賁，賁初九，初全潔皤然，四潔答之，車馬往從。此危疑交爭之際，免於侵陵者，以四无不貞也。

張浚：四近臣潔白其德，下從初猶馬疾馳，初四質美，惟四柔守靜，義不苟從。互坎居四爲皤如，初四有皤如白馬象。變巽爲皤如，乾白馬，初四正應爲婚媾。

張根：進而當位，若不固其節，然上既致恭而盡禮則可以行道之時也，何尤之有！

朱震：六四柔下賁初九，賁如也。初九上賁六四成巽，巽爲白，皤如也。四當位乘剛，初四未獲賁，應志疾如，白馬翰如，飛赴之，匪九三寇，則遂婚媾矣！

又初離爲雉，巽爲雞，翰如也。震足，馬，變巽故白馬翰如。震長男，離中女，男女合，婚媾。伏巽始疑終合，純白誰間，故曰終无尤。四尤者三也。

項安世：三四文盛不相得，坤重柔處艮下，賁之陰靜篤實者，其文湻白无華，故曰賁如皤如，白馬翰如。人馬俱白，德位俱靜。四居王非相畔之人，非相爲寇，實相爲婚。白賁者，以白文之。翰如，商人戎事乘翰，翰與皤皆白色也。

李衡引子：得位有應，賁而成文，故絜其儀，白其馬，欲翰如而速往也。引陸：初九爲應，義不乘車，四慕之切，初高其絜白之道，欲飛翔而來也。

楊萬里：上九乾文坤，剛文柔，四可謂白受采質；隔五，不得親受飾。賁如皤如，質可受上九之賁；白馬翰如，志從上九之急。質美受飾，志急從飾可。然隔五，閒而憂疑不可！五、四同柔，相親，非寇讎。聖人以位雖隔而德相親，終无尤也。

朱熹：皤，白也。馬，人所乘。人白馬亦白。四與初相賁者。爲九三隔，不得遂，故皤如。其往求之心，如飛翰之疾。九三剛正，非爲寇者，乃求婚媾耳。其象如此。

楊簡：四初正應，應初不比三矣！故以三爲寇。皤白也。六四皤如，言潔白不爲小人染污也。不與九三之寇爲婚媾，人雖始疑，終不尤之也。

吳澄：六四與上九隔遠而不得其飾故皤如，言白飾未受采也。四震馬變剛成巽爲白，翰如言走疾如羽翰。疾走就正應，求賁初陽。然初孤潔自守，四下求疑釋，知非寇乃己之婚媾也。

梁寅：艮止，賁盛反質之時，故云賁如皤如。四有所乘故云白馬翰如。人質馬白。本與初應，三逼故疑爲寇，三非寇乃求婚媾，三正四亦正，正而合又何尤乎！

來知德：皤白也。翰如，馬如翰之飛止。寇指三，婚媾指初。四初正應相賁，九三隔不得遂而成皤，使非三寇，與初成婚媾相爲賁矣。然四心如飛翰之疾，始隔終親也。

王船山：皤，老人髮白無文。翰如，疾走如飛。四承五飾三，無飾五而皤如也。言白馬者五無施四以素相接。翰如，五疾走合四也。五疑爲寇，同類固相合，婚媾合德相好也。

折中引朱子語類：白馬言無所賁飾。引胡炳文：四應初，上求下不可緩。引俞琰：商尙白，戎乘翰，馬白也。四當賁道變，由文返質。引蘇濬：四以實心求初，不爲虛飾，同一白賁之風而已！

李光地：陰求陽自噴，四初正應，四正德，初賁趾於下，質素者，四與相噴則皤然其白，乘馬亦白。初匪寇害，實婚媾，求如此切，不言吉，義當然爾。

毛檢討：賁有白黃黑三色，四當互震爲馬，本巽白，爲白馬，將與初爲婚媾，三四同道，剛柔相當，初，四實正應。四居坎中爲寇盜。鄭玄曰馬白曰翰，髮白曰皤。

李塨：四得上之文亦賁如也。賁黃白色，變巽獨爲白色，則又皤如，下九三互震，爲的顙，白馬也，則翰如。正應初似不可失，三翰如非寇，同歸賁如婚媾，雖似有尤，永貞，婚媾則終无尤。

孫星衍：（釋文）皤，說文云老人貌。白波反。董音槃。鄭陸作燔，音煩，荀作波翰，戶旦反，亦作

寒案反。（集解鄭康成曰翰，白也。）董遇曰馬作足，橫行曰皤，翰，馬舉頭高仰也。黃穎同。（釋文）

丁晏：（釋文）皤，鄭陸作燔，荀作波。案燔乃蹯譌。蔡邕述行賦桀馬蹯而不進。案蹯，說文采作番，獸足，從采田象掌。古番皤通。秦誓番番良士，史記黃髮番番。班固皤皤國老。慈明作波，鄭注波讀爲播。古皤蹯播俱從番得聲，與波相近。

張惠言：五變文四故賁如，巽白故皤如，坎馬，坎寇謂三，婚媾謂初，戒四當賁初。

姚配中案：四自賁也。皤如賁貌，謂自飾應初。震馬，五動成巽、爲白，翰如白貌。坎寇，初疑四，四得位，初疑爲寇，故舍車而徒，不應四，德正終相應，故匪寇婚媾。

吳汝綸：皤白，或素或飾，象曰疑也。乘馬翰如，與屯二同辭，皆謂乘剛，乘馬婚媾，皆謂三也。

馬通伯引鄭康成曰翰，白也。引陸績曰震，馬也，案四疑位，四多懼，爻獨初四應，四疑初當從，又疑四之爲寇，白馬謂上似寇也，實則剛上文柔，陰皆利往，舍初從上，終无可尤，蓋文勝時義當反質。

丁壽昌：皤，說文云老人；董云馬作足橫行；鄭陸作蹯；荀作波；翰，黃云馬舉頭高仰也；馬荀云高也；鄭云白也。案董遇馬作足義亦蹯。殷尚白，戎事乘翰。坎爲寇，四變坎不見故匪寇，四陰與初陽正應故婚媾。

曹爲霖：六四求賁初九而爲九三隔，四獨堅其應初之志，如蕭何夜追韓信，所謂賁如，皤如，白馬翰如也。謂如信國士無雙，登壇拜將，此所謂匪寇婚媾，終无尤也。

星野恆：皤白也。翰如言其疾如飛也。與初應，三隔不得相賁，而求往之心如羽翰之飛。九三剛正非寇害我，乃求婚媾，何尤之有！蓋人之遇合，每致疑惑，不可舍不交也。

李郁：皤近于無色，翰白毫，四柔居柔，質純故以白馬喻之。馬可進可退，初若來四，四失位是被寇，初不動與四應乃婚媾。

胡樸安：男女互相求取事畢，各乘馬歸也。有數男求一女，有數女求一男，或有互相殘害爲寇，至是和好爲婚媾矣。

高亨：賁如者馬有斑文賁然也。皤如者馬色白皤然也。翰借爲⿰倝毛或⿰倝馬，此馬白多斑文少，雖云賁如，仍名白馬，毛長，非寇也，乃婚媾也。

李鏡池：皤借爲燔，即焚。翰，馬頭高仰飛馳姿勢。太陽晒得象火燒，新郎和小伙子騎白馬飛奔，不是搶劫是娶親。

徐世大：高高鼓鼓的，白馬如有翼，不是強盜是親戚。總譯：墳成葬禮，皤大腹。翰引伸馬飛速至。

屈萬里：皤，董音槃，鄭陸作蹯，荀作波。董音是也。賁如皤如即班如盤如，不進之貌。四亦爲進退故云。翰，白色馬也。釋文董遇曰馬作足橫行曰皤。與屯六二辭同。

嚴靈峯帛書。六四，（蘩茹蕃茹），白馬（榦）茹，（非）寇（閩詬）。

張立文：蘩（賁）茹（如），蕃（皤）同聲系故相通假，潔白之義。榦借爲翰，高也，言白馬高昂著頭。閩借爲婚。詬借爲媾。譯：六四，裝飾素白，白馬高昂著頭走來，不是寇賊，是來迎親的。

金景芳：賁如，文飾；皤如，白的意思。初九用質文四，不是加文采而加質樸。白馬是初九，對六四不是來寇，而是婚媾。與初沒有過錯，无尤也。

傅隸樸：四與初正應，九三阻道，六四善自修飾欲前往故曰賁如；不敢往，以本來面目自處故曰皤如；時時備馬飛往，不是九三於中爲寇作難，早與初婚姻好了。爻勸弱小不放棄初志。

徐志銳：六四白發素裝騎白馬，徘徊未敢輕應初九，看清初非敵寇是婚媾，終於下應。又六四疑己尚素，看到初徒步應己，不務虛榮，志同而合「匪寇婚媾」。三隔說未得義。

朱邦復：好事多磨，憂急無用。象：九三居中爲擾。

林漢仕案：孰寇？寇孰？賁如，依先例爲離火賁，光彩飾盛，或奔或盤桓，或鬍鬚黑白，要之，形容匪寇婚媾也。爻爲六四，匪寇與婚媾，當不能離爻而他指，匪寇，六四也，婚媾亦六四也。然易家自有編織六四之夢幻，言之諄諄，姑妄聽之如何？

匪寇類：

六四位當疑也。——象辭

九三位在辰，得巽氣爲白馬，見六四適初未定，欲幹而有之。——鄭玄

有應在初而閡之在三，爲己寇難。——王弼

匪九三寇讎所隔，則婚媾遂其相親矣！——程頤

當可疑之位，以三爲寇莫之媾。——蘇軾

上九乾文坤，隔五，閒而憂疑不可，五，四同柔，相親非寇雠。——楊萬里

六四求賁初陽，四下求疑釋，知非寇……——吳澄

六五疾走合四，五疑爲寇。——王船山

四初正應，初匪寇害，實婚媾。——李光地

四居坎中爲寇盜。——毛奇齡

三翰如非寇。——李塨

坎寇謂三。——張惠言。

坎寇，初疑四爲寇，故舍車不應四。——姚配中

四疑位，四多懼，疑四爲寇，白馬謂上似寇也。——馬通伯

坎寇，四變坎不見故匪寇。——丁壽昌

四堅應初，如蕭何追韓信，謂國士無雙，登壇拜將，此所謂寇婚媾。——曹爲霖，以韓信非寇言初匪寇也乎？

初若來四，四失位是被冦。——李郁亦謂初爲寇

男女聚會，或有互相殘害爲寇。——胡樸安

白馬毛長非寇。——高亨

新郎騎白馬，不是搶劫。——李鏡池

六四裝飾素白，白馬高昂著頭，不是寇賊。——張立文

白馬是初九，對六四不是來寇。——金景芳

九三於中爲寇作難。——傅隸樸

六四看清，初非敵寇。三隔說未得文義。——徐志銳

總上說：

五疑爲寇者有楊萬里，王船山。

四疑爲寇者有象辭，吳澄，毛奇齡，姚配中，馬通伯，丁壽昌，張立文。

三疑爲寇者有鄭玄，王弼，程頤，蘇軾，張惠言，傅隸樸。

初疑爲寇者有李光地，曹爲霖，李郁，金景芳，徐志銳。另闢蹊徑，無論比應，祇取爻辭賦新義者有胡樸安之想入匪匪，高亨，李鏡池騎白馬而毛長，徐世大之白馬如有翼，馬飛速至，墳成葬禮。徐世大以賁爲墳，以賁之孳乳字，或係來自明來知德前輩之上九爻辭釋文「所以白墳象。」著一墳字，並無墳意之誤而一墳到底！標新立異之可羞也。

匪寇：初九，九三，六四，六五皆入嫌，讀者諸君可自任檢察官，法官，將彼提公訴並自由心證判決，而婚媾對象亦一如敵寇之擾攘：言九三欲幹而有初。（鄭玄）四應初，四初正應，初四質美。（程頤，張浚，朱震）。六四從上九。（楊萬里）九三剛正，非爲寇者，乃求婚媾耳。（朱熹）三正，四

亦正，正而合又何尤乎。（梁寅）五疾走合四，同類因相合，婚媾合德相好。（王船山）三四同道，剛柔相當。初，四實正應。（毛奇齡）四得上之文，下九三互震，正應初似不可失。（李塨）五變文四，婚媾謂初。（張惠言）乘馬婚媾，與屯二同辭，皆謂三也。（吳汝綸）舍初從上，終无可尤。（馬通伯）婚媾者何，經由問名、納采，六禮備然後入主中饋也，由野蠻進入文明，由附從進入妻者齊也境界。娶妻上床，行周公之禮，盡敦倫之樂，固與胡樸安「男之相求取事畢」動作同，而名份則大異，若胡樸安者，先姦後娶也。今言「先上車，後補票。」而四初正應，有言四求初，有言初求四，初四聽同心，易家遊戲規則言之在先，無傷孰先示愛。從以上易家宏論，六四亦一風流種子矣，六四性饑渴不讓須眉矣！六四之歸屬也，計有：

九三爲三所有，九三，六四配也。

九三幹而有初。九三與初九配也。

六四從上九。　六四與上九配也。

五合四，同類固相合。六五，六四配也。（磨鏡古即有之乎）

初，四正應。　初九與六四配也。

四得上文，下三互震，正應初。四與上，三緜緜，然後應初爲歸宿也。三陽皆貫通六四矣！

五文四，婚媾謂初。五四同性相愛，然後配初也。

天下之亂，吾知之矣！此處始亂終棄，自有檢破爛者，圓滿終結彌補其憾事。六四人生之風光，賁如，皤如！白馬翰如，陰陽皆合志，縱橫捭闔，處處如意，宜公宜私，盡得揚眉，上青雲而有路，一呼四應，圓滿階段也，賁之六四，享有榮耀、快樂。

六五，賁于丘園，束帛戔戔，吝，終吉。

象：六五之吉，有喜也。

子夏：賁于兵園，束帛殘殘。（釋文，漢藝文志考證）

馬融：戔戔，委積貌。（釋文）

荀爽：艮山震林，失其正位，在山林之間，賁飾丘陵以爲園圃，隱士之象也。五爲王位，體中履和，勤賢之主，尊道之君也，故曰賁于丘園，束帛戔戔，君臣失正，故吝，能以中和，飾上成功，故終吉而有喜也。（集解）

王肅：失位无應，隱處丘園，蓋象衡門之人。道德彌明，必有束帛之聘，戔戔，委積之貌也。

王弼：處事爲飾主。飾物其道害，飾丘園盛莫大焉，束帛丘園乃落賁于丘園，箋箋用莫過儉，泰能約，必吝得終吉。

孔疏：丘園是質素之處。戔戔，衆多也。初時儉約，必儉約之吝乃終吉而有喜也。注无聘賢之意，无待士之文。

張載：陰陽相固，物所皐生，柔中之德，比上九，上九敦素因可恃而致富，雖爲悔吝，雖獲吉，道上行故曰丘園。

程頤：陰質密比上九剛陽之賢，受賁於上九。古城壘依丘坂，外近且高者。園圃地。丘園謂在外近者指上九。五柔不足守，與上比，受其裁制如束帛戔戔爲可吝。戔戔翦裁紛裂，帛未束之。喻大六受人裁用。享其功爲終吉也。

蘇軾：丘園，僻陋无人之地。五无應，上九所賁，上九亦無應，兩窮无歸，薄禮可以相縻長久，雖吝有終。以相喜，戔戔小也，吝而吉可也。

張浚：爲賁飾主，陰處尊位，下乘坎險爲吝。艮山爲丘園，丘園指上九，五本坤位，坤爲帛，爲衆，爲帛戔戔，得賢而治道立，喜之大也。五柔屈身禮賢成離明之治。

鄭汝諧：比四應二，柔遇柔，无所賁。陽在上可賁，故五當賁于丘園，丘園在外而近，上九也。束帛盛禮以賁，如高祖賁四皓，光武賁嚴光也。在內无所賁而資賁於外賢，固吝矣！終必吉者，賢不就何傷人君盛德！

張根：禮雖未豐，志亦可尙，應否相半，故終亦有喜。

朱震：艮山爲果蓏，山半爲丘，有果蓏，丘園也。五尊柔中，資上九賢，故賁于丘園。坤帛艮手，多而委積用之以外聘，故曰束帛戔戔。上五相賁象。五尊當賁天下，六二不應，比上九，吝道也。然柔中，厚禮上九，自外賁之，始吝而終吉，正則吉也。

項安世：艮上爻爲山，故中爻爲丘園。五以務實見吝，終以成功有喜。戔戔委積貌。不賁宮室，用力丘園，植桑積絲，可謂吝。終則束帛委積，百禮可行，祭祀婚儀皆之成，賁孰盛，故吝終吉。凡卦陰陽相合言有喜有慶。

李衡引陸：上九有止靜篤之德，五能以戔戔之帛，敦而聘之。引牧：二有文明之德，待聘而行。難進故吝。束帛非豐，聘丘園之士爲多。引牧：一陰一陽交相賁飾，五下无應，比上九，上九卦外无位，丘園象，束帛得禮中，但賁于所近吝狹之道。引胡：丘園敦實地，使知務農則國用足，吝嗇節用故終吉。引介：戔戔損少儉用，禮未失中。引代：丘墟園林，質素象。比有孚盈缶亦質素事。

楊萬里：六五賁之至盛，坤體爲吝嗇。五賁丘園，其湯之華，高宗之巖，文王之渭乎？五君兼群臣藻飾之業，成天下文明之化。下飾丘園高蹈之士，不遺一賢，文治有缺，此賁之至盛。吝非其人，施惟其人，賢者畢赴，故喜吉。

朱熹：柔中賁主，敦本尙實，得賁之道，故有丘園之象。然性陰性吝嗇，故有束帛戔戔之象。束帛，薄物，戔戔，淺小之意。人如此雖可羞吝，然奢寧儉故得終吉。

趙彥肅：五賁上，聘于隱者，上九賁五，來受聘命。

楊簡：半山曰丘，五居艮中爻，艮爲山，有丘園象。束帛戔戔，然儉陋，雖於賁時爲吝嗇而終於吉。

吳澄：柔中德正而不仕者。艮中畫山之半爲丘園。震草艮木，賢者隱地。上九賁六五，禮賢者，恩光下逮丘園。五兩爲束，坤帛，戔戔多也，受幣聘之也。不當位故吝。受君賜之榮故終吉。

梁寅：居至尊宜徵集丘園之賢共成文治。然陰，性吝嗇，賁飾止於束帛戔戔而已！物薄招賢，可羞吝也。然賢者不以幣帛爲悅，恭敬爲悅，五虛中待賢，幣微賢亦進，所以終吉。

來知德：艮山丘象，艮果蓏園象。丘園指上九，不事王侯，山林賢者无疑。陰爻兩圻，束象、坤帛。戔殘傷也。陰吝嗇故曰吝。六五比上九，束帛聘象，禮賢可喜，吉可知矣。

王夫之：戔戔，狹小貌。邱園、抱道隱居地。五靜其德，上賁之，欲其光濟於下，五柔退儉以待物，故吝。時方競交飾，不如敦尚儉德者之安吉也。

折中引朱子語要：安定作敦。或以戔戔爲盛多，非也。淺小之意。又云是箇務農尚儉，戔戔狹小不足意。引胡文炳曰：不賁市朝而賁丘園，敦本也，戔戔尚實也。引何楷曰比上九，受賁上九者也。丘園指上九賢隱丘園象。

李光地：柔居尊，然卦有上文柔義。上九艮主，卦在外，山野之地，故曰丘園。居尊能以丘園自賁，誠餘於文，故曰束帛戔戔。五吝猶四疑，係吝羞吝，然從道是終吉。

毛檢討：五君位，陰居之，下無應，第如處士自飾者，丘園而已！艮山，五山半爲丘，蔬圃爲園，處士所居也。坤帛巽繩，此聘幣之禮到門，亦可喜，以禮爲飾者何勿吉！

李塨：艮山半爲丘，果蓏爲園，忽加文采，坤帛，變巽爲繩束之，戔戔來聘，如伊尹初聘，惜不行，吝；三聘幡然，弓旌到門，亦可喜，吉矣。

孫星衍：黃本賁作世，戔戔，子夏傳作殘殘。集解子夏傳曰：五匹爲束，象陰陽。賈誼曰：束帛五匹。馬融：戔戔，委積貌。王肅：失位无應，隱處丘園，蓋蒙闇之人，道德彌明，必有束帛之應。黃穎曰：戔戔，猥積貌。一云顯見貌。薛虞云：禮之多也。先儒云若賁飾束帛不用聘士，士乃落，若賁飾，邱園之士與之，故束帛乃戔戔也。

丁晏：釋文戔戔，子夏傳作殘殘。案殘戔通用，說文戔賊也。小徐曰兵多則殘。用禮帴，鄭注讀爲戔。古殘與戔同音，斑彪北征賦以殘，與前叶是也。

張惠言：引（注）艮爲山，五半山故稱丘，木果曰園，故賁于丘園。五失正，動成巽，爲帛爲繩，艮手持故束帛，艮斷巽故戔戔，失位无應故吝，變正故終吉矣！戔戔委積貌。

姚配中案：山下有火，賁于丘園之象。子夏傳曰五匹爲束，三玄二纁象陰陽。馬融曰戔委積貌。

吳汝綸：賁于丘園謂聘士也。戔戔，淺少也。

馬通伯引子夏五皮爲束。引薛綜曰：古招士必束帛加璧於上。引郭雍曰：賁之盛大无過於得賢。其祖案：陰性吝嗇，五陰失正故吝，承陽故終吉。

丁壽昌：賁于邱園者賁于上九也。上陽剛處外，乃賢人隱邱園之象，六五君以束帛盛禮聘之。六居五古吝，變陽故終吉有喜。戔戔殘殘古字通，當從舊說委積衆多爲允。

曹爲霖：賁之時，猶有士隱於邱園，六五之恥！初不乘二車，六五能致之，賁之盛也。六五賁邱園，其湯之莘，高宗之巖，文王之渭乎？

星野恒：丘園依丘陵者，束帛聘幣也。戔戔淺小。以柔居尊，下無應，上有賢，知禮而不能舉用所以吝也，然與慢賢篤士者異，所以雖吝而終吉也。

李郁：艮山，五在山半故曰丘園，天然美景，質勝于文矣！戔戔數之小者，五匹爲束，此言簡且質，可謂淡泊明志矣！二五非應故吝。上終來五故終吉。

于省吾：說文丘土之高也。一曰四方高，中央下爲丘。丘虛古同訓，墟虛古通用。陵亦丘也。陵與丘大小之別耳。

胡樸安：丘園，女子之家，男女互相求取後，各自歸家。男子束箋箋帛，行聘禮也。吝者嫌聘禮少！終吉者，卒允許也。故象曰有喜也。

高亨：疑指婚禮納徵。丘園女家居也，賁飾結綵其門。束帛納徵所用。戔戔少貌。束帛五兩，二十五尋，女家嫌少而爭議，以媒妁親友調解而歸諧和。納徵筮遇此爻也。

李鏡池：跑到丘園，到了女家，送上一束布帛，堆成一大堆。吝，終吉，屬另占。

徐世大：築墳在丘園中，一束小小的帛，笑話，終結是好的。下棺後祭祀。祭品小薄，親友笑話，儉樸無傷大雅。

屈萬里：此謂天子以束帛來聘在野之士。戔戔，正義訓衆多。子夏傳五匹爲束。馬融戔戔，委積貌。釋文子夏作殘殘。按戔戔即漸漸，亦委積貌。吳其昌戔狀束。

嚴靈峯帛書：六五，(蘩)于(　)(　)，(　)白戔戔，閵，終(　)。

張立文：丘園，把丘墟裝飾爲園圃，指女家。　白假爲帛，古音同而通。　戔戔，⑴禮多也，⑵淺小。閵假爲吝。慳吝，恨惜也。譯：女家結綵丘園，男家聘物帛一束，甚少，女方嫌男方吝嗇，但結果吉祥。

金景芳：丘園指上爻說，五上比的關係，不是賁于朝市，賁於丘園，崇素返質的意思。戔戔，賢人給的禮物很少，是儉的意思，吝嗇的意思，賁卦有反本之意。

傅隸樸：國君賁重田野，國庫吝嗇之徵，才有餘糧棲畝之吉。即百姓足，君孰與不足？反之束帛盈庫，餓殍載道，能吉嗎？戔戔，短少貌，反之纍纍，束帛纍纍田園荒蕪了。

徐志銳：丘園指上九，六五不能自飾，所以接受上九的文飾，以剛文柔。六五聘禮僅五匹帛，微薄之禮，顯得吝嗇，但卻得吉且有喜。

朱邦復：任用賢能，節儉自吝，終吉。象：與上九比而從之。

林漢仕：賁于丘園，乃賁之開放，賁之氾濫，李鏡池準字書賁借爲奔，張立文對初之奔馳，未嘗非借重唱和李之借賁爲奔也。儘管賁借爲奔唱和者寡，而賁（奔）于丘園之豪放，其氣家或不下於琱琢山河粉飾天地，參天地之造化。江山本來如此多嬌，引無數吳雄競折腰之餘，不能任紅裝素裹，分外妖嬈，放任自然！要建設，求經緯國家之俊材，惠而不費，必得國人認同，勠力同心貢獻宏猷也。丘園，因易之注，後世遂以質素，隱者所居處，唐科舉有高蹈丘園科。丘園義定矣。丘義，當以十六井爲丘，孟子得乎丘民而爲夫子，丘民，正指衆民也！不限一二八家而已。丘亦訓大、訓小山丘，訓墓地，廢墟丘墟。賁于丘園，試錄易家傳箋作一比較：

賁飾丘陵以爲園圃，隱士之象也。——荀爽

隱處丘園。——王肅

道上行故曰丘園。——張載

古城壘依丘坂，外近且高者。園圃地。丘園指上九。——程頤

丘園，僻陋无人之地。上九窮无歸者。——蘇軾

艮山爲丘園，指上九。

丘園在外而近上九也。——鄭汝諧

山半爲丘，有果蓏，丘園也。——朱震

艮上爻爲山，中爻爲丘園。——項安世

丘園敦實地，使知務農則國用足——。李衡引胡

丘墟園林，質素象。——李衡引代

五賁丘園，其湯之莘，高宗之巖，文王之渭乎？下飾丘園高蹈之士，不遺一賢。——楊萬里

半山曰丘。艮爲山，有丘園象。——楊簡

艮中畫山之半丘園，震草艮木，賢者隱地。——吳澄

居至尊，宜徵集丘園之賢共成文治。——梁寅

艮山丘象，艮果蓏園象。丘園指上九，山林賢者无疑。——來知德

邱園，抱道隱居地。——王夫之

不賁市朝而賁丘園，敦本也。——折中引胡文炳

上九艮主，卦在外，山野之地，故曰丘園。——李光地

艮山，五山半爲丘，蔬圃爲園，處士所居也。——毛奇齡

山下有火，賁于丘園之象。——姚配中

賁子丘園謂聘士也。——吳汝綸。

賁于丘園者賁于上九也。賢人隱邱園之象。——丁壽昌

賁之時，猶有士隱於邱園，六五之恥。——曹爲霖

五在半山故曰丘園，天然美景，質勝于文矣。——李郁

丘，土之高也。一曰中央下爲丘。丘虛古同訓，墟虛古通用，陵亦丘也，大小之別耳。——于省吾。

丘園，女子之家。——胡樸安。

丘園，女家居也。——高亨

把丘墟裝飾爲園圃，指女家。——張立文

國君賁重田野。——傅隸樸

丘園指上九。五不能自飾，接受上九的文飾。——徐志鋭

丘園，幾無異辭，共指上九艮主爲六五所賁也，獨徐志鋭謂五接受上九文飾，設以湯之莘，文王之渭爲是，所賁者之莘之渭伊尹太公也耶！其後伊尹太公之佐有天下，反賁湯與文王，蓋禮先往而

後有來報也，徐志銳之上九賁五說，倒果爲因矣夫！所謂五不能自賁，得賢即所以自賁也。夫如是賁于大園，賁于大衆共有之園林也。

六五中而失正，六五之賁于丘園，賁之主。而賁之由趾而須，而賁如，白馬翰如，賁之圈圈，由個人而至大圈圈，整個禹甸園矣。賁于丘園，丘園，固大園也。六五，君也，以君言，大園乃君權所及，莫非王土也夫？以卦六五言，人生最巔峯。身外言，貨財充足，德足潤身。以本身言，吃喝玩耍，尙有餘力，是六五也。六五此時是宜歌「數風流人物，還看今朝！」大園如何賁，舉凡文明之母：水上、陸上、天空運輸網之規劃，水利之興建，綠化環保必須前瞻，全民衣、食、住、行、育、樂之日新又新。對內，處處是桃源，普天同慶；對外，赫赫大國，我武維揚。先就大園內五十六民族之小同，逐漸及亞洲、美洲、歐洲、大洋洲、非洲等世界之大同，眞氣象萬千矣！較諸祗裝飾一己之園囿，往禮隱居邱園抱道之士，或爲一時衝動，逕往女家發洩，不可以道里計矣！有志之士宜著眼於是，宏瞻四海，不限四海之內皆兄弟，即四海之外亦兄弟。禹湯文武之業斯可過已，大才大過，小才小過。如臺灣者，蔣經國之十四大建設，雖澤及臺灣一隅，「此時不做，必有後悔。」小才小過也。執大柄者之宏圖，此其時矣！至若束帛戔戔，吝。不能分人以財，才不爲我用，天下財亦將不爲我用，空吟：「願得廣夏千萬間。使天下寒士盡開顏！」使人有功當賞，又將「印刓敝，忍不能予」！器宇胸襟才識必過億萬人，居天下之廣居，庶免乎發不中節之悔吝而終吉矣！若夫儒者筆下千萬言，迂也，卜得此卦，其用固當小處著眼也邪？

上九，白賁，无咎。

象：白賁，无咎，上得志也。

干寶：白，素也。延山林之人，采素士之言以飾其政，故上得志也。（集解）

王弼：飾終反素，質素不勞文飾而无咎也。以白爲飾无患憂得志者也。

孔疏：守志任眞，得其本性，故象云上得志也。

張載：上而居高潔，无所累，爲物所貴，故曰上得志也。

程頤：賁極失於華僞，唯能質白其賁則无過飾之咎。白素也。尙質素非无飾也，不使華沒實耳。

蘇軾：柔文剛附剛，以賁從人。剛文柔，柔附，人從賁，賁從人，賁存乎人；人從賁，賁存乎己。此上九得志，陽行志陰聽命，惟其所賁，故曰白賁，受賁莫若白。

張浚：變文服質，上九體剛德，乾剛飾柔。不受飾爲白賁。艮道光明曰白賁。修身至反樸還質，文可變也。五盡禮束帛之賁，知文久必弊，得白賁後風俗可淳，治道可復。

鄭汝諧：上九高潔在外，不與物賁，遂其高尙之節，故曰白賁，无咎。

張根：含光隱耀，超然遠引，徵聘莫之及者也。

朱震：上九變反三，伏巽而離體，再索成巽之變，巽白離文，有色生於无色，故曰白賁。白質賁文。質者文之始，上九白賁，文在其中矣！是以无咎而得志。

項安世：賁主，樸素篤厚之人，初常悖，久察本心。上九剛上文柔，主外卦之文者，外卦以質爲文，故曰白賁。白本非爲質白在衆采先，文極必質，又在衆采後，成始成終也。

李衡引牧：繪事後素，居上能正五彩也。引石：居卦外不與肉交相賁飾，修誠不事外飾者也。引胡：以君言自有爲至无爲。引于：延山林之人，素士之言以飾其政故上得志。

楊萬里：上九文窮則質，故白賁。白，質素无色。賁治成，賁敝不作，不敝故无咎，故得志。

朱熹：賁極反本，復於无色，善補過矣！故其象占如此。

趙彥肅：賁極，反質也。艮止故靜貞。（文極得白，乃所以爲賁也）

楊簡：上九超然一卦之外，艮止其賁。一以白爲賁焉。一質實，疑人情不說，聖人於是示之曰无咎尤也。禮貴去僞，今賁則一，無毫髮致飾之僞。故曰上得志也。

吳澄：賁自泰變者，泰二三四互兌爲白，故曰白質，總言賁極反質白者，通全卦言，非專指上九一爻。反質故无咎。

梁演：剛不屈，止不動，賢人高尚，不屑世用者也。五方束帛徵賢，上九甘澹泊之守，所謂白賁也。居治世不能有爲，雖可恥，然量能揣分，不墮其節，善矣，何咎之有！

來知德：賁文、白質。上九賁極，物極則反，所以白墳象。文勝質，无咎之道也。

王夫之：上分剛以文柔，不受物賁，率其誠素以節柔之太過，無求榮之心，雖不得位，固无咎。

折中引朱子：賁極反本復於無飾矣。引王申子：賁道終返質，故無弊无咎。引蔣悌生：上九無位，高尚其事，不尚華飾，以質素爲賁，賢於五采彰施遠矣！

李光地：剛上文柔卦之主，文窮返質，白賁之象，无色，以白爲賁，則敦質，華靡不足累之，何咎之有！

毛檢討：不言所飾以無所不飾！大離炯然藉作天文之飾，非得志乎！賁本雜色至此已純無所不白。

李塨：賁本黑黃白雜色，至上九返純然一白矣。文返質而賁成矣！文本于質以化成天下，剛上文柔如此，何咎之有。

張惠言：引（注）在巽上故曰白賁，乘五陰，變得位故无咎矣。

姚配中案：白，素也。在賁之終故曰白賁。論語曰禮後乎？又繪事後素。

吳汝綸：白賁之賁取變義，其極反本，復於無色。

馬通伯案：商質主天，夏文主地：主天法質，陽親親而多質；主地法文，陰尊尊而多禮；主地者六二，主天者上九。內卦有尊尊意意，外卦有親親之意。夏尚黑，商尚白，周尚赤。論賁以白爲尚，文王服事之盛德也。

丁壽昌：干令升曰白，素也。延山林之人，采素士之言以飾其政，故上得志也。白五色之一，非无色，繪事後素功，言功成于素也。上應三體震亦白故曰白賁。

曹爲霖：誠齋傳曰易窮則變，文窮則質。上九文窮，未爲矯，未爲陋，閏位非世，固有似白賁而非者矣。

可復非哉！

星野恆：陽居上無位，自得其志，故無吝。人以華飾相尙，獨守其素，禮與其奢寧儉，獨行之士，豈

李郁：白立而五色成，色之最純者，是最稱上故曰无咎。

胡樸安：白賁即無色，婚禮樸實也。无咎者是各安其樸實矣！

高亨：白賁者就素爲雜色文彩也。論語子曰繪事後素。此所謂白賁也。白賁者由質而文之象，此自无咎故曰白賁，故咎。

李鏡池：賁借爲大豬、豶。屯卦求婚，睽卦訂婚，本卦結婚。男方往女家遷徙行前準備。途中情況和到女家送上禮物，次序條理十分清楚。

徐世大：告墳，莫怪。祭畢辭墓，莫怪恝然，莫怪匆遽。

屈萬里：白，素也。集解干寶曰。

嚴靈峯帛書：（　）（　），（　）（　），（　）咎。

張立文：白賁謂潔白，質樸加以文飾，沒有災患。

金景芳：上九更素了，用白來文飾，不是用彩色文飾，无咎。胡炳文說雜卦曰賁无色也，可謂一言以蔽之也。

傅隸樸：上九志在止賁，白賁是由賁反白，賁的結果是衆色雜陳；文化的結果是物欲橫流！用何物來潔淨雜色呢？那就是白素，飾飾返素就可光潔如新。志實現了故无咎。

徐志鋭：惠士奇曰白非无名，五色之一。上九以白文飾六五，文極必歸質，无弊无咎。上九志在成賁，始質以文飾，終文復歸質。至此賁道已成。

朱邦復：裝飾至極處，必然返樸歸眞，无咎。

林漢仕案：白爲无色，爲楊萬里，朱熹等前賢所鑑定。白爲五色之一，非无色，丁壽昌等爲「白」請命。其實經書中即有：「五色比象」。（左）「五色成文而不亂」。（禮）「五色弗得不章」。（禮）（五色六章十二衣）。（禮）子書中老子「五色令人目盲」。而其五色之註皆謂青，赤、黃、白、黑。五色六采加一玄，各代表天地之一方與時令。「知白守黑」乃爲兩極造形，與白黑本身無涉，而五色令人目盲，五色成文而不亂，則見色之調配可影響人心治道。今第言白賁，其爲白羽之白．賁邪？其爲白雪之白．賁邪？白可受采，白本身亦采，白與黑強烈對比而爲黼。水无爲五色，五色弗得不章。水爲白水也，五色皆而水之潤澤、融和，而白賁非謂白水之賁。其賁也，從初九至六五，皆未特定青、赤、黃、白爲之賁，是賁也，可以青赤黃白黑矣！五色六采並施，可騁材於千奇百采之世界也！試從各家對白賁之界定作一比較，其賁也是百色交賁？抑由絢麗回歸平淡之素質？王肅謂賁爲黃白色，張根云白宜正白，黑宜正黑。毛奇齡謂巽白，坤黑黃。惠定宇謂雜色爲斑。家語以其色雜，非正色，丁壽昌引。孔子卜得賁曰不吉，仰歎，意不平。楊樹達引說苑。卦言賁爲：

黃白色。

白宜正白，黑宜正黑。

白黑黃。

雜色爲斑。

色雜，非正色。

而爻从初九之賁趾，二賁須，三賁如，四賁如，五賁園皆未再著黃白黑雜之字樣，亦無悔凶不吉之爻斷，第言其飾之光彩潤澤，吾於是知白賁也者，是百賁也，是白日之白，白晝之白，紅橙黃綠藍靛紫七彩也，透過口含一口水，向陽光下一噴，彩虹立現，七彩藏於白光中，白光隨時反映七彩，白賁正是百賁，人生圓滿狀態，賁趾，賁須，及己也；九三而後，及人也，六五則及萬物矣，上九「大音希聲」成熟圓融境界，從見山是山，經見山不是山，又回到見山是山之覺悟，不逾矩之大圓鏡智，無入而不自在自得，六五之「居天下之廣居，立天下之正位，行天下之大道。」率天下之民而民從之，至上九如象言，上得志也。蓋指上斯一階段總刮人生之利己利人及物皆得志也。老子之明道若昧，大白若黷，大音希聲，大象无形。正乃白賁之最好詮釋。蓋亦佛教禪宗之開悟，當下一切無礙矣夫！質素不勞文飾也者，果然質素已不勞文飾矣！曾經巫山之雲，曾經滄海之水，其餘雲水可自飄流也！

䷖ 剝卦（山地）

剝，不利有攸往。

初六、剝牀以足，蔑貞凶。

六二、剝牀以辨，蔑貞凶。

六三、剝之无咎。

六四、剝牀以膚，凶。

六五、貫魚，以宮人寵，无不利。

上九、碩果不食，君子得輿，小人剝廬。

䷖ 剝，不利有攸往。

彖曰：剝、剝也。柔變剛也。不利有攸往，小人長也。順而止之，觀象也。君子尙消息盈虛，天行也。

象曰：山附於地，剝上以厚下安宅。

荀爽：謂陰外變五，五者至尊，爲陰所變故曰剝也。

鄭玄傳彖：陰氣侵陽，上至于五，萬物霝落，故謂之剝。五陰一陽，小人極盛，君子不可有所之，故不利有攸往也。

陸績傳象：艮爲山，坤爲地，山附于地謂高附于卑、貴附于賤。君不能制臣也。（集解）

王弼傳象：坤順艮止，順止不敢剛止，觀其形象強亢激拂，觸忤以隕身，既傾焉功又不就、非君子之所尙也。

孔正義：剝者剝落也。陰長變剛，剛陽剝落，故稱剝。小人既長故不利有攸往也。

司馬光傳象：剝以厚下安宅，夫基薄則牆隤，下薄則上危，故君子厚其下者，所以自安其居也。

張載：處剝之時，順上以觀天理之消息盈虛。

程頤：群陰長盛消剝於陽時，小人剝喪君子，故不利君子有所往，唯當巽，言晦迹隨時消息，以免小人之害。

蘇軾：見可而後動。

張浚：乾內消，小人類進，背道違理，君子道窮，故不利有攸往。

張根：黨錮君子失是矣！

朱震：本乾，陰侵剝陽，下剝上，邪剝正，小人剝君子，五陰剝陽，一陽僅存，小人長，君子道消，往无與，屈身避害而已，故曰不利有攸往。止小人之道當順理而止之。

項安世：剝六爻陰自下長剝陽，小人滅君子象故曰不利有攸往，小人長也。

李衡引陸：陽不全消，消必息陰，不可久盈，盈必虛，順勢止乎外，俟其復也。

楊萬里：剝，落也。自一陰姤生至五陽為五陰剝，小人衆外一君子，故君子不利有所往。坤順艮止，止亂以順，止小人亦以順，此君子治剝之道，消極必息，盈極必虛，故剝極七日來復，君子尚之。

朱熹：剝，落也。一陽將盡，陰盛長陽消落。小人壯，君子病，內坤外艮，有順時而止之象。占者不可以有所往也。

趙彥肅：九月卦，坤十月，復十一月。剝後坤復。乾西北，坤藏乾，陰陽合德，氣乃肇元。陽潛出于黃宮，猶月晦而朔，合朔後生明。然則謂剝極復來，是未察乎此也。陰盛不進，受陽止，陽微不去，期止陰。易推天道爾。

楊簡：五陰剝一陽，柔小人，剛君子。小人道長，君子不利有所往也。坤順艮止，可順而止之象。

吳澄：五陰消陽將盡，九月卦。以刀割削消去陽。當順時止，不可有所往也。

梁寅：卦陰長於下，陽剝於上；卦象山剝於上附地；卦德言，內順外止，有順時而止之意。與時消息避小人之禍。

來知德：言不可有所往，當儉德避難，所以爲君子謀也。

王夫之：自外削、殘及內。陰下生迫陽，害內生。不利往者陽也。有所行皆謂之往。艮止爲德，陰極盛，止不行猶自有失，若更往，不但凶危，義亦不許也。

李光地：五陰長，一陽垂盡，又山高於地，反附著地，頽剝象。程傳惟當巽言晦迹，隨時消息，以免小人之害也。

毛奇齡：剝爲陽將盡，易重陽，明揭君子小人所當儆戒在此際也。剝，削落也，消虛也，坤順艮止，止待剝，然君子所尙者天行而已，往止何計焉！

李塨：五陰剝陽，陽安往？坤順艮止，勿激怒小人而緩止其勢可也。惟天道有消息盈虛，君子順之而已！

張惠言引注：陰消乾也。與夬旁通，以柔變剛，小人道長，子弒其父，臣弒其君，故不利有攸往也。

姚配中案：謂上失位而動，則陰從而之坤。

吳汝綸：剝、落，裂、割也。小人極盛，君子不可有所之，故不利有攸往。

馬其昶引劉牧曰：小人方盛，不可逆止，順止使不爲害也。引趙汝楳曰：不輕攸往，存其一陽无恙來復之基。案：剝一陽在上，得乎丘民而爲天子，爲民上者奈何不厚下？

丁壽昌：剝，馬云落，說文裂。卦氣九月之卦，乾鑿度曰陰消陽爲剝。言不安而已。蘇蒿坪曰不利有攸往取艮象。

曹爲霖：思菴葉氏曰狄仁傑委蛇女主遂復太子，順而止之，迂儒不知，以毀方瓦合相詬厲，忿憤抗激變亂生！君子治剝之道皆順而止之。

星野恒：剝割也。五陰在下，上一陽，陰盛剝陽。小人盛君子道微。內順外止，不可往。治亂盛衰，世道常也，君子之道，行止順時，無道隱，豈君子可仕之時乎哉！

李郁：成仁卦，陰盛陽傷，險象環起，人心未死，歷百刼可復。上九卦主，僅餘一陽，陰不宜長致剝盡也。不利有攸往。

于省吾引乾鑿度，剝，言不安而已！引漢書五行志劉向說剝落，萬物始大殺矣！說文剝裂也。

楊樹達：於易五爲天位，爲君位，九月陰氣至，其卦爲剝，剝落萬物，始大殺矣。明陰從陽命，臣受君令而後殺也。（漢書五行志）

胡樸安：牀廬皆裂爛也。水災不利居處，有攸往者，上九得輿而遷徙也。

高亨：剝卦名，筮遇此卦不利有所往。

李鏡池：不利有攸往，占行旅。剝、有擊，治、離等義。

徐世大：被剝削者普遍存在，不宜有所去。

屈萬里：剝，擊也。當依朱傳消落解。剝復二卦，知消息之義。傳象柔變剛也，變剛爲柔。觀象觀察天象。消息謂日，盈虛謂月。

嚴靈峰帛書：剝，不利有攸往。

張立文：剝有剝，擊等義。譯：剝，不宜有所往。

金景芳：陰剝陽，專講陰陽消長自然規律。程傳陰盛剝陽之時，小人剝君子，君子不利所往，唯當巽言晦迹，隨時消息，以免小人之害也。

傅隸樸：小人道長時，君子應自匿遠禍，怎可前進自取滅亡呢？往義爲前進。陳寔獨弔張讓父死，讓感寔多所全宥。

徐志銳：強調陰柔強盛的形勢已成現實，不利行動，動則一陽剝盡成坤，故言不利有攸往。

朱邦復：當剝時不利有所作爲，宜儉德遠難。

林漢仕案：雜卦卦辭剝，爛也。序卦剝者剝也。彖，剝卦小人長也，君子尙消息盈虛，天行也。象辭剝則日滅下，未有與，失上下，近災，終无尤，終不可用。而本卦卦辭大方向言，不利有攸往，一卦三言凶，是小人之世，處小人之道，未嘗不可言厚告君子自處之道也。天下事本五五波，陰晴圓缺，男女水火，天上地下，青白紅黃，長短大小，小人君子。理想桃花源，烏托邦必源於亂世污濁而用心寓寄。宋太宗趙匡義深知君子小人猶芝蘭荊棘不能根絕任一方，讀剝卦剝也，爛也之時，君子亦知擇矣，若猶執一無權，聖教無誤我，我之權仍不明輕重，錯在我未能「請君爲我傾耳聽」也！剝卦初剝臧以足，輕善賤君子，勉貞凶也；剝臧以辨，人欲加之罪，無有君心，三十建功名，可以羅織以極刑，假治世工具滅君子，勉貞正亦不可，凶也；小人勢盛，以沫相濡，聯手設計屠龍包鳳，沆瀣一氣之時，所作所爲皆得庇佑而无咎也，是眞順我者生，逆我者滾也；六四剝善至上下一空，國无善人，不祇君子之危也，小人亦將無智者以佐而危也，是君子小人皆凶；新秩序新時代之建立，雖表面上下有序，佩紫懷黃，雁行有序，得暫時之安定，而一伙小人之聚，卜无不利；而上九則其徵結危亡盡言之矣！碩果不食，如徒懸之匏瓜，如井渫之莫食，是君子也。小人則相互糜爛、傾軋，至大廈之傾，家國之覆，必至如蟻剝蝕巨木，木折食盡皆亡而後已，是剝卦爛也者此也。然各家皆有微言，茲誌各家言剝，不利有攸往之述說如后：

象：剝，柔變剛。不利有攸往，小人長也。

荀爽：五至尊，爲陰所變故曰剝。

鄭玄：陰侵陽至五，萬物霝落故謂剝。小人極盛不利往。

陸績：高附卑，貴附賤，君不能制臣也。

王弼：強亢激沸，觸忤隕身，非君子所尙。

孔穎達：陰長變剛稱剝，小人長故不利往。

張浚：乾消，小人進，君子道窮，故不利攸往。

朱震：邪剝正，君子道消，止小人之道當順理而止之。

項安世：陰自下長剝陽，小人滅君子象故不利往。

楊萬里：剝，落也。君子治剝之道以順。

朱熹：小人壯，君子病，順而止，占者不可有所往。
梁寅：卦象山剝於上附地，卦德順時而止避小人禍。
王夫之：害內生，不利往者陽也，止不行猶有失，往凶。
李塨：五陰剝陽，勿激怒小人而緩止其勢可也。
張惠言：小人道長，子弒父，臣弒君，故不利有攸往也。
曹爲霖：迂儒不知委蛇順止，毀方瓦合相詬厲，忿憤抗激變亂生，君子治剝之道，皆順而止之。
李郁：人心未死，盡百刼可復。
于省吾：剝，言不安而已。劉向言萬物始大殺矣！
楊樹達：九月陰至始大殺，明陰從陽命，臣受君令而後殺。
李鏡池：占行旅不利往。剝，擊義。
徐世大：被剝削者普遍存在，不宜有所去。
金景芳：專講陰陽消長自然規律。當晦迹免小人之害。
傅隸樸：君子自匿遠禍。
徐志鋭：強調柔盛形勢已成，不利行動。
朱邦復引來知德當儉德避難。剝不利有所作爲。
總上廿五說，剝，陰陽消息盈虛，剝陽爲陰，層層深入之際，其勢不能擋亦不可擋，強亢激沸，徒隕身而無益於事，故勸君子宜察時宜，毋忿憤揚湯止沸，能緩止其勢，亦個中翹楚也，故多言順而止之，自匿遠禍，人向善之心永續不死，則雖歷百刧亦可復也。至言剝九月卦者，可參看拙著乾坤傳識四六、四八頁陰陽消息及卦氣總圖。讀剝卦然後知執一無權之弊在我不能融通聖人之教也。

初六、剝牀以足，蔑貞凶。

象曰：剝牀以足，以滅下也。

馬融：剝，落也。蔑，無也。（釋文）

鄭玄：蔑，輕慢。（釋文）

王弼：牀者人之所以安也。剝牀以足，猶云剝牀之足。蔑猶削也。剝牀之足，滅下之道也。下道始滅，剛隕柔長，則正削而凶來也。

孔疏：剝初剝道從下而起，牀足已剝，下道始滅也。蔑削，貞正，下道既蔑則以侵削其貞正，所以凶也。

程頤：陰剝陽自下上，剝始自下故爲剝足，漸消蔑貞正，凶之道也。蔑，无也。謂消亡於正道。邪侵正陰消陽，凶可知。

蘇軾：上三爻爲巳，載巳者牀，故初剝牀，陰長猶水溢，故蔑。君子於小人，不疾其有山丘之惡，而幸其有毫髮之善，剝牀以足，蔑貞後凶。

張浚：民困則國危，爲上者何以安處？小人進用，人君甘於順從而莫悟，曾不思危難及身，上下不得安枕矣。君子道消，貞道不復明於天下，是可痛心疾首也。

張根：凡剝，皆小人剝君子，與所謂厚下安宅異矣！終於凶而已。故剝每進上而益凶，終於自剝其廬矣！

朱震：劉牧讀剝牀以足蔑。案以足當爲句絕。剝以其足，寢其上者危矣。初有伏震，震足，蔑无之也。无君子之正則凶矣。

項安世：剝初六時爲姤，剝乾成巽，巽爲木，故有牀象，所剝下爻，足者牀下木也，故曰剝牀以足。初患未深，尙可救正。无能正之，然後凶，故曰蔑貞凶。有責望意也。

李衡引陸：譬下吏剝國政，令民失所，遂害政。引石：蔑，盡也。言初六剝初九一爻之盡也。貞非元亨利貞之正，滅下滅初九也。引胡：足民象，小人得位先剝民，本弱則君子正道微蔑不行。引緯：亂世小民，蔑无君上教化，如紂民比屋可誅。

楊誠齋：一柔自下變一剛，故有剝足之象。牀下承，害人者先壞牀足，君子者國之足，小人滅正道，消君子，剝牀之足者也。王章不誅，漢不亡，任愷不去晉不亂。

朱熹：剝自下起，滅正則凶。蔑，滅也。

楊簡：足最居下。牀人所安處，剝牀，居上者知所懼也。蔑無，貞正。小人剝牀，無能正之則凶。

吳澄：姤初六承上奇，床象，初爲床足，猶剝床及其足。當小人削蔑君子之時，正主事則凶。

梁寅：上實下虛，君子在小人之上，小人自下害君子。陰滅陽正道，陽固凶，陰豈能吉邪！

來知德：初六陰剝在下，有剝牀以足象。剝落其牀之足也。蔑滅也。蔑其正道也，指上九。方剝即言蔑貞，欲其自防于始也。如履霜知堅冰至。

王船山：牀所安處者，以猶及也。所見不明，藐忽曰蔑，陰載陽使安於上，陰之正。初六卑下，沈溺積陰之下，實陷於邪，藐大人不知畏敬，自爲凶人，天下受其凶危矣！

折中引俞琰曰：陰消陽，初在下故爲剝牀，先以牀足，不利有攸往，順時止耳，戒占者固執不知變則凶也。蔑上讀。

李光地：剝自下升，惡自小積，積小成大，豈有不凶者乎！

毛檢討：艮一陽橫衆陰之上，似乎牀而剝之。剝，削也，蔑滅也，亦削也。剝下非正，剝陽則正矣，剝正則凶。

李塨：一陽橫亘于上似牀，初六尚在牀下，欲剝則剝足，陰邪陽正，剝正則凶，凶者陰陽俱凶，災也。

孫星衍：釋文蔑，荀作滅。集解馬融蔑，無也。鄭康成蔑，輕慢也。

張惠言引注：此卦坤變乾也。動初成巽，巽木爲牀，復震在下爲足，故剝牀以足。蔑无貞正也。失位无應故蔑貞凶。震在陰下，象曰以滅下也。

姚配中案：陰消之卦不得之正故无貞凶，所謂履霜堅冰至也。陰消陽，陽上窮於剝，乃反復生於下，滅初陽故滅下。

吳汝綸：牀足，以猶及，剝始尙不爲凶，唯無正則凶也。

馬其昶引蘭廷瑞曰：一陽在上五陰載之，牀象。引王引之曰：以猶及也。引盧氏曰：蔑滅也。引沈起元曰：貞，碩果也。引任啓運曰：國之有民，猶牀有足。其昶案：今當化陽，非剝初六所能也。

丁壽昌：釋文蔑猶削也。馬云無也。鄭輕慢，荀作滅。案蔑滅通用。蔑字當自爲一句。蘇蒿坪曰：初剝未深，猶可反從陽，若以蔑爲貞不悔改，凶矣。坤虛故稱蔑。六二蔑貞凶義同。

曹爲霖：思菴葉氏曰以足剝其庶司百執事也。誠齋傳曰小人滅正道，消君子，正道滅後凶國隨之，王章不誅漢不亡，任愷不去晉不亂，故剝始滅下其流及上。

星野恆：蔑消滅也。牀下安身者，足腳也，陰居初，自下及牀腳，剝尙微。本陽剝而爲陰，失正故蔑貞凶。蓋小人害君子，不戒于微，豈能免於凶哉！

李郁：初足，牀所以安人。陽消自下，牀足先削，足削牀自剝，由微及顯，蔑同滅，初陽被滅故蔑貞。先滅其下所以動搖其根本也。

胡樸安：言水浸剝爛牀足而無也。其事凶也，雖凶，其蔑在下，水猶未盛也。

高亨：剝擊也，蔑疑當讀爲夢。蔑貞猶言占夢。剝牀以足，病痛之象。古人病而後設牀。筮遇此爻，占夢則凶。

李鏡池：床，車廂。剝，敲擊。蔑貞是夢占。農民被征調去造車子，夜裏還夢見敲擊傷及腳部。夢後占得凶兆。

徐世大：被剝削者爲上層階級所倚賴，以床爲喻，折床到了足，沒有久凶的。蔑訓無，沒有。以，及也。

屈萬里：荀作滅，以、及也，蔑句。

嚴靈峯帛書：初六，剝（臧）以足，擯貞，（兇）。

張立文：剝臧（牀）以足，截（蔑）貞，兇。臧假爲牀，音近相通。截貞，通行本作蔑貞。于豪亮曰截，蔑的或體字。蔑有削，無，滅等義。初六剝落牀足，猶蔑滅正道，有禍殃。

金景芳：蔑，沒的意思。俞琰說陰消陽，自下而進，初下故床足滅象。不利往，唯宜順，固執不知變通則凶。貞，固執。

傅隸樸：牀靠四足而穩，剝牀之足，蔑同滅，蔑貞即是消滅正人君子。初六陰居陽位，君子失位，故爲蔑貞。

徐志銳：䷖卦有床象，以物喻事。以，王引之及也。陰消陽從初開始。正面陽開始失勢，陰開始得勢，固守正道，不知形勢變化必致凶。

朱邦復：禍害開始，正道有難，凶。

林漢仕案：床象如何？

牀者人之所安也。—王弼

載己者牀。—蘇軾

剝初六時爲姤，剝乾成巽，巽木故有床象。—項安世

姤初六承上奇，床象。—吳澄

艮一陽橫衆陰之上，似乎床而剝之。—毛奇齡

一陽橫亘于上似牀。—李塨

一陽在上，五陰載之—牀象。馬其昶引蘭廷瑞

床，車廂

被剝削者爲上層階級所倚賴，以床爲喻。—徐世大

帛書臧假爲牀，音近相通。—張立文

䷖卦有床象，以物喻事。—徐志銳

綜上得五說：

1.牀之作用在安人。

2.牀之象巽木，兼言其質與外形。一陽橫亘衆陰之上，徐志銳即畫䷖剝卦以爲象牀形。

3.床爲車廂。

4.以床爲喻，被剝削者爲上層階級所倚賴。

5.臧假爲床。

牀之作用爲安人，亦以安物，蓋有名筆牀，琴牀者也。河牀、礦牀則言其底部。坐牀則爲喇嘛繼承大典。佛道有所謂不倒單，一張椅子，或席地而坐，吾曾隨臺灣外丹功大師張志通氏練功十八年，

張氏從未臥牀倒單，室內一椅而已。牀，故未必架巽木爲牀，未必一陽在上，五陰載之象，徐志銳承項、毛說，遂以剝卦即牀象。以今制古矣夫！當然東瀛榻榻米牀學自中古唐山，亦不能以日人或中古唐山時代以制古也，遠古席地坐臥諒必爲群衆共同生活之模式，逐漸演化以木板，高架較席地坐臥爲方便也。故古有八尺曰牀之說。至若人言趙武靈王引入中國之胡牀、胡帳、胡空侯、胡笛。漢武帝亦因征西域引入胡椅、胡琴……姑不考其胡牀是否即今之行軍牀、吊牀、繩牀，而生活起居融和之跡斑斑可考也。胡適之甫返國門任中央研究院長次日，即以讀者身分書投中央日報斥爾時名滿天下之梁氏兄弟連載之漫畫，言漢人坐大師椅之妄缺乏歷史常識。牀之興也，必在土炕之後，中原南遷炎黃氏裔因潮溼而興之產物。據古今事物考卷七稱「黃帝內傳有七寶登眞之牀，疑牀自此始也。」然據段玉裁解：牀略同几而庳於几，仲尼凥者謂坐於牀也。漢管寧常坐一木榻，積五十餘年，未嘗箕股其榻上，當膝處皆穿，此皆古人坐於牀而又不似今人垂足而坐之證也。孟子隱几而臥。孟子曰舜在牀琴。古坐於牀可見琴必在几，牀前有几亦可見。史記滑稽列傳：日暮酒闌，合尊促坐，男女同席，履舄交錯，杯盤狼籍，堂上燭滅……。履舄交錯，正乃脫鞋入座飲酒也。項羽劉邦鴻宴，當樊噲瞋目視項王時，項王按劍而跽……亦見從箕坐中警覺跪坐姿而易於起身也。牀可用於坐，待賓客，亦可用於臥，如此牀必非四足而已，百十足也，雖一剝損，無礙牀之承重必矣！剝牀以足，吾意依第五說「臧假爲牀」，不必假也，即依帛書原字臧解，既有所本，又合情節。傳隸樸云：「小人道長時，君子應自匿遠禍。」小人忌君子之修也，小人之怨君子之不我類也，必去之而後快，必棄之而後安，故剝善類而卑之以足。嗟來食，君子尚恥之，而示食以足，則卑之甚矣夫，何必刑罰而早絕干祿之途。吳澄謂剝牀及其足，當小人削蔑君子之時，正主事則凶。「正主事則凶」言小人得志，君子猶以常道事主，凶也。折中引俞琰曰戒占者固執不知變則凶也。金景芳，徐志銳同意其說，唯宜順，固守正道不知變通則凶。是剝之時也，陳平獲呂后無畏呂嬃讒保證；狄仁傑不相周帝，蒙恥奮忠，如何卒復唐室？平設計自脫、克定宗社，史稱賢相。豈是匹夫匹婦自經於溝瀆，不祇後世無聞，亦將誤正道之復不知延宕多時也！是君子退避之羞。本爻正解應是：小人剝善類而賤踏君子，自居忠貞以敵小人、凶事也。以足，示之以足，賤踏也。足在下故賤，足乃人足，而易家則以牀足賦初，茲條列衆說如后，次言蔑貞凶之意：

王弼謂剝牀之足。

孔疏牀足已剝。

程頤：剝始自下故爲剝足。

項安世：足者牀下木也。

楊誠齋：剝牀之足者也。

楊簡：足最居下。

吳澄：剝牀及其足。

來知德：剝落其牀之足也。

折中：初最在下故剝牀，先以牀足。

李塨：一陽橫亘于上似牀，初六尚在牀下，欲剝則剝足。

張惠言：巽木爲牀，復震在下爲足。

吳汝綸：牀足，以猶及。曹爲霖引思菴葉氏曰：以足剝其庶司百執事也。剝始滅下其流及上。

星野恒：牀腳。

高亨：剝牀以足，病痛之象，古人病而後設牀。

李鏡池：夢見被征調造車，敲傷腳部。

上說可約爲六：

1. 牀足、牀腳。
2. 剝始自下故爲剝足。
3. 巽木牀，震下爲足。
4. 以足剝其庶司百執事。
5. 病痛之象。
6. 夢中仍見被征調造車敲傷腳部。

思菴葉氏以足剝其庶司百執事說最爲傳神，吾故曰小人以腳踐踏君子。而句讀以劉牧讀剝牀以足蔑。折中蔑上讀。丁壽昌謂蔑字當自爲一句。屈萬里亦以「蔑句。」而蔑義，古今學者不出下列數說：

馬融：蔑，無也。鄭玄：蔑，輕慢。王弼：蔑，猶削也。程頤：蔑，无也。蘇軾：陰長猶水溢故蔑。李衡引石：蔑，盡也。朱熹：蔑，滅也。王船山：藐忽曰蔑，藐大人不知畏敬。孫星衍引釋文蔑，荀作滅，馬融無，鄭康成輕慢。丁壽昌引釋文蔑猶削。高亨：剝擊、蔑猶夢，蔑貞猶言占夢。李鏡池：夢占。

總蔑之訓，得：

蔑訓無；輕慢；削；陰長猶水溢故蔑；盡；滅；藐忽大人不知畏敬；夢。

貞訓正。貞非元亨利貞之正，滅下滅初九。（李衡引）。來知德蔑滅正道指上九。丁壽昌引以蔑為貞，不悔改。貞猶言占，傅隸樸謂君子失位故蔑貞，貞之為言正。

非元亨利貞之貞。滅下滅初九

滅正道指上九。

以夢為貞。

占。

君子失位。

而以正暨占為兩大類釋貞。總上剝牀，以足蔑，貞凶應有積極易為君子謀之意寓焉，孰是君子也，孟子曰人人皆可以為堯舜，則人人皆當是君子。管仲為己，有三歸，富貴比君侯，管仲不失為君子，蓋亦為天下利也，孔子故嘆微管仲，吾其被髮左衽矣！小人營私剝善類，炮烙、廷杖，尤勝於以足踐踏輕蔑矣，仍不知改容醇酒美人自污，俟諸他日，必欲正人清流以抗，死之徒也！子路行行如也，蓋無忍恥負重之志也夫！初占即以順時爲戒。

六二、剝牀以辨，蔑貞凶。

象曰：剝牀以辨，未有與也。

馬融：辨（音辦具之辦），足上也。（釋文）

荀爽：滅征凶。滅猶削也。（釋文）（孫堂案滅蔑字通。）

鄭玄：足上稱辨，謂近膝之下，屈則相近，信則相遠故謂之辨，辨，分也。（集解）

王弼：蔑猶甚極之辭。辨者足之上也。剝道浸長、稍近牀，轉欲滅物之所處，長柔削正，以斯爲德，物所棄也。

孔疏：辨者牀身之下，牀足之上，足以牀身分辨之處也。今剝落至辨，是漸近人身。蔑削除極，長此陰削正爲德，物之所棄。初稱蔑，二又稱蔑故甚極。物之所處謂牀，是將欲滅牀故云轉欲滅物之所處也。

張載：二雖陰類，然志應在上，二不能進剝陽爻，徒用口舌間說，力未能勝，故象曰未有與也。然志滅陽故云蔑貞凶。

程頤：辨，分隔上下者。陰漸進而上剝至於辨，愈蔑於正也，凶益甚矣！

蘇軾：辨，足之上也。牀與足之間曰辨。剝牀及其辨，猶未爲凶，四蔑貞凶。小人於正猶有餘，君子自其餘懷之。小人爲惡，有人與之然後自信。其愧未果之際也。

張浚：剝至四皆有巽體，巽木坤地承之，爲牀足，辨膚以近身，次第取象。二陽德方消，孰與敵應，陽復終有止而正之者。蔑貞者君道方消，貞道不復明於天下也。

鄭汝諧：初剝足，二剝辨，剝之微也，尙有望君子之正，苟无君子之正則凶矣！未有與則小人尙可止也，特發此意以示之。

張根：使五爲之應，則其禍不止辨而已！

朱震：崔璟曰辨當在第足之間，牀𣩿也。二在股趾之間，近膝之下，𣩿即股也。九二无應，未有與者，小人无所忌憚。當內不失正自守可矣，若迫窮禍患蔑所守則凶。自守正，小人雖勝，猶未凶也。

項安世：於時爲遯，剝巽成艮，艮爲背，剝牀至背矣！辨者牀上木，故曰剝牀以辨。二德中正，尙可救正，无能正然後凶，故曰蔑貞凶，有責望之意也。

李衡引崔：牀梐在第足間。引陸：象國之名器以辯上下，由輕以名器與小人。引牧：陰方浸長，君子宜避小人、不可固所守。引石：二本陽爲陰所剝，上下皆小人，誰相與之。引胡：君民之間，臣之位也。

楊萬里：辨，牀之幹也。牀有幹、國亦有幹，大臣也。今二柔變二剛，小人進爲大臣。罷九齡相林甫也與？陽孤在外故曰未有與也。未有者，聖人猶待其有也乎！

朱熹：辨牀幹也。進而上矣！

趙彥肅：初足，二辨，三則衽席與。

楊簡：辨上下之際曰辨。蔑貞，言小人之勢未壯，可正之也。象言未有與，言未有陽爲之應，未有君子正救也。

吳澄：以遯六二言之。辨，牀之榦也，中畫象之。

梁寅：辨者牀之幹，乃辨別上下處，故謂之辨也。

來知德：辯者牀之幹也。謂牀之下，足之上分辯處。蔑貞即滅其正道，二亦知必有此凶也。

王夫之：辨、牀幹，較足近矣，不知有正猶初也，凶亦如之。

折中引俞琰：既滅初足，又滅二辨，進而上矣！占者猶不知變則其凶必也。

李光地：謂無剛德之應與，故蔑正而凶。

毛奇齡：足上爲辨，謂屈伸之際有分辨也。牀第足之交，設榁當分辨處，亦謂之辨，辨加于足，猶二加于初。二五應，五剝不我與，剝陽滅正，正與初等其凶也。

李塨：足上稱辨，近膝下，牀榁在第足間，亦稱辨，六二進于初則剝牀以辨矣！二五應與，二无陽與，不與陽則與剝陽者類，亦滅陽者矣，其凶視初可耳。

孫星衍：釋文辨，足上也。黃穎曰辨，牀簀也。薛虞曰辨，膝下也。

丁晏：案說文釆，辨別也，象獸指爪分別也。故仲翔以爲指閒。又案辨，牀板也。許叔重版辦同訓，則辨爲牀板無疑。辨有半義，孫炎注爾雅辨、半分也。故書判爲辨、謂及牀之半。黃穎：辨，牀簀，謂第。郭注牀板，黃說得之。

張惠言引注：指閒稱辨，剝二成艮，艮指，二在指間，故剝牀以辨，无應在剝故蔑貞凶也。自注辨、別也，象獸指爪分別也。辨、判也，故指間稱辨。

姚配中案：辨疑釆之假借，說文釆、辨別也。陰在二得正，陰消之卦，消陽不止，故二无貞，凶。

吳汝綸：辨、簀也。剝及之則未有與矣！

馬其昶引卞斌曰：辨讀爲牑，牀板也。案：辨有片音，與偏牑蹁通用。引任啓運曰：國有賢猶牀有辨，賊賢自專者不知。案：九剝爲六，雖中而凶者，二五无與，位傷也。

丁壽昌：崔憬以爲牀梐，黃穎以爲牀簀，皆就牀足取義。解故辨，牀版也。說文許君訓版與辨同，則辨爲牀版无疑。釋器簀謂第，郭注牀版。牀傾簀折，黃氏說亦可通。

曹爲霖：葉氏曰以辨則及其大臣矣！二之蔑貞則小人進爲大臣而退君子之大臣也。罷九齡相林甫之日也與！

星野恒：辨、牀幹。分辨上下者。上無應，陰剝漸至牀幹，小人漸盛，君子勠力可勝小人，既無其與，宜蔑貞凶也。

李郁：辨蹁同，膝頭也。初三兩陽已滅，二介其中，无可爲力故凶。二无剛比應援與，聽其剝耳。

胡樸安：言水浸剝爛牀身之下，牀足之上而無也，雖凶，己身無與，水猶未甚盛也。

高亨：辨借字髕本字，蹁俗字。剝牀以髕，亦病痛之象，筮遇此爻，占夢亦凶。

李鏡池：辨借爲蹁、膝頭。農民夢見造車時敲擊傷及膝頭，占又得凶兆。

徐世大：折牀到了支架，牀安全成問題。沒有久凶的。是剝者心理。

屈萬里：王引之謂辨即蹁若蹟之聲轉，耑也。以猶與及也。王獻唐先生曰辨古讀若瓣，與版音同，即版之假字，剝牀以辨即剝牀及版也。牑，版聲通，趙衛間謂牒。

嚴靈峯帛書：六二，剝（臧）以（辯），擯貞，兇。

張立文：辯假爲辨。牀梐也，即床版。譯：六二，剝落下床版，猶如蔑棄正道，有禍殃。

金景芳：俞琰說既滅初之足于下，又滅二辨于中，則進而上矣！得此占者，若猶固執不變，則其凶必也。

傅隸樸：二居下卦之中故稱辨。人體足上膝下，關節所在處。也即下層正人剝盡，剝到中層了。辨在牀身格架，上爲墊，下爲牀足。

徐志銳：辨，高亨訓床板較舊注爲優。毀及床板，比毀床足又進一步，陽消陰長形勢續繼在發展。

朱邦復：禍害更近了，正道危難，凶。

林漢仕案：六二仍以剝善解，句逗剝臧以辯蔑，貞凶。或剝臧，以辯蔑，貞凶。然古今易家皆以剝牀以辨，蔑貞凶爲句。易家以正佈道，故無正，不依正道則凶，而剝乃小人當令，若固守正道，正乃招凶之由也，是明知火水可死人而猶固守投水入火之死路，是眞不知變通也。雖然爲正義而死者古來前仆後繼，無世無之，然未嘗不哀比干，關龍逢，伍員之死無益于矯時君，醒世道。讓反邪種子如蛾撲火，自動消滅爲可惜也。剝牀，仍以易帛書「剝臧」解，剝除善人也。除善務盡也。以辨，帛書以辯，以不作及解，用辯也。欲加之罪，何患無辭。是用辯之目標。懷璧其罪，懷正道其罪，岳飛之愚忠，將在外君令有所不受；迎徽欽二帝；直搗黃龍府洗刷臣恥。大宋高宗皇帝聞之膽顫心驚，秦檜之「莫須有」答韓世宗之責，「可能有」「難道沒有罪」？豈止不能服時人口，亦且不能塞千百年後世人唾罵之心，辯雖拙而窮，有多少「義士」敢向君權挑戰？岳飛死矣！牛皐空有不平憤懣，三軍將士何人敢再問武穆之志？何爲中途乏繼領航人？秦檜拙辯得逞矣！剝削善類輕蔑其人其事，孰敢以貞正自居，繼志述事，凶不離身矣！岳飛百年不得翻身，奸人反蒙恩賜「精忠全德」！是六二之時位讓當如此也。

剝牀以辨，茲輯衆釋如後：

辨：音辦具之辦，足上也。（馬融）

足上稱辨，近膝之下，屈近信遠故謂辨，分辨也。（鄭玄）

辨者足之上稍近牀。（王弼）

辨者牀身之下，牀足之上，足以牀身分辨處也。（孔疏）

辨，分隔上下者。（程頤）

辨，足之上，牀與足之間曰辨。（蘇軾）

辨當在第足之間，牀䏶也，䏶即股也。（朱震引）

辨者牀上木。（項安世）

牀梐在第足之間。（李衡引）

辨，牀之幹也。牀有幹，國亦有幹，大臣也。（楊萬里）

辨上下之際曰辨。（楊簡）

辨，牀之榦也。（吳澄）

辯者牀之幹也，牀之下足之上分辯處。（來知德）

牀第足之交，設梐當分辨處。（毛奇齡）

辨，足上；辨、牀簀；辨、膝下也。（孫星衍引）

辨，別也，指間；辨，牀板也。（丁晏）又引黃穎辨謂第。

辨疑釆之假，辨別也。（姚配中）

辨讀爲牑，牀板也。有片音，與徧牑蹁通用。（馬通伯）

牀梐，牀簀，牀版，牀傾簀折。（丁壽昌引）

辨蹁同，膝頭也。（李郁）

辨借，髕本字，蹁俗字，病痛之象。（高亨）

辨借爲蹁，膝頭，農民夢見敲傷膝頭。（李鏡池）

牀支架。（徐世大）

屈萬里以爲辨即蹁，⿰足賓聲轉，耑也。又辨古讀若瓣，與版音同，即版假字，牑版聲通，趙衛間謂牒。

剝到中層了，辨在牀身格架，上墊下爲牀足。（傅隸樸）

　財色名食睡爲人之五欲，財收多多益善，色則黃白黑棕盡包，享五湖四海高名，食則山珍海錯不拒，大夢一宿，明朝依舊財色名食中翻滾，睡正充實滿足私欲之動力泉源，而牀、乃供七尺軀橫陳直躺，盡情色欲場所，今剝至辨，帛書辯，僅來知德書本字辯，餘則全依馬鄭本改爲辨矣。辨既循足次第取象，未及膚，辨於是乎易家如馬融之足上始發，斯足，上應爲牀足之上，而闡發大家從鄭玄之近膝之下，至孔疏回歸至牀足之上，人足牀足交馳；有人言牀⿰月坒，⿰月坒即股，即有隨之言牀梐、第足之間者。⿰月坒通髀，也作⿰骨坒；而膍則爲牛馬百葉矣！梐從木，⿰月坒從肉，而牑，偏，版，蹁，皆上牀矣！牀幹，牀榦另一戰場也。自言辨，足上，又謂辨，膝下者，蓋足之上盈尺處皆是也乎？有人將牀比國，牀有幹，國亦有幹，極盡思惟之妙。而假釆者，別也即辨之爾雅廣言，周禮，及易象下傳最早解釋。若依後漢書耿弇傳注辨俗作辧，猶成也解，則、剝牀而成矣！故蔑貞凶。而六三剝之无咎。善類一空，自然任由剝之而无咎矣夫！

若謂剝臧以辯，則一目瞭然，剝善類而入罪訟獄矣，辯從辡，罪人相與訟也。而辯從言在辡之間，謂治獄也。非謂六二治獄，蓋治於人也！罪犯爲衆所賤，猶貞幹自居，不卜亦知凶矣！暴虎馮河，讓善人一空，不如留得青山在，此志不泯，相機行事，胸懷大志，見辱不辱矣！又蔑字甲金文解如李孝定引謂勉假字。如是蔑貞凶，勉貞凶也。

六三剝之无咎。

象曰：剝之无咎，失上下也。

京房：剝，无咎。（无之字）

荀爽：衆皆剝陽，三獨應上，无剝害意，是以无咎。

王弼：與上爲應，群陰削陽，我獨協焉，雖處剝可以无咎。

孔正義：六三與上九爲應，雖在剝陽之時，獨能與陽相應，雖失位處剝而无咎也。

張載：獨應於陽故反爲衆陰所剝，然无所咎。

程頤：三居剛應剛，與上下之陰異，志從正，剝時无咎者。三從正勢孤弱，所應无位，安得吉？其義爲无咎耳。

蘇軾：上下各有二陰，應陽則失上下也。

張浚：三居四陰中，惟上九陽之應，捨惡從善，特立獨行，不牽衆陰於剝，无咎。幡然從正也。

張根：獨應於六，茲失也，其所以爲得歟！

朱震：三柔應剛，在小人中獨有輔上救亂之志。然上不當位不相應，失上也。三獨爲君子，衆陰進，失下也。上下皆失，不免於剝而義无咎，非特立不懼者能如是乎！

項安世：時爲否，剝艮成坤，背已在地，故不言牀。上无援，下无救，德位俱无，坐而待剝，自取也，尙誰咎哉！

李衡引陸：志在陽，不爲凶害，小人之出其類者。

楊萬里：陰類獨應上九之陽，內失群陰之心，外未能爲君子之助，許无咎者，勸之之辭也。程子曰呂強當之。

朱熹：衆陰方剝陽，己獨應之，去其黨而從正，占者无咎。

趙彥肅：三應五比，皆能存陽而免凶。

楊簡：群陰中獨與上九陽應，此小人之識邪正，不與君子違，獨无咎。象言其與衆小人相失也。

吳澄：三牀之上也，剝之，辭稍緩，與上九應則无害陽之心，故特異其辭。居剛應剛，志從正爲无咎。

梁寅：衆陰剝陽，六三獨與上應，是小人中之君子也。雖得罪私黨而見取公論，其義爲无咎矣，利害之私奚較哉！

來知德：三爲小人中之君子也。剝以近陽者爲善。應陽者次之，此爻是也，故无咎。

王船山：剝之世獨能无咎，與群陰居，自奮拯陽，心不忘貞順與上應，如狄公事女主，關公爲操用，君子曲諒其志。

折中引胡炳文：剝三即復四，復君子事，明道不計功，不以吉許之；剝小人中獨知有君子，許无咎開補過之門也。

李光地：獨與上應，當剝之時爲无咎。

毛奇齡：有與矣，三所獨，剝者衆所同，衆剝吾何獨不剝？則亦曰剝之而已！陰避嫌，陽故若不覺者，如是則何咎！

李塨：衹區區一陽下爲我應而尚忍剝之，然剝者衆所同，吾何獨不剝，亦曰剝之而已！陰應陽棄，如是何咎！

孫星衍：釋文六三剝无咎。本作剝之无咎，非。

張惠言：消三坤成故直言剝，剝窮於上，乾魂先返三，三返成艮，成終成始故无咎。

姚配中案：三應上，剝上也。上剝反三，得位，由三之初，息而成復，故无咎。

吳汝綸：釋文滅之字，京劉荀爽一行皆無，小象衍也。

馬其昶引沈該曰：陰爲君子之應，剝之无咎者也。案：陰氣剝至三而无咎者，得應陽之義也。

丁壽昌：釋文作剝无咎。唐石經有之字。

曹爲霖：陰剝陽不外女子小人之弄權，莫甚於宦官之怙寵，此爻獨與上應，不與四陰同剝，本義所謂去其黨從正，无咎之道也。正德間太監張永與楊文襄謀誅劉瑾，此剝之无咎也。

星野恒：衆陰剝陽，己獨應陽，雖見剝亦无咎。己在陰類中，薰聒漸染成性，能去昏就，可謂知所擇善補過矣！

李郁：牀足與蹁既旡，牀將安附？三剛已剝，牀象失矣！有應于上故无咎也。

胡樸安：剝之者，初六剝牀足，六二剝牀辨也。无咎者蔑足蔑辨，其事雖凶，于身无咎，僅剝牀下之足，足上之辨而已。

高亨：剝之者其剝不指定誰何也。筮遇此爻有所剝擊，無可咎，故曰剝之无咎。

李鏡池：從貴族立場說，農民應該照常造車，沒問題。

徐世大：拆了他倒嗎啥。被剝削者尙能忍受，剝削者自以爲无咎。之字不可省。

屈萬里：晁氏曰京荀劉表無之字。按熹平石經亦無。敦煌唐寫本亦無之字。

嚴靈峯帛書：六三，剝无咎。

張立文：釋文與帛書周易合，無之字。譯：六三：剝落無災患。

金景芳：六三有應爻，所以在剝卦中无咎。荀爽說三獨應上，无剝害意，是以无咎。講得比較明白。

傅隸樸：六三與上九君子應，不惟未剝君子，反暗中助君子，身爲盜黨而不爲盜，何咎之有？

徐志銳：釋文剝无咎，无之字是對的。六三應上九，有應則有與，有與則相合，對立變成統一與聯繫，所以无咎。

朱邦復：順時居命，無咎。釋象：六三是小人中之君子。

林漢仕案：六三剝之无咎者，依剝卦進程，初剝臧而賤之，猶欲勉力居其事，正固守位，凶矣！六二剝臧而誣之訟治入獄，若貞固以爲足以幹濟，無如位何，亦凶也。六三，善類遭壓，小人續施指鹿爲馬計，君子斯時已知自處之道，陽位陰伏，十楊國忠也无可如何矣！六三能順時居易以俟命也。

至若熹平石經無之字，敦煌唐寫本亦無之字，帛書亦無而唐石經有之字說，剝无咎與剝之无咎，其義相去不遠，有无之字，不礙六三之无咎也。六三如何无咎？易家各依自定易爻剛柔變化遊戲規則賦予詮釋，茲條列如後：

剝之无咎，失上下也。（象）

三獨應上，无剝害意，是以无咎。（荀爽）

群陰剝陽，我獨與上應而協焉，處剝可以无咎。（王弼）

與上九應，雖失位處剝而无咎也。（孔穎達）

獨應陽，反爲衆陰所剝，然无所咎。（張載）

居剛應剛，志從正。勢孤所應无位，安得吉？其義爲无咎耳。（程頤）

三應陽舍惡從善，无咎，幡然從正也。（張浚）

上下皆失，不免於剝而義无咎，特立不懼者也。（朱震）

上无援、下无救，德位俱无，坐待剝，尚誰咎哉！（項安世）

小人之出其類者。（李衡引）

內失群陰之心，外未能爲君子之助，許无咎者，勸之之辭。（楊萬里）

占无咎。（朱熹）

三應五比，存陽免凶。（趙彥肅）

小人識邪正，不與君子違，獨无咎。（楊簡）

居剛應剛，志從正爲无咎。（吳澄）

小人中之君子，其義爲无咎矣！（梁寅）

剝以近陽爲善，應陽次之，此爻是也，故无咎。（來知德）

自奮拯陽，貞順上應，關公爲操用，曲諒其志。（王夫之）

許无咎，開補過之門也。小人中獨知有君子。（折中引）

陰避嫌，陽故若不覺者，如是則何咎？（毛奇齡）

陰應陽棄，如是何咎！（李塨）

剝窮於上，乾魂先返三，三反成艮，成終成始故无咎。（張惠言）

三應上剝上反三，得位，由三之初成復，故无咎。（姚配中）

陰爲君子之應，剝之无咎者也。（馬其昶）

陰剝陽不外小人女子弄權，太監謀誅太監劉瑾，此剝之无咎也。（曹爲霖）

于身无咎，剝足，剝足上之辨而已。（胡樸安）

有所剝擊，無可咎，故曰剝之无咎。（高亨）

剝削者自以爲无咎。（徐世大）

身爲盜黨而不爲盜，何咎之有？（傅隸樸）

對立變成統一與聯繫，所以无咎。（徐志銳）

從上三十說中，剝之所以无咎，歸納成九說：

1.因離群失上六四、六五；失下初六，六二而无咎，蓋不與小人阿比也。特立不懼，小人之出類者。

2.三獨應上九，親陽而无咎。或謂存陽免凶。

3.天意也，故无咎。如謂獨應陽，衆陰反制，然无所咎；或謂其義爲无咎耳；或謂自棄於人天，尚誰咎！或謂占无咎。或云許无咎，開補過之門。剝削自以爲无咎。

4.剝以近陽爲善，應陽次之，此爻是也，故无咎。

5.陰避嫌，陽故若不覺者。陰應陽棄，如是何咎！

6.窮上，乾魂反三成艮，成終成始故无咎。

7.三應上反三，得位，之初成復，故无咎。

8.有所剝擊，無可咎。

9.對立變統一，所以无咎。

所謂魂，乃京房氏所創規則，有所謂地易，人易，天易與鬼易。鬼易即爲遊魂歸魂。如八宮卦中乾卦六爻：

皆陽 ䷀ 乾卦　純陽

初變 ䷫ 姤卦，一世
次變 ䷠ 遯卦，二世　地易

三變 ䷋ 否卦，三世
四變 ䷓ 觀卦，四世　人易

五變 ䷖ 剝卦，五世　五世八純爲天易

第四爻再變回來，使成：

䷢ 晉卦　此即所謂遊魂
下卦三爻全變，使成
䷍ 大有，是之謂歸魂。　鬼易

今剝卦䷖，乾魂返三成䷳艮卦，說卦終萬物，始萬物者莫盛乎艮。韓注山澤通氣然後變化成萬物，至於終始萬物於山義爲微故艮不言山也。七說張惠言之遊魂，八說姚配中三應上及三之初，何不乾脆言上變之初即成復，而遊魂變晉卦。復、晉自有復、晉卦爻釋義，今祇言剝六三爻辭，是張、姚之說不可信，亦不可行也。雖然彼所謂漢易。有所剝擊、无可咎，直億說耳。對立變統一，理論統一无咎，然又涉入另一系統陰陽對立、統一，否定之否定遊戲規則，此處祇錄而供參考。上九說剩下五說。六三或天意該无咎；或小人特立附君子无咎；止二說可賅全體矣，是六三天意无咎，占者无咎。六三小人特立附和上九君子，所以无咎。剝之无咎者，對六三言，是剝、无咎也。天意无咎，是无咎也；然附和君子无咎，理論上小人當道，君子自保尚兀兀不可終日，何來餘光，餘蔭庇佑犯彼衆怒之小人黨羽成員？吾故曰初、二、臧善者遭剝，殺氣騰騰，人續剷除異類，指鹿爲馬，六三順時處大中，居易以俟命，暫屈，暫伏其操之在我者也，我能爭取同情，爭取認同，異日一奮搏攫彼奸人，忠奸自然大白於天下。是爲君子謀說。若以小人迫善類一一得逞言，六三繼續施毒，剝君子剝善類、似天祐善人之剝，善人魔長无咎也，善人隱伏而魔焰高漲，不可一世橫行天下无咎也。

六四、剝牀以膚，凶。

象曰：剝牀以膚，切近災也。

京房：剝牀以簠。簠謂祭器。（釋文）

鄭玄：切，急也。（釋文）

王肅：在下而安人者牀也，在上而處牀者人也，坤以象牀，艮以象人，牀剝盡以及人身，爲敗滋深，害莫甚焉。

王弼：初二剝牀，民所以安，未剝其身。至四牀剝已盡以及人身，小人遂盛，物將失身，豈唯削正，靡所不凶。

孔疏：剝牀已盡，乃至人之膚體，物皆失身，所以凶也。

張載：迫近君位，猶自下剝牀，至牀之膚將及於人。不言蔑正剝道成矣！一云五於陰陽之際，義必上比故喻膚。

程頤：剝牀足漸至膚，膚身之外將滅其身矣！陰長已盛，貞道已消，故更不言蔑貞，直言凶也。

蘇軾：剝牀以膚，始及己矣，雖欲懷之而不可得，故直曰凶。

張浚：小人以利為本。近體為膚，四比五曰剝牀以膚，剝至膚，身益不安矣！四重陰不中近君，小人之雄者歟！

張根：最近於君，得肆其毒故。

朱震：艮為膚，柔近革。巽牀，剝及膚，切近災也。剝陽至四乾毀，凶可知！

項安世：時為觀，剝乾成巽，巽木復有牀象，然所剝者人，故曰剝牀以膚。凶之成禍及身矣！

李衡引：膚謂薦席，剝大臣近身與君。引陸：牀有茵蓆，猶國有近倖，用近幸剝令，最為切近之災。

引牧：居臣極之位，懷剝陽之志，過中，剝極必復，必反為陽所剝，是自履其凶。故直云凶也。

楊萬里：五君位，膚，災近身。小人近君，四陰自下進，黨日衆，勢日成，災其君必矣！莽卓林甫國忠權盛之日乎！

朱熹：陰禍切身，故不復言蔑貞而直言凶也。

吳澄：人身之皮膚也。人身非牀也，牀上及人肌膚，災及身矣！

梁寅：剝上體，艮有人身象，剝牀上及人身，害愈切，凶愈其矣！

來知德：四乃上體，居牀之上，乃牀上人之膚也。剝牀及其肌膚，禍切身矣！故直言曰凶。

王夫之：近陽，茫昧自沈溺者，與群陰比以迫陽，此華歆、崔胤外交賊臣以喪國者，其禍深矣！凶謂上九受剝而凶也。

李光地：剝及人之肌膚，在國則禍已深，在身則惡已積。

毛奇齡：牀有薦席，猶獸有皮毛，獸以皮毛爲膚，牀亦以薦席爲膚，四剝牀則漸與上近矣！故曰災不遠耳！

李塨：牀有薦席猶獸有皮毛，故謂之膚，剝逼乎上矣，凶也。

孫星衍：膚，京作簠，謂祭器。（集解）鄭康成傳象曰切近急也。

張惠言引注：辨上稱膚，艮爲膚，以陰變陽，至四乾毀，故剝牀以膚，臣弑君，子弑父故凶矣。

姚配中案：三四交際之間，四由內達外，終必至上故凶。傳曰剝，爛也，潰爛者自內達外。

吳汝綸：膚，京作簠，祭器。牀庋簠之器。周禮注以氈爲牀是也。

馬其昶：六四切近君位，所謂貴戚之親與國同休戚者，剝之是自剝其身也。

丁壽昌：釋文膚，京作簠。謂祭器。王子雍曰：在下安人者牀，上處牀者人，坤牀艮人，牀剝盡及人身，害莫甚焉！崔璟以牀之薦席爲膚，失之穿鑿。

曹爲霖：葉氏曰以膚則及其貴戚懿親矣！凡小人禍國，未有不變其股肱而後行其志者，趙高傾李斯，王莽滅中山。群陰剝陽，進居大臣位，此漢唐末祚宦官乘權之世也。

星野恒：過中禍益切近，將及身故云剝牀以膚，凶不待言。聖人垂戒明且切矣。

李郁：膚指人身，剝及其身，禍之來日亟一日，今且傷及體膚，切身之禍，凶何如邪！

胡樸安：膚皮也。剝牀以膚，災近自身。切膚之凶也。

高亨：膚疑並借爲髆，肩甲也。擊牀以肩甲，亦病痛象。

李鏡池：膚借爲臚。農民夢見造車時敲傷腹部，占又得凶兆。

徐世大：剝足時已及膚，膚今稱框。牀拆去其框。（崔璟云通鞹。）不成牀矣，小民受剝無以爲生。完了。

屈萬里：膚，釋文：京作簠，按聲之誤也。

嚴靈峯帛書：六四，剝（臧）以膚，兇。

張立文：膚，釋文京作簠，祭器。疑讀爲簿，簾也，草薦。膚，人膚或牀席，義皆可通。譯：六四，剝落床席，有禍殃。

金景芳：繼續往上來，六四剝床已剝到人身上，剝到肉了。這當然凶。

傅隸樸：四爲君側大臣。足腿既剝，現在剝到皮膚了，再到心肺，這豈不凶嗎？故曰剝牀以膚凶。

徐志銳：剝及皮膚，已是切身之害了，陰長已盛，陽消已盛，正道已无，因此不言貞凶，直言凶。凶也指陽剛正道言。

朱邦復：傷及身體矣！凶。

林漢仕案：李孝定甲骨文字集釋卷七云：就形音義三者覘之，爿之釋牀、蓋無可疑也。爿當逕入木部以爲牀之古文。（見集釋二三三一頁）今本出土帛書易，牀寫作臧，不從木部，是知剝牀解卦不如回歸本字剝臧以膚解爲恰當也。剝臧以膚，膚，大也。詩膚公，大功也；又孟子殷士膚敏。訓膚爲大。剝臧以膚，大剝善類也。凶之言不祇善人凶，而小人主事，小人當權，即小人亦凶也。无君子之佐，內憂外患，小人如癌細胞之擴拓，至人不支而死，所有病痛結核病菌亦隨之而亡不惜也。初、二之勉蔑貞正，凶，專指初，二言，本爻第言剝牀以膚，凶，則君子與小人，予及女皆亡也。又膚爲臚之籀文，臚本義爲皮膚。劉熙釋名鴻臚，腹前肥者曰臚。以京師爲心體，王侯外國爲腹腴以養之也。段玉裁云皆假借也。則剝善類由內而外，由京師而四宇也。天之下善人一空矣，安得不凶！

雖然，傳統解釋仍須臚列一一說明以後：

剝牀及膚，切近災也。（象）切，急也。（鄭玄）

膚字，京房本作簠，祭器。（京房）

牀剝盡及人身，害莫甚焉。（王肅）

牀剝已盡以及人身，小人遂盛，靡所不凶。（王弼）

迫近君位，剝將及人，剝道成矣！（張載）

剝至膚將滅身矣。（程頤）

以膚，始及己矣。（蘇軾）

四比五曰剝牀以膚，剝至膚，身益不安矣，四小人之雄者。（張浚）

近君，得遂其毒。（張根）

艮膚，巽牀，切近災也。至四乾毀，凶可知。（朱震）

凶之成禍及身矣！（項安世）

膚謂薦席。牀有茵蓆，猶國有近倖。剝極必復，反爲陽剝，是自履其凶。（李衡引）

膚近身，小人近君，災其君必矣！林甫國忠權盛之日乎？（楊萬里）

陰禍切身，故不復言蔑貞，直言凶也。（朱熹）

牀上及人肌膚，災及身矣。（吳澄）

剝牀上及人身，害愈切，凶愈甚矣！（梁寅）

四上體，居牀上，剝及其肌膚，禍切身矣！（來知德）

群陰迫陽，禍深矣！凶謂上九受剝而凶也。（王船山）

在國則禍已深，在身則惡已積。（李光地）

牀有薦席以爲膚，剝漸與上近，災不遠身。（毛大可）

牀有薦席猶獸有皮毛。（李塨）

臣弒君，子弒父故凶矣。（張惠言）

四由內達外，剝潰爛自內達外。（姚配中）

京作簠，牀皮簠之器。周禮注以氈爲牀足也。（吳汝綸）

四貴戚之親，與國同休戚者，剝是自剝其身也。（馬通伯）

崔憬以牀之薦席爲膚，失之穿鑿。（丁壽昌）

小人禍國未有不變其股肱而後行其志者。（曹爲霖）

切膚之凶也。（胡樸安）

膚疑借爲髆，肩甲也。病痛象。（高亨）

膚借爲臚。農民夢見傷腹部，占又得凶兆。（李鏡池）

剝足時已及膚，膚今稱框，崔璟云通鞹，拆牀框。（徐世大）

膚，釋文京作簠。按聲之誤也。（屈萬里）

膚，京作簠，疑讀爲簿，簾也，草席。人膚或牀席皆可通。（張立文）

剝到肉了，這當然凶。（金景芳）

足腿已剝，現在剝到皮膚了，再到心肺，不凶嗎？（傅隸樸）

剝及皮膚，切身之害了。凶指陽剛正道言。（徐志銳）

上三十五說中，先得釐清二點，一、膚有若干義？二、凶指向何人？先輯膚之說：

一、膚有若干義：

京房膚作簠，云祭器。

朱震謂艮膚。

李衡引：膚，薦席，茵蓆。猶國有近倖。

吳澄謂肌膚。

毛奇齡以牀有薦席，猶獸有皮毛，亦以薦席爲膚。

吳汝綸謂牀庋簠之器。

馬通伯：四貴戚之親。

曹爲霖謂股肱。

高亨疑膚借爲髆，肩甲也。

李鏡池膚借爲臚，腹部。

膚今稱框，牀框。崔璟云通鞹，徐世大云

張立文云膚，京作簠，疑讀爲簿，簾也，草蓆。

是膚除直言皮膚外，另有：

簠，薦席，茵蓆，國之近倖，肌膚，貴戚之親，股肱，借爲髆，肩甲。借爲臚，牀框通鞹，簠疑讀爲簿，簾也，草蓆。（其中屈萬里稱釋文京作簠，按聲之誤說，丁壽昌謂崔憬以牀之薦席爲膚、失之穿鑿。）另張載一云五於陰陽之際，義必上比故喻膚。以五爲膚耶？抑言以四爲膚之所依據？艮爲膚。六四爻辭剝牀以膚，膚爲六四自必視爲當然，張浚四比五曰剝牀以膚，重陰不中近君，小人之雄者，皆謂四也。謂簠爲祭器者，即有置牀上之庋簠器爲應，然則其意是否剝去牀上之庋器，使簠無處可置放矣？是剝牀以簠，（祭器）凶。

薦席、茵蓐

牀框（鞹）

簿、簾也，草蓆

以物喻膚者。

國之近倖

貴戚之親

股肱

以人爲膚者。

髆、肩甲

肌膚

皮膚

腹

以身體局部代者。

艮爲膚

五於陰陽之際，美必上比故喻膚。（六五爲上九之膚）

四比五曰剝牀以膚。

依前人定規則或自證膚者。

毛奇齡所謂從來爲易說者，言人人殊，並鮮一致……前後迷貿，一往鶻突……。

二、凶指何人？

象言切近災也，當係六四本身。王弼云至四牀剝已盡，以及人身，靡所不凶。亦指六四。朱震言剝陽至四乾毀，凶可知。亦謂六四。楊萬里則以五君位，小人近君，災其君必矣！則是謂六五受災。王夫之云：凶謂上九受剝而凶也。高亨云病痛象，李鏡池以爲夢見敲傷腹部，徐世大稱小民受剝無以爲生。徐志銳謂陰盛陽消，凶指陽剛正道言。以上稱：

六四本身凶。

六五君凶。

上九受剝而凶。

病痛，敲傷腹部，小民受剝無以爲生。

凶指陽剛正道言，即原上乾受剝成巽坤。

以爻論爻，漢仕以爲六四大剝善類，不祇京師無善人，即居天下四海善類亦趕盡殺絕，善人一空，凶，不止六四小人凶，即君候天下蒼生亦凶也，作易者非悲小人之凶而爲小人謀也，蓋予及小人皆亡之可痛也乎！

六五、貫魚，以宮人寵，无不利。

象曰：以宮人寵，終无尤也。

王弼：處剝之時，居得尊位，爲剝之主也。剝之爲害，小人得寵以消君子者也。若能施寵小人於宮人，而已不害正，則所寵雖衆，終无尤也。貫魚謂衆陰駢頭相次似貫魚。

孔疏：處尊爲剝主。剝之爲害，小人得寵以消君子，六五若能處待衆陰但以宮人之寵相似，宮人被寵不害正事則終无尤過无所不利。

張載：六五爲上九之膚，能下寵衆陰，則陽獲安而无不利矣！異六三，以其居尊裁制爲卦主，故不云剝也。終无怨者，小人心不過圖寵利而已！不以宮人見畜爲恥。陰陽之際近相比。六五上附陽反制陰，下无剝憂，上得陽功之庇故曰无不利。

程頤：剝及君位，剝極，凶可知！群陰主，魚陰物。五能使群陰順序如貫魚然，反獲寵愛於在上之陽如宮人則无不利。宮人、妻妾侍使也。一陽在上衆陰有順從之道。

蘇軾：剝主，凡剝皆其類，四以下貫魚象，自上及下寵均，寵均則勢分害淺，以宮人之寵寵之，不及以政，故无不利。聖人教去太甚，庶幾從之。責之无則，彼不從矣。

張浚：五艮止，中靜有常，上比剛賢，勢足制小人，發貫魚義。小人自下而上，被寵不付天下事，利其身，害不加天下。群陰爲魚。巽行權，五貫魚，坤宮人。

鄭汝諧：君位，不當例以小人之進爲言。故告處小人之道。小人駢進如貫魚、勢雖不可遏，其志在寵利而已！五處之之道以宮人寵之，不及事。陰爲害淺，須陽之復矣！

張根：桓靈失是矣。

朱震：巽爲魚爲繩。艮手持繩，下連衆陰，貫魚也。艮坤爲宮，乾爲人，巽進退，以宮人寵也。官人嬪婦御女之屬。五尊位與上同德，制衆陰咸順上，若貫魚然有序，寵均无權，乃可爲也，故无不利。

項安世：剝巽成艮，剝膚及背，背者後宮之象，故曰貫魚，以宮人寵。五君也，惟君能止亂，使君子治國居位，无害也，非无往不利。天道豈能无小人，无女子？處置得宜，自无剝剛之禍矣。

李衡引子：得中承陽，反正群小。引陸：魚在水難制，貫可爲鼎俎。宦寺之屬，寵以金帛，不及政事，何有不利？引牧：陰居君位，不言剝，是君子消小人，然體陰，群陰總滐于己，故稱貫魚，以宮人寵之。

楊萬里：群陰主，能止其害正，弄權。魚，宮人陰類，下四陰也，貫者聽而總之；寵者心以倖之。群小不爲害，无不利言不爲害而已。

朱熹：魚陰物，宮人陰之受制於陽者，五爲陰長，當率其類受制於陽。占如是則无不利也。

趙彥肅：六五有后妃之象。身雖承順，未免剝也。是謂以順爲剝。惟止无欲可制之而得助。易義精矣！

楊簡：魚陰類，宮人亦陰類，皆小人象。貫魚以柔制之，寵愛之如宮人，皆順而止之道，則无不利矣。

吳澄：魚陰物，五陰主在上統群陰如貫魚，如后統衆妾進御於王獲寵愛象。五能使群陰如貫魚獲寵則无不利也。

梁寅：陰剝陽至四而極，五君位變義，言陰順陽，后妃象。帥嬪御奉君，取貫魚象。魚陰物，一陽連五陰如貫魚。內職修矣，何不利之有！

來知德：六五陰長陽消之極，反聽命于陽象，此小人之福，君子之幸也，故占无不利。貫魚者，魚貫串相次以序。巽魚象。巽爲繩。魚陰物。宮人，陰之美，以次進御獲寵。陰聽命陽，小人聽君子故无不利。

王夫之：天子進御自王后御妻上而下之序。以猶率。五柔中承陽，后率妾分君寵象。聖人獎陰順承而歆之以利也。

折中引熊良弼：卦陰制陽，爻剝陽見凶，五順上爲无不利。引張振淵：剝陰長已極，不可制，教陰從陽之道以宮人寵。

李光地：五有柔中之德，承上九，非剝陽者。蓋統率其類來承陽，有利助矣，以卦一陽爲主，三應五比皆善也。

毛奇齡：五陰排連駢頭而進似貫魚，魚陰類，五坤，艮手牽巽繩。魚陰類宮人，貫若后夫人嬪婦御次第而進有序，蓋以宮人寵矣！

李塨：五陰排連駢頭而進，似貫魚者。魚陰類、宮人亦陰類，后夫人嬪婦御妻以次當夕如貫魚有序者，宮人寵矣，陰欲盡剝陽而時有未可，率衆承寵，未嘗不利此正！

孫星衍：引（集解）陸希聲曰无不利，事非无所不利也。（撮要）

張惠言注：剝消觀五，巽爲魚，爲繩，艮手持繩貫巽，故貫魚也。艮爲宮室人謂乾五。以陰代陽，五貫爲寵人，陰得麗之，故宮以人寵。動正成觀，故无不利也。

姚配中案：魚、陰類，貫魚，象以次升也。淮南子曰且雨陰曀未集、魚已噞矣！陰陽氣相動也。陽剝下，陰進上，象魚感雨澤氣升也。以法貫魚象，以爲宮人承事君道則寵无不利也。

吳汝綸：率群陰以事陽。后妃之象。

馬通伯引何妥：后夫人嬪妾，貴賤有章，有貫魚次第故无不利。引張英曰：觀貫魚之辭，知聖人不絕小人。

丁壽昌引何棲鳳曰剝下比五陰，駢頭相次似貫魚，魚陰物喻衆陰。宮人后妾有序，貴賤有章，五衆陰主，能有次第故无不利矣。引崔憬曰：后夫人御女小大殊，寵御則一故无尤。

曹爲霖：當群陰剝陽之日，五尊位當以皇后言。唐玄宗楊太眞入宮，姊妹皆爲國夫人，此貫魚以宮人寵。按爻言无不利，象曰終无尤，爲小人言也。小人長直臣諫不入矣！

星野恒：魚陰象，以序進。以者左右也，居尊統領群陰而從陽，序進如貫魚承寵于上則无不利。后妃患妒忌專制，五柔順宜其無不利也。

李郁：魚陰類，一陽貫五陰。宮人謂室中之人，六五爲衆陰之首曰寵。比上九故无不利。

于省吾引何妥曰：下比五陰，駢頭相次似貫魚也。魚陰物喻衆陰，五衆陰主，寵御有序故无不利矣！

按以矣古通，貫魚以宮人寵應讀作貫魚矣句，宮人寵句。義不相涉也。

胡樸安：水浸愈深，有魚啣尾而來也。宮室也，魚啣尾入室，同室之人避於君主之尊居而无不利矣！

高亨：魚疑讀爲御，宮人謂受宮刑之人，近習用受宮刑之人則無淫穢之虞，雖寵亦無不利。貫訓習。

李鏡池：貫、中。宮人射中了魚，得參加祭祀。與農民造車比待遇不同。對宮人說當然是好事。

徐世大：寵待宮人，不惜貫魚媚之。剝削者猶未覺悟，无不利三字，漠然無動於中躍然紙上。（故云）沒有不相宜。

屈萬里：正義以爲似。貫魚謂衆陰連駢，魚之連貫又似衆宮人被寵列侍也。古每以魚喻女子。

嚴靈峯帛書：六五，貫魚，（食）宮人（寵），无不利。

張立文：貫穿魚，一個挨一個。食假借爲以。作用解。籠假爲寵，同聲系古相通。宮人后夫人等輪流當夕。譯：六五，一個挨一個次序，用宮人而寵愛她，沒有不利的。

金景芳：五陰爻卻在君位，五陰似魚給穿了起來，受五領導。朱子：五爲衆陰之長，當率其類，受制于陽故有此象。

傅隸樸：六五群陰主，下四陰齊頭上進，似貫魚，魚爲陰類，故以喻小人。君寵小人如宮女，不令預政，就无不利了。

徐志銳：以，用也，五個柔爻順次排列成串，六五陰承陽與上九比，无進逼之勢，上九得以存在，豈不兩全其美！

朱邦復：六五君位，率群陰聽命在上一陽。釋：利用手段，籠絡人心，無不利。

林漢仕案：繼第四爻天下善類一空矣！小人秉國政，亦有其盜亦有道，上下沆瀣一氣，狀似和衷公忠，南宋高宗莫須有刑倒岳武穆，韓世忠獲縱容田園之志，張俊，万俟卨封王繼相，秦檜獲賜「決策元功，精忠全德。」高宗並親書「一德格天」匾額送秦府懸中堂，万元忠奸臣万俟卨繼秦檜後爲南宋宰輔，張俊之死，高宗皇帝親臨哭奠，輟視朝三日，進封循王。一系列小人亦雁行有序，佩紫懷黃。人家沐猴而冠，自有其大小數百戰，叱咤風雲，而後爲西楚霸王，使大小十八王膝行，人言沐猴而冠，韓生蔡生被烹，從血戰中成長沒落，項王之悲哀也。南宋君主，享一百四十九年天下，有志復中原之百姓，嘆佛貍祠下一片神鴉社鼓，無迎徽欽父兄回國一洗國恥之君王，不能謂高宗，理宗君王小人也，爲利用小人耳，爲小人所利用耳，根本上君王可能亦一小人耳，又遠不如自力攀上猴冠之項籍！小人成群，貫魚乎？雁行有序，貫魚也！以宮人寵，言內廷也，建立新秩序，新時代之來臨，六五往外統理朝綱，貫魚，魚即陰類，小人；往內統理三宮六院妃嬪嫔嬙，籠外籠內，宮中，府中俱爲一體矣，自然无不利矣！

雖然，傳統傳注亦不能偏廢，茲依序貫魚象，宮人象。而言无不利者，皆就大男人主義，爲出發論點，一陽貫五陰，一夫多妻妾著眼也，以男人說，夜夜新鮮貫不同女生；以女人言，獨守空閨，春愁秋思，即寡味亦難得一嚐！楚王愛細腰，宮中餓死人，慘絕人寰也！男人夜夜春宵，可知力耕亦苦也？君王多短壽，孰知其毒而遠色食？日夜以蓄，知先賢之論駕御妃嬪，色迷迷而不知其害也，不知其苦也！儘樂以文字淫，淫其卦，淫其爻辭！淫後世之讀者！茲條列貫魚說如后：

王弼：貫魚謂衆陰駢頭相次似貫魚。

張載：六五附陽反制陰，下寵衆陰則陽獲安。

程頤：魚陰物，五能使群陰順序如貫魚然。

蘇軾：四以下貫魚象。

張浚：五上比剛賢，勢足制小人，發貫魚義。

鄭汝諧：小人駢進如貫魚，志在寵利而已。告處小人之道。

朱震：巽爲魚爲繩，艮手，下連衆陰，貫魚也。

項安世：剝膚及背，背後宮象，故曰貫魚，以宮人寵。

李衡引：魚在水難制，貫可爲鼎俎。群陰湊己故稱貫魚。

楊萬里：魚，宮人陰類，下四陰也。貫者聽而總之。

朱熹：魚陰物，宮人陰之受制於陽者。

楊簡：魚陰類，宮人亦陰類，皆小人象，貫魚以柔制之。

吳澄：五陰主在上統群陰如貫魚。五使群陰如貫魚。

梁寅：五后妃象，帥嬪御奉君，取貫魚象。一陽連五陰。

來知德：貫魚者，魚貫串相次以序，以次進御獲寵。

毛奇齡：五陰排連駢頭而進似貫魚，魚陰類宮人。

李塨：后夫人嬪婦御妻以次當夕如貫魚有序者。

張惠言：巽爲魚爲繩，艮手持繩貫魚，故貫魚也。

姚配中：象魚感而澤氣升也。以法貫魚象。

馬通伯引：觀貫魚之辭，知聖人不絕小人。

李郁：魚陰類，一陽貫五陰。

于省吾：以矣古通，應讀作貫魚矣句。

胡樸安：水浸愈深，有魚啣尾而來也。

高亨：魚疑讀爲御，貫訓習。

李鏡池：貫、中。宮人射中了魚。

徐世大：寵宮人，不惜貫魚媚之。

屈萬里：古每以魚喻女子，魚連貫似衆宮人列侍也。

張立文：貫穿魚，一個挨一個。

金景芳：五陰似魚給穿了起來，受五領導。

傅隸樸：五陰主，四陰齊頭上進似貫魚，魚陰類喻小人。

徐志鋭：五個柔爻順次排列成串。

貫魚，宮人，漸行漸近，二而一矣！「以」字解作：但以（孔疏），如宮人（程頤），以宮人之寵寵之，不及以政（蘇軾），以猶率也（王夫之），以爲宮人承事君道（姚配中），以者左右也（星野恒），以矣古通（于省吾）正義以爲似。（屈萬里），以，用也（徐志鋭）。

貫魚，以宮人寵，无不利。以，從上任何一説皆可連貫魚爲一氣，貫魚、宮人，二而一矣，有人直釋六五后妃象而論承順；有人謂皆小人象，寵愛之如宮人；有人逕謂古每以魚喻女子。於是乎官人后夫人輪流當夕，一陽連貫五陰胡天胡地顛陰倒陽在搞男女關係矣！王夫之五柔承陽，后率妾分君寵象，並大贊聖人獎陰順承而歆之利，舉聖人教去太甚而來者不拒矣！大嘆聖人不絶小人如是。姑平心而論，設非承權力餘蔭，如楊簡之稱「貫魚，以柔制之，寵愛之如宮人。」婦女成玩物矣！小人爲君子之洩慾器矣！萬一小人女子中一人登高呼籲：除非改稱姑娘小人爲上人，姑奶奶，否則一律停止與陽和唱做愛，君子口中小人，立將易稱上人，呼姑奶奶矣！況易非專爲帝王設計也，爲便解説耳。六五之時位言絶非桓靈之不能自保，亦絶非六五后妃率下四陰事上，六五自建立小朝廷新秩序新時代也。

上九、碩果不食，君子得輿，小人剝廬。

象曰：君子得輿，民所載也。小人剝廬，終不可用。

京房：君子德輿。（釋文）

鄭玄：小人傲很，當剝徹廬舍而去。（天官遺人疏）

陸績：君子全，得剝道，安其位，小人終不可安也。（集解）

王弼：處卦終獨全，果至碩不見食。君子居之則爲民覆蔭，小人用之則剝下所庇也。

孔疏：處卦終獨得完全不被剝落，猶碩大之果不爲人食也。君子得輿者，君子居此位能覆蔭於下使得全安，是君子居之得輿，小人居之，下无庇蔭被剝徹廬舍也。

司馬光：碩果不食，將墜于地而復生也。剝道皆陰，上獨以陽乘之，猶衰世君子，獨立不懼以制群陰，雖不當位，民所載也。或者陰來伐之，則是小人得志，君子道窮，禍亂遂成，民無所庇矣！詩云「人之云亡，邦國殄瘁」此之謂也。

張載：處剝之世，有美實不見採，然其得備猶爲民所載，小人處下則剝牀，處上則反傷於下，是終不可用之。

程頤：陽剝盡，獨上九存，如碩果不見食。上九變純陰，以卦配坤十月，陽剝爲坤，陽來爲復，陽未嘗盡，故十月謂陽月。陰盛亂極，衆心願載於君子，君子得輿也。剝廬无所容身矣，廬取在上之象。

蘇軾：碩果不食，必有不可食者。上失民久，獨存於上者以存五陰爲名爾，與之合則存，不合則亡，君子以爲不可食之果亟去之。載下謂輿，庇上謂廬，廬剝餘豈可復用哉！

張浚：上九以剛在上若果碩大不食，艮止不食。坤爲輿，衆陰戴陽爲得輿。陽庇物，陰剝之爲剝廬。剝廬謂雖逆旅託宿，不得一日之安，艮爲廬。君子生物，小人害物，人君寄其身於上，若人有廬而剝之也。爲君者愼用君子哉！

張根：艮爲果蓏。傳象：能止剝故。小人不可用當自敗故。

朱震：坤剝乾四成巽木，五成艮果，陽爲大，碩果也。兌口，艮見兌伏，不食也。坤爲輿，剝反必復，天地間未嘗一日无陽，无君子，五陰奉一陽，君子得民所載也。艮舍乾天，上九剝爲六，小人自徹其庇至无所容其軀，故曰小人剝廬。君子亦失其所。

項安世：艮上爲果爲廬，坤在下爲輿爲民，陽復於下則爲得輿載民之象。陰極於上則果食廬剝矣！上九當剝終，吉凶不可料，故獨无吉凶利否之占，聖人之意深矣。

李衡引牧：果實陽，葉爲蔽，不見食（剝），三五爲之蔽，衆陰戴得輿象。君子所以蔽小人，今陰剝陽，是小人自壞其廬，上當剛直止之，不可復用。引陳：少康一旅興復其宇。引石：存此爻所以庇民。

楊萬里：五陰並進，衆陽剝落，餘一碩果，君子至孤矣！得輿，得民所載之效；小人極盛剝廬，以覆邦家。剝室廬此大廈將傾。終不可用，儆之至也。

朱熹：陽在上，剝未盡，爲衆陰所載，小人居之則剝極於上，自失所覆而無復，碩果得輿之象。聖人之情益可見矣！

趙彥肅：五陽消陰，剝一陽，下自落。窮上反下成妙用。陽下爲輿，上爲廬。上反初，君子得輿，六易居上，小人剝廬。終不可用，故陽去之。果必碩而後生；陽必剝而後復，故陽不可以无剝，此天理也。

楊簡：陽實，有碩果象。碩本也。陽大，君子大。陽無偏絕之理，故碩果不食。小人盛極衰，君子衰極盛，故君子得輿，小人剝廬。小人爲人心所賤，勢衰剝廬，無庇身之所矣！

吳澄：艮爲果，陽大。无兌口故不食。一陽君子，坤輿五陰承載。上九變柔爲小人，如廬破壞。一陽上覆有廬象。

梁寅：一陽獨存，如碩果不食則復種而復生矣！是爻君子得則道復長，小人得則自剝其廬。小人惡未甚則載爲之輿。

來知德：陽大，碩大之果。艮果，在枝間未食。諸陽皆消，一陽在上，碩果獨在枝上象。不食必落爛矣。核復生，一陽復生，萬物賴以生，得輿象。五陰爲廬，陽爲椽瓦，陽剝則國破家亡。剝上必生下，爲民所載之象。小上剝廬終无所用之象。

王船山：一陽僅存碩果也。不爲人食，言不用於世。當剝，功無可立，道無可行，高蹈遠引，自在得輿矣！彼小人徒自剝其廬，一陽本陰所藉蔭者，不屑施治則廬剝矣！

折中引楊文煥：碩果一陽在上象。引胡炳文：得輿剝廬兼占言，廬下藉上以安，剝廬自失所安矣！小人害君子豈小人之利哉！引喬中和曰碩果核也，仁也，生生之根也，相傳之果，此剝之所以復也。

李光地：陰剝陽徒自失其覆庇而已！故因以爲占戒！

毛奇齡：一陽未剝，有危微之幾！碩果縣衆陰上，群欲食而不能，可謂幸矣！君子居此，以坤爲大輿，我乘其上得之；小人居此，以艮爲門闕，我居下必剝之。艮安止象廬，欲盡剝，而不可爲用，此剝所以不終剝。

李塨：一陽時尚未剝，有危微之幾焉！碩果懸，群不能食，假君子居此以坤爲大輿，我乘得之，上下俱利；小人以艮爲門闕必欲剝之，安可！陽廬一摧將安芘？

孫星衍：（釋文）得輿，京作德輿，董作德車。

張惠言引注：艮爲碩果，謂三已復位，有頤象。頤中无物故不食也。夬乾爲君子爲德，坤爲車爲民，乾在坤故以德爲車，小人謂坤、艮爲廬，上變滅艮，坤陰迷亂故小人剝廬也。

惠棟：夬乾謂旁通也。應二，君子謂乾，三乾爲德，故夬、乾爲君子爲德、坤爲大舉故爲車。禮運天子以德爲車。消乾小人長，小人謂坤。艮舍、乾野，故舍在野外廬象。上變則艮滅純坤，坤爲迷爲亂，小人剝廬之象也。

姚配中案：碩大，艮果，乾陽於上故碩果食，（讀爲日食）陰食陽也。艮止故不食，得當作德、坤輿．謂反之三，坤民載之，之三艮不見，故小人剝廬。

吳汝綸：君子謂陽。小人陰。自君子言之，五陰載之，得輿象。自小人言之，陽覆其上是廬也。五陰共剝此陽，是自剝其廬也。

馬通伯引語類：君子能覆小人，君子亡，小人亦无所容身。引王宗傳曰：一陽居上，果之碩大者。不食者，生育寄此，剝道既終，九復見剝，小人无所庇其軀矣！案：卦以消長之義，則上一陽不能不消，得輿象陽出入而行。

丁壽昌：京作德輿，董作德車。引喬氏曰碩果不食，核也。生根相傳，此剝之爲復也。引蘇蒿坪曰不食亦艮象。君子與廬艮象，小人與輿坤象。

曹爲霖：何元子曰碩果不食，此君子獨之秋也。徐揚貢曰四皓魯兩生流，士不以秦賤，伏生浮邱伯徒，經不以秦而亡。故剝終日，碩果不食。葉氏曰幸之亦愼之也。誠齋曰剝廬，此大廈將顚之時也，有國者亦可以少悟矣！

星野恒：碩大之果，得輿得其下也。剝廬失上，諸陽獨上，未得申其剛。一陽爲衆陰所載故得輿，小人得之則剝廬，君子自恃不懈，能收障川迴瀾之功也。

李郁：碩大，艮果蓏，自下剝上，蠶食殆盡，僅存蟲未食耳。上君子爲下所載，故曰得輿。小人指陰，上若爲陰，廬何有？土崩瓦解耳，故曰小人剝廬。

胡樸安：碩大，水浸爲災，僅餘碩大之果未食，其餘皆食盡。水浸愈大，得輿載民遷徙，民衆廬舍裂剝，不可復住。

高亨：得輿謂登車。說文德升也。得輿謂贈貽，得賞賜。剝廬，擊毀其廬舍。碩果不食喻貨利不取，君子德日廣，小人日窘。言君子有所得，小人有所失，君子吉小人凶也。

李鏡池：碩果不食比喻勞動果實自己不能享受。農民被貴族征調造車子、離開家、君子得輿了，農民卻沒得坐。剝、離。廬、草房。這是政治卦，反映農民受剝削情況。

徐世大：碩果不食，宜留種子再生，否則明年不用想吃果子矣。譯文：大果子不吃，先生們得轎車，老百姓在拆房子。

屈萬里：釋文得輿，京作德輿，董作德車。按古德訓得。傳象言終不可用小人。

嚴靈峯帛書：（尙）九，（石）果不食，君子得（車），小人剝（蘆）。

張立文：石假爲碩，古相通，大也。德得通，猶取也。車輿古通。蘆廬古相通，蘆，薺根，可食，譯：上九，碩大果實不能吃，君子取得果實以車載，小人被剝去果實以薺根裹腹。

金景芳：上九陽爻，好似碩果剩下了，留下不食。君子得到車，小人則剝了自己的房子。

傅隸樸：上九一陽處剝極端，爲下民所擁載，如同車輿載人；若剝盡小人居此，民失所在，如同剝室廬一樣，無可安身了！

徐志銳：乾爲碩果，指上九。坤爲大輿，陽乘陰上是君子得輿。一陽上覆五陰如廬舍，五陰剝此一陽，等於自毀安身的廬舍，意味同歸于盡。

朱邦復：碩果不食必落，果核落地再生。君子得到權力。剝盡復生，此天理也。君子道長，小人道消。

林漢仕案：碩果之象與碩果之義爲：

處卦終，果至碩不見食。（王弼，孔穎達）

碩果不食，將墜地復生也。（司馬光）

有美實不見採，然其德備爲民所載。（張載）

上九存如碩果不見食。（程頤）

碩果不食，必有不可食者，君子以爲不可食之果亟去之。（蘇軾）

上九以剛在上若果碩大不食。艮止不食。（張浚）

艮爲果蓏。（張根）

坤剝乾四成巽木五成艮果，陽爲大，碩果也。艮見兌伏，不食也。（朱震）

艮上爲果爲廬。（項安世）

五陰並進，衆陽剝落，餘一碩果，君子至孤矣！（楊萬里）

五陽消陰剝一陽，窮上反下成妙用，果必碩而後生。（趙彥肅）

陽實，有碩果象，碩本，陽大、君子大。陽無偏絕之理，故碩果不食。（楊簡）

艮爲果，陽大。无兌口故不食。（吳澄）

一陽獨存，如碩果不食，復種復生矣。（梁寅）

陽大、碩大之果。艮果。一陽在上，碩果獨在枝上。（來知德）

一陽僅存碩果也，言不用於世。（王船山）

碩果、核也，仁也，生生之根也。（折中引喬中和）

碩果縣衆陰上，群欲食而不能，可謂幸矣！（毛大可）

一陽未剝，有危微之幾焉。（李塨）

艮碩果，三復位，有頤象，頤中无物故不食。（張惠言）

碩大艮果、食讀爲日食，陰食陽也，艮止故不食。（姚配中）

馬通伯引：一陽居上，果碩大不食，生育寄此。

碩果不食，此君子獨之秋也。四皓魯兩生流，士以秦賤，伏生浮邱伯徒，經不以秦亡。故剝終日，碩果不食。亦幸之愼之也。（曹爲霖引）

水災，僅存碩大之果未食，其餘皆食。（胡樸安）

碩果不食喻貨利不取，君子德日廣。（高亨）

碩果不食比喻勞動果食自己不能享受。（李鏡池）

碩果不食，留種子再生，否則明年不用想吃果子。（徐世大）

張立文帛書「石果不食」石假爲碩，碩大果實不能吃。

上九陽爻好似碩果剩下留不食。（金景芳）

乾爲碩果，指上九。（徐志銳）

從上五十餘說中，幾无異辭以上九爲碩果，僅朱震謂坤剝乾四成巽木，五成艮果。然彼又謂陽爲大，碩果也。其風地觀耶？抑即剝之山地剝耶？其所謂艮見兌伏說，剝之從天風姤起至剝完成坤，皆未見兌上缺之象也！

碩果指陽大，上九也。

碩果不食，將墜地復生。核也，仁也，生生之根。窮上反爲妙用。

碩果不食，必有不可食者。

艮上爲果，艮止不食，食讀爲日食，陰食陽也。

餘一碩果，君子至孤矣！言不用於世。

陽大，君子大，群陰欲食不能。

一陽未剝有危微之幾焉！碩果不食，幸之愼也。

喻貨利不取。

喻勞動果食自己不能享受。

乾爲碩果，指上九。

上九陽爻好似碩果剩下留不食。張立文云「不能吃」。

再總其說，碩果：陽大，核再生，君子孤，有危微之幾，貨利不取，勞能者不能享受，碩果留不食，不能食，必有不可食者。若以核復生言碩果，上九死矣，如佛教之生生世世，前生今世轉生矣，不死如何轉生，死即是生機，然究竟是後話，而斷上九死矣則無疑！至云留不食，不能食，必有不可食者，留作種子耶？抑大而無當，不堪食用？危微之幾也者，君子所寄無法中之法也，幸小人覺悟恐未能耳！

君子得輿，小人剝廬說亦簡要敍明如后：

君子得輿，民所載也；小人剝廬，終不可用。（象辭）

小人傲很，當剝徹廬舍而去。（鄭玄）

君子全，安其位；小人終不可安。（陸績）

君子居之則爲民覆蔭；小人用之則剝下所庇也。（王弼）

衰世君子獨立不懼以制群陰，雖不當位，民所載也。（司馬光）

得備爲民所載，小人處上則反傷於下，是不可用。（張載）

衆心願載於君子，得輿也；剝廬則无所容身矣。（程頤）

載下謂輿，庇上謂廬，廬剝豈可復用哉！（蘇軾）

衆陰載陽爲得輿，剝廬謂不得一日之安。（張浚）

五陰奉一陽，得民所載；上九剝爲六，小人自徹其庇。（朱震）

衆陰戴得輿象；君子蔽小人，今剝陽，小人自壞其廬。（李衡）

得輿，得民所載之效；剝廬，小人以覆邦家。（楊萬里）

陽在上爲衆陰所載，剝極則自失所覆。（朱熹）

陽下爲輿，上爲廬，上反初，君子得輿，六易上，小人剝廬。（趙彥肅）

小人勢衰剝廬，無庇身之所。（楊簡）

一陽君子，坤輿五陰承載；上九變如廬壞。（吳澄）

君子得則道復長，小人得則自剝其廬。（梁寅）

一陽復生，得輿象，五陰爲廬，陽剝則國破家亡。（來知德）

高蹈遠引，自在得輿象；一陽不屑施治則廬剝矣！（王夫之）

得輿剝廬兼上言。小人害君子豈小人之利哉！（折中）

以坤爲大輿；以艮爲門闕，艮止象廬，小人居下必剝。（毛大可）

坤爲車爲民，乾在坤故爲車；小人坤，上變故剝廬。（張惠言）

乾爲君子德，以德爲車；坤爲迷爲亂，剝廬象。（惠棟）

得當作德，坤輿，謂反之三，艮不見故剝廬。（姚配中）

得輿象陽出入而行。（馬通伯）

君子與廬艮象，小人與輿坤象。（蘇蒿坪）

得輿，得其下，剝廬、失上。（星野恒）

得輿，載民遷徙，民廬舍裂剝不可復住。（胡樸安）

得輿謂登車，得賞賜；剝廬謂擊毀其廬舍。君子吉，小人凶。（高亨）
征調造車子，君子得輿了，農民被剝離草房。（李鏡池）
先生們得轎車，老百姓在拆房子。（徐世大）
君子得到車，小人則剝了自己房子。（金景芳）
君子取得果實以車載；小人被剝去果食以薺根裹腹。（張立文）
陽乘陰上是君子得輿，陽覆五陰如廬舍。同歸于盡。（徐志鋭）
君子得到權力，剝盡復生，君子道長。（朱邦復）

從上說中歸納：

君子得輿爲民所載；小人傲很剝廬而去。
衆陰載陽爲得輿；剝廬則无所容身。
五陰奉一陽，得民載；上九剝爲六，小人覆邦家。
陽在上民載，剝極自失所覆。

上九自導自演，成也蕭何，敗也蕭何乎？趙彥肅較具體言上反初爲得輿，蓋言☷☳地雷復也，☷☷純坤剝廬也。折中故謂得制兼上言。馬通伯謂得輿象陽出入而行。得輿異說，胡樸安之遷徙，高亨之登車，得賞。朱邦復得到權力。剝廬異議則僅張立文，據帛書小人剝蘆，蘆，廬古通，蘆，薺根，剝去果實，以薺根裹腹。

漢仕以爲碩果不食，君子得輿，小人剝廬。帛書石果不食，君子得車，小人剝蘆。碩果亦即石果，言其果雖碩大而堅硬如石，中看未必中食也，碩果亦言其所存者寡，如孔子之畏井渫之莫食，徒懸如瓠瓜也哉。不爲世用也，不爲君王佐也。小人道長，小人成群，小人既建立新秩序，新時代，一宗澤如南宋何！一李綱亦如金人何！碩果零落散漫，雖特立欠一鮑叔之薦，欠一東風之送，欠一親訪渭濱車轍，老於山林矣！碩果即君子，君子唯存一途，徐徐吾行也，去父母國也，王夫之謂高蹈遠引，如孟子之接淅而行，若是則不能自在，蓋怨也。若高亨之言登車，馬通伯之陽出入行，則遠怨而合獨善，兼善之義矣！小人繼續掌權，繼續剝臧善而蒙寵，蒙恩賜而懷黃佩紫。大廈之傾，白蟻無庇覆之慮；癌細胞之擴散，亦無靠山倒憂乏新鮮血食之饑，是小人之剝廬也。小人之特性，時未至而言之，不信；已至不用言俱覆矣！是剝卦之成群小人營鑽之象也。至若言得五陰之擁載，五陰奉一陽，上九德備，衆心願載於君子，果眞夢囈之言也！不仁者而可與言，則何亡國敗家之有，蓋其卦卜得如是也乎！

䷗ 復（地雷）

復，亨。出入无疾，朋來无咎。反復其道，七日來復，利有攸往。

初九、不遠復，无祇悔，元吉。

六二、休復，吉。

六三、頻復，厲，无咎。

六四、中行，獨復。

六五、敦復，无悔。

上六、迷復，凶，有災害，用行師，終有大敗，以其國君凶，至于十年不克征。

䷗ 復，亨。出入无疾，朋來无咎。反復其道，七日來復。利有攸往。

彖曰：復，亨。剛反動而以順行，是以出入无疾，朋來无咎。反復其道，七日來復，天行也。利有攸往，剛長也，復其見天地之心乎？

象曰：雷在地中，復，先王以至日閉關，商旅不行，后不省方。

京房作崩來无咎。（釋文）

宋衷：商旅不行，自天子至公侯不省四方之事，將以輔遂陽體成致君道也。制之者王者之事，奉之者爲君之業也，故上言先王，下言后也。（集解）

荀爽傳彖利有攸往剛長也：利往居五，剛道浸長也。（集解）傳復見天地之心：復者冬至之卦，陽起初九爲天地心，萬物所始，吉凶之先故曰見天地之心矣。（集解、撮要）

鄭玄：復，返也，還也。陰氣侵陽，陽失其位，至此始還，反起于初，故謂之復。陽君象，君失國而還，道德更興。傳彖七日來復：建戌之月，以陽氣既盡，建亥純陰用事，至建子陽生，隔純陰一卦，卦主六日七分，舉其成數言。傳象商旅不行：資貨而行曰商，旅，客也。

陸績：七日陽之稱也。七九稱陽數，謂坤上六陰極，陽戰之地，陰雖不能勝，陽不可輕犯，六陽涉六陰，反下七，爻在初故稱七日，日亦陽也。（京氏易傳注）

王弼傳彖：入則爲反，出則剛長故无疾，疾猶病。朋謂陽。

孔穎達：陽氣反復而得亨通。出則剛長入則陽反，理會其時故无疾病也。朋謂陽，衆陽朋聚而來則无咎也。七日來復乃合於道。往則小人道消故利有攸往也。

司馬光：七日來復何也？冬至卦氣起中孚、復、屯、謙、睽，凡一卦御六日二百四十分日之二十一，五卦合三十日二百四十分日之一百五，此冬至距大寒之數也。故入冬至凡七日而復之，氣應也。

張載：靜之動，无休息之期，故地雷爲卦，言反又言復，終則有始，循環无窮，人指其心而裁之耳，深其反也，幾其復也，故曰反復其道；又曰出入无疾。

程頤：既復則亨。入謂復生於內，長進於外出也。陽生氣微多爲寒氣所折。出入无疾，生長无害將亨盛。一陽微，諸陽來成生物功。若君子必待朋類漸盛則能協力勝之也。七日老更也，七變成復，君子道長故利有攸往。

蘇軾：自坤爲復謂之入，自復爲乾謂之出，疾病也。

張浚：剛德內復，順理而行，其道不撓故亨。出入无疾，陰莫之寇。陽以貞類升，咎其至乎？陽動於下，復乾七日來復故利有攸往。中復之所以復也。

鄭汝諧：天行循環无端，曰反曰復，往必來，无間斷。君子體天之道則以不可遠爲貴。

張根：在姤則戒勿用取女，在復則朋來无咎。惟順爲能復其所。陽日陰月。攸往君子之時，見天地心，愛物无已。

朱震：本坤而乾交之，自內出明消息之理，陽入坤順，得位上行所以亨歟！朋陽之類，動不累物，順不違時，正和不同，朋來所以无咎。天道極則來反，往則必復，自子至午不過七，必曰七日者，明曆數之元也。七日來復，天行也。剛進莫或禦之故利有攸往。

項安世：剛反動順，是以出入无疾而後可朋來无咎，此人事當然。反覆其道，剝初升上，上降初，與六爻數七，故七日來復，此天地必然。復剛長，爲君子謀，利有攸往。

李衡引陸：復初體震，陽息象，故稱七日來復。兌西，月生西，得八故曰八月，戒在遠也。震東日生，得七故曰七日，喜在近也。七八主靜。引石：反藏入，動長出，无疾者動順時。朋來明君子進欲衆。引胡：陽氣生物，入地出地，物无違之與疾害之者也。引孫：復一陽尙隱而曰朋來，聖人慶陰剝欲陽伸之亟。引房：出入无疾害之者，喜陽復勉辭，朋來者欲衆陽漸進，誘之之意。

楊誠齋：復亨，喜剛反之辭。動順，臨而泰，自然无疾，无咎，俟之之辭。天行自然，反復其道，來復慰辭。七日坤初陰生於午至復初陽生於子，七月曰七日，猶詩一之日。剛長則利往，勉辭。

朱熹：陽復生於下，一陽之體始成而未復，十一月卦，陽氣已生故有亨道，內震外坤，陰動上行，出入无疾，朋類來亦无咎，剛德方長，占利有攸往，七日來復之期也。

趙彥肅：剝而復者自明誠也。陽交陰屬屯；陽剝反屬復。屯乾動，復剝反。朋來，初得九世，六位爲主，六龍爲朋。七日來復，陰陽消長可以數推。人有迷者不可預計也。

楊簡：陽復萬物生，君子復則治康，是謂亨。君子動必以順，出入無疾害，朋類咸來，必无咎。陽言日，陰言月自姤至復七，欲君子早復。天道不能違。剛長故利君子攸往。亦天道，天地之心也。

吳澄：一陽初生地下消一陰，夏正十一月卦。出外入內皆可无疾。還復未變之時爲義，陽朋類次第來亦无咎。七震數，所行道七日至、五月至十二月陽生。占者宜所往。

梁寅：陽復生於下，故有亨道。剝，陰極盛不能絕陽，是陽復出无疾也。諸陽漸進，朋類來，何咎哉！七日者七月也。歷七爻時七月。君子道長，朋助固當有爲也。

來知德：出，剛長；入、剛反。疾、遽迫。一至五陽漸長，出未常遽迫也。五月一陰生，十一月陽反，入未常遽迫也。陰牽連於前，朋象。當陽氣漸長，亦无咎病。道路。七日來自姤而復凡七也。陰極于六則反矣。復亨利有攸往。

王夫之：一陽初生，得其所居，陰樂受化故亨。陰資陽成化，情必順，入无疾也。朋謂五陰爲黨，陰朋來相就，固无咎。有反有復者其道也。七少陽復萌，陽益生，世無不可治也。

折中引房喬陽復，陽進，无疾无咎意。引邵子：明治生於亂，亂生於治。引胡炳文：反復陽陰往來理如此。引林希元：復重朋來，有爲天下必與其類同心。引張振淵：反復計程，天運定期，君子善承之耳。

李光地：陽盡又生，既往而還。陽復生則有亨通之勢，反覆計程，七日當來復，申復亨二字之意也。

毛檢討：復者返本之稱，藉震反生復其初，故剝蔑復亨，一出一入，復則無病，坤朋尚來，復則無咎，能反震復陽道，七日已復。君子小人互爲進退，無非天心，此見其端也。剛長則剝（小人）之不利攸往者，今不利攸往乎？

李塨：復則亨矣！陽自出而入，復于无疾，坤朋尙來，順行之則无咎。夫一陰一陽道也，今陽反復于道，一爻當一日，七日而來復，剛長故利有攸往。

孫星衍引集解鄭康成曰：建戌之月，以陽氣始進，建亥六月純陰用事，至建子六月，陽氣始生，……引褚氏曰五月一陰生，至十一月一陽生，凡七月，而云七日不云月者，欲見陽長須速，故變月言日。（莊氏同疏）又釋文：朋來，京作萠。復本又作覆。

丁晏：釋文朋，京作萠。案字書無萠字，乃崩之譌。漢書五行志引京傳曰復崩，來无咎。自上下者爲崩。小顏注今易，崩字作朋也。盧刻釋文據宋本神廟本京作崩。鶡冠子朋字作傰。

張惠言引注：陽息坤，剛反交初故亨。出震成乾，入巽成坤，坎爲疾，十二消息不見坎象，故无疾。兌爲朋在內稱來，五陰從初，初陽正，息成兌，故朋來无咎。乾成坤，消乾六爻六日，剛反初故七日來復。君子道長故利往。

姚配中案：朋謂陽，陽息故朋來无咎。

吳汝綸：復義反也。周而反始，故曰出入无疾。反復其道，朋來无咎，欲衆陽漸進之詞。七日來復，復自坤來，以一爻當一日也。

馬通伯引何妥曰：陰剝陽幾盡，陽氣復反故云復亨。引張振淵曰：反復其道，見天運有定期，引徐幹曰：明自見，聰自聞，睿自慮，舉輕任重，德高基固之謂與。案不賊其本心也。

丁壽昌：復，反還也。朋，京作崩，本又作覆，注反復。師古注崩，自上下者。反復，出入之義。七日有三說，輔嗣謂六日七分至復爲七日。坤朋。復一陽始生得名。

曹爲霖：常安民曰善觀天下之勢，識微見遠，憂無可憂者也，雖登賢良以勝小人，恐端人正士未必安枕！七日來復，唐一行曰自冬至後七日乾精始復。

星野恒：無疾無所害也。朋謂陽，一陽生于下，陽道方亨，順人心，善類來集，能得无咎，剝上九歷七爻，一陽來復，君子道長合其道，豈不利有攸往哉！

李郁：復反也，乾四來初，陰陽交故亨。陽出陰入，自然而然故无疾。朋謂龜，指乾九五，五來二成臨故朋來无咎，陽自初反而復始計七爻七日，陽息陰消故利有攸往。

楊樹達：楚子救鄭，苗言於晉侯曰楚良在中軍，請分良以擊，必大敗之。公筮之吉，其卦遇復曰南國蹙，射其元、王中厥目。國蹙王傷，不敗何待。公從之。（左成十六年）又京房易傳崩來無咎。自上下者爲崩。

胡樸安：因水災遷徙而亨也。疾嫉之借，注惡也，出入无所惡。朋衆也，衆來无咎。反復往來道路中，七日而至來復處。來復，既來不往也。利事和，新居定，民有所往來也。

高亨：亨即享字，筮遇此卦，或出或入皆無疾病，朋友來可無咎。古人常占問行人返期，筮遇此卦，七日可返，道乃道路之道，有所往則利。

李鏡池：這是旅行專卦。往復之復。朋來：即賺了錢。旅行注意：出門不生病；賺了錢沒發生事故；往來很快，七天就可以。旅行一切順利。

徐世大：就人事立說，報復，普徧。進出不要有毛病，朋友來不抱怨，反復考慮其道路，七天後來報復，宜有目的。

屈萬里：朋，京作崩。崩，下墜也。復，敦煌唐寫本作覆。數十，五日得半，不及半稱三日，過半七日。仲氏易天下之度七日爲限。胡一桂先有一爻當一日說。

嚴靈峯帛書：復，亨。出（人）无疾，（堋）來无咎。反復其道，七日來復，利有攸往。

張立文：復有反復，往復之義。帛書人，入人古通。堋假爲朋，「堋來」言獲得朋貝，即賺錢。譯：復，亨通，出門歸來沒有疾病，賺得朋貝沒有災患，往返旅途，七日可往返一次，有所往則利。

金景芳：從程傳既復則亨也。

傅隸樸：陰氣主閉塞，陽氣主開通。陽復萬物蘇故復亨。出指陽上行，入了它本位，萬物亨通故无疾。朋鳳群飛群陽跟進始可免禍，君子進不可遲故反復其道，七日一週期，每爻代一日，事不宜遲，把握轉機故利有攸往。

徐志銳：復爲陽得勢故言亨。一陽在下震動群陰順，一陽出上體入下體循序演化。同類稱朋，陽返牽連同類增長，陰又順故朋來无咎。從陽消至陽息七變，剛長利攸往。

朱邦復：一陽由內而外復，各爻依序漸進，陰去陽來，可以大有作爲。

林漢仕案：劣編乾坤傳識四十八頁，轉載卦氣圖含六日七分圖，以坎離兌震爲四相，子丑……戌亥，復臨……剝坤，六日零七分至三百六十五日二十分爲四野。而溫公之冬至卦氣起中孚，由冬至距大寒之數，中孚至睽三十日二百四十分日之一百五。溫公之氣應圖，與卦氣圖日同分異，聊備一說而已。茲先說明七日來復；利有攸往。

七日來往，天行也。利有攸往，剛長也。（彖）

利往居五，剛道浸長也。（荀爽）

建戌月陽氣盡，建亥純陰用事，建子陽生。（鄭玄）

七九陽數，上六陰極，反下七，初爻稱七日。（陸績）

七日來往乃合於道，往小人道消，故利。（孔穎達）

冬至卦氣起中孚……故入冬至凡七日而復之，氣應也。（司馬光）

七日老更也，七變成復，君子道長故利往。（程頤）

陽動於下復乾，七日來復故利有攸往。（張浚）

陽日陰月，攸往君子之時，見天地心。（張根）

自子至午不過七，七日來復，天行也，剛莫禦故利往。（朱震）

剝初升上，上降初，爻數七故七日來復。爲君子謀故利往。（項安世）

震東日生故曰七日，喜在近也。（李衡引）

七日坤初陰生於午至復陽生於子。七月曰七日，剛長利往，勉辭。（楊誠齋）

占利有攸往，七日來復之期也。（朱熹）

七日來復，陰陽消長可以數推。（趙彥肅）

陽言日，陰言月，自姤至復七，剛長，天道天地之心也。（楊簡）

五月至十一月陽生，占者宜所往。七震數，行道七日至。（吳澄）

七日者七月也，七爻時七月，君子道長固當有爲也。（梁寅）

道路七日自姤而復，復亨利有攸往。（來知德）

七少陽復萌，陽益生，世無不可治也。（王船山）

治生於亂，亂生於治。反復計程，天運定期。（折中引）

反覆計程，七日當來復。（李光地）

剝蔑復亨，反震復陽道，七日已復，小人不利往。（毛奇齡）

一爻當一日，七日而來復，剛長故利有攸往。（李塨）

子月陽生，五月陰生，不云七月，欲陽速變月言日。（孫星衍）

消乾六爻六日，剛反初七日來復，君子道長。（張惠言）

七日來復，自坤來，一爻當一日也。（吳汝綸）

陽氣復反，天運定期。（馬通伯引）

七日有三說。輔嗣謂六日七分至復爲七日。（丁壽昌）

七日來復，自冬至後七日乾精始復。（曹爲霖）

剝上九歷七爻，一陽來復。（星野恒）

陽自初反而復始計七爻七日，陽息陰消故利往。（李郁）

七日至來復處，來復，來不往也。利事和。（胡樸安）

問行人返期，筮七日可返。道，道路，有所往則利。（萬亨）

旅行往來很快，七天就可以，一切順利。（李鏡池）

七天後來報復，宜有目的。（徐世大）

數十，不及半稱五日，過半稱七日。仲氏天下度七日爲限。胡一桂一爻當一日說。（屈萬里）

七日一週期，每爻代一日，把握轉機故利往。（傅隸樸）

從陽消至陽息七變，剛長利往。（徐志銳）

七日共十一說：

1.建戌至建子陽生。（依六日七分圖：剝三百十六日四十四分，跨建亥純陰坤卦，至建子三百五十三日六分。）爲七日。

2.七九陽數，上六極陰，反下七，初爻稱七日。

3.冬至卦氣起中孚……故入冬至凡七日而復之，氣應也。

4.自子至午不過七，七日來復，天行也。欲陽速變月言日。

5.陰生於午，至復陽生於子，七月曰七日，剛長、勉辭。

6.自姤至復七，天地之心也。

7.占七日來復之期也；天運定期也；筮七日可返。

8.七日者七月也，歷七爻時七月。

9.一爻當一日，七日而來復；剝上九歷七爻；自坤來；陽消至陽息七變。

10.自冬至後七日乾精始復。

11.數十，過半稱七日。仲氏天下度七日爲限；七日一週期。鄭衍通周易探源謂：漢儒虛構卦氣値日，以一爻當一日。又用十二消息卦說，謂復由坤來……處處矛盾，荒謬之極！自謂「七日來復乃下弦月經七日來與日重會，義固極簡者。」並說明復指月，非關節氣，言月自下弦至於合朔也。京房卦氣値日，以初九爲冬至後七日，乃無稽之虛構，極誤！

自子至午，或自午至子，數爲七，合七日之數，然若自午至子乃陽消陰長，自子至午陰消陽長。自子陽復生言，由陰全盛則往回數七，午乃乾陽全盛期，若自午陰生言則由陽全盛而姤遯否觀剝而坤至陰全盛，再由子地雷復，臨泰……至午又是乾陽全盛，所謂七日者由午至子也，自姤至復也，由陽全盛到滅，再生一點陽息之希望也，其所謂天運，天心者。朱熹知由全盛而全衰至微復之不足喜，亦未必如「機械式」配合，第言占七日來復之期。既不以卦氣圖爲數七日之依據，亦不以爻剝至復七爻數七天，其實由剝至復歷八爻而非七爻，剝上九一爻，坤六爻，至復一陽生共八爻，如之何一爻表一日，共七日耶？再以午至子一陽生，歷七月而非七日，說者以剛長、勉辭，誠如鄭衍通言矛盾，虛構，即鄭之下弦月經七日來與日重會亦復如是，一定要有七日之數依據，人言人殊也，丁壽昌言七日有三說，上列十數家言，姑以朱子、高亨、李鏡池言筮遇此卦，七日可返也，毋須追七日之來龍去脈造衆說紛芸之象也。

復所以亨，彖謂剛反，動而順行。鄭玄謂君失國而還，道德更興。孔穎達謂陽氣反復而得亨通。程頤謂既復則亨。張浚云剛德內復，順理而行，其道不橈故亨。朱震稱得位上行所以亨歟！楊誠齋謂喜剛反之辭。楊簡謂君子復則治康，是謂亨。王夫之尤寄於理想：一陽初生，陰樂受化故亨！馬通伯謂陽氣復反故云復亨。李郁亨象與衆家有所不同，李云：乾四來初，陰陽交故亨。高亨言亨即享字。傅隸樸云陽復萬物蘇故復亨。徐志銳直言復爲陽得勢故言亨。

復亨說無異辭，大抵皆言寒去暖來，雖李郁言其象謂乾四來初而非剝盡坤來而復一陽生，高亨之古亨即享字，無害釋復之所以亨，乃君子之再入主系統，道德之重獲重視也。

所謂出入无疾，朋來无咎者：

王弼謂入反，出剛長故无疾，朋謂陽，衆陽來无咎也。程頤謂：入復生於內，長進於外出，生長无害，朋類漸盛，協力勝之也。

蘇軾：自坤而復謂之入，自復而乾謂之出。疾，病也。

張浚：剛德內復，出入无疾，陰莫之寇。

朱震：朋、陽類，順不違時，動不累物，朋來所以无咎。

項安世：剛反動順，是以无疾而後可朋來无咎。

李衡引孫：復一陽尚隱，聖人慶欲陽伸之亟。引房：喜陽復，勉辭。朋來者欲陽漸進，誘之之意。

楊誠齋：臨而泰自然无疾。无咎。俟之之辭。

趙彥肅：剝而復自明誠也。朋來，六龍爲朋。

楊簡：君子動必以順，出入无疾害，朋類咸來必无咎。

梁寅：陰不能絕陽，是陽復出无疾。陽進朋來何咎哉！

來知德：出、剛長；入、剛反。疾、遽迫。五陽漸長、出來遽迫，十一月陽反、入未常遽迫。陰朋象、陽長无咎病。

王夫之：陰資陽成化、入无疾、朋謂五陰來就固无咎也。

折中：陽進、无疾无咎。又重朋來，有爲天下必與其類同心。

毛奇齡：一出一入，復則無病。坤朋尚來，復則無咎。

李塨：陽自出而入无疾、坤朋尚來順行之則无咎。

丁宴：京作萠，崩譌。自上下者爲崩，鶡冠子作傰。

張惠言：十二消息不見坎象故无疾，兌朋在內稱來，五陰從初、息成兌，胡朋來无咎。

姚配中：朋謂陽，陽息故朋來无咎。

吳汝綸：周而反始故出入无疾，衆陽漸進，朋來无咎。

星野恒：無疾、無所害也。朋謂陽，善類來能得无咎。
李郁：陽出陰入，自然无疾，朋謂龜，指乾九五，五來二成臨故朋來无咎。
胡樸安：疾，嫉之忍惡也，出入无所惡。朋、衆也，衆來无咎。
高亨：箜出入皆無疾病，朋友來可无咎。
李鏡池：朋來即賺了錢，旅行出門不生病，賺了錢沒發生事故。
徐世大：進出不要有毛病，朋友來不抱怨。
張立文：堋來言獲朋貝，即賺了錢沒災患。
傅隸樸：出指陽上行入了它本位，萬事亨通故无疾，朋鳳群飛，群陽跟進始可免禍。
徐志銳：一陽在下震動群陰順，同類稱朋，陽長陰順故无咎。
出入之所以无疾，所謂出？
出：剛長，自復而乾謂出，自復、臨、泰，剛長，陽上行。箜出入也，進出也。
入：入復生於內，自坤而復謂入，入、剛反，陽自出而入，陰入。
出指陽再息來，入亦指陽返初也。惟李郁謂陰入。而乾九五入二成臨言，李郁之言入似無理。
无疾、无害、无病、莫之寇，无疾害、遽迫、十二消息不見坎故无疾，無所害，嫉借字，惡也。生病。

言陽重返而息，出自上入初無害也。

朋來，或作崩，堋，萠，傰，自上下者為崩，朋類陽也，來知德等以陰朋象，坤朋尚來，兌朋在內稱來，朋謂龜，指乾九五。朋，衆也，朋貝賺了錢，朋鳳群飛。一朋字耳而有：陽朋，陰朋，兌朋，龜，衆，朋貝，朋鳳，字或作崩，自上下者。或作堋、傰、萠、而以字書无萠字，乃崩譌。上十數說，吾從衆，以陽朋為是，朋鳳鳥也亦是，蓋鳳兮鳳兮，鳳鳥亦雄也，公也，陽也。至若謂陰來者，陰牽連於前，果然朋象，然皆二一為剛所代，非為來也，乃去耳。若謂朋貝來即无咎，衙門八字開，你有錢無理也可橫行，豈欺天下無包黑子，以錢通神明，非聖教也。而復初九，久經壓抑，捎來希望，六二聞復，喜上眉梢，喜君子再當家也。六三連類比並而復，難免危厲，然大勢所趨也。六四專一其復，祿在其中矣！亦順時勢也。六五能隨潮流而殿復，行在臀，應雖遲，無悔吝也。上六則惑于復而至行師大敗，凶及其君，至十年不能恢復其元氣，是迷于舊勢力者戒也。朱子故以「其占如此」告誡，君子之見機行事，順時順天，順仁義禮智大道也。順則利往，逆則招禍也。

初九、不遠復，无祇悔，元吉。

象曰：不遠之復，以脩身也。

京房：祇，安也。（晁氏）

馬融：祇，辭也。（集韻上聲五）

鄭玄：祇，病也。（釋文）

王肅：无禔悔。（禔，時支反。釋文）

九家易作无敍悔。（敍音支。釋文，趙汝楳輯問）

陸績：初九不遠復，无禔悔。（釋文）反至初九，陽來陰復遠違也。禔，安也。

王弼：初始復者也。復不速遂至迷凶，不遠而復，幾悔而反，以此修身，患難遠矣！錯之於事，其殆庶幾乎，故元吉。

孔疏：始復者也，陽復即能從而復之，是迷不遠即能復也。祇大，既能速復，是无大悔，所以大吉。

張載：祗猶承也，受也。一云祇悔作神祇之祇，示也，効也，見也。言悔可使亡，不可使成而形也。

程頤：處復初，復之最先者也，是不遠而復也。失不遠而復，不至悔，大善而吉。祇，抵也。玉篇適也。无祇悔，不至於悔也。陸德明音支。有不善，知遽改不至悔也。

蘇軾：去其所居復歸，亡其所有復得謂之復。初九未嘗見其有過，然而始有復矣。孔子曰顏氏之子有不善未嘗不知，知未嘗復行也。

張浚：復自身始。謂何一念之非隨知所復（覺也），其天地生物之德。脩一身義足配天地生物之化，何祗於悔！君子脩身，仁及天下爲元吉。

張根：顏子所以爲好學爲修身。

朱震：外爲遠，九自外來，內不遠也。位正故不遠復以修身也。祗，易傳抵也。不正抵于悔，正則无抵悔，則元吉，吉之善也。夫子贊顏子不善知之未嘗復行，庶幾乎！

項安世：陽初復非勝人，以脩身也，初二同心比，四與初應，三與初同體。復五爻初最在先故爲不遠。復則改，與悔不改不同。

李衡引陸：祇適也。以未知幾適足爲悔。復則无。引昭素：難止不起利害之心而能復，去道不遙。

楊誠齋：爻義反復於善。初動即復，不遠而復也。復心一生，動心自寂，君子以此修身，吉之大也，何悔之有！仲尼以顏子有不善未嘗不知，知之未嘗復行，大哉知乎！初九復未形之過也。由已復。

朱熹：復主也，祇，抵也。居事初，失未遠，能復於善，不抵於悔，大善而吉之道也。其象占如此。

趙彥肅：執柯伐柯，其則不遠，求在我也。仁能守之，故无祇悔，不再失也。

楊簡：意起爲過，不繼爲復。不繼者，不再起也，是謂不遠復。孔子獨與顏子。微過即覺，神明如初是謂不遠復。祇適也，微動即復，不發言行則不入悔。元始也，大也，元吉，吉孰大焉！

吳澄：不遠而湍復者。祇適也，抵也。猶云至也。不至於悔也。失不遠而復，不至於悔。有大善之德筮得之則吉。

梁寅：陽纔消於剝，至復一爻成，是陽失不遠即復也。人事言、君子纔有過便能知之，不遠復則不至悔而大吉矣！

來知德：失之不遠，祇適往至也。初九一陽，復主，失不遠，故能復于善，无至悔，大善而吉之道。人有過，徵色發聲而後悔。此則困心衡慮，此心失、此心知、此心改，此則不遠即復，不至乎悔者。

王夫之：不遠，速而近也。祇，語助。初陽見故曰不遠，推心，念初動而擴充之，條理順成，不至過而有悔。乾元剛健初幾，具衆理應萬事皆吉矣！

折中引俞琰：初居震動之始，方動即復，復最先故不到悔而元吉。

李光地：非後復，一陽爲卦主，失不遠而復者，悔且無之況吝凶乎，故其占元吉。

顧炎武：動初，喜怒哀樂未發，一陽生故曰復。其見天地之心乎？顏子有不善未嘗不知，知之未嘗復行，此愼獨之學也。其在凡人復初九，則夜氣，平旦之氣，好惡相近。苟知則擴充之，故曰復小而辨于物。

毛檢討：七日來復，不遠之復也。祗者多也。一陽生而元善之長具焉，故曰元吉。陽絕而復生故謂之復。方群陰剝陽，一何有悔。

李塨：七日來復是不遠之復。祗，但也。顏子不善未嘗不知，是悔也；知之未嘗復行，是不遠復也。以之修身，大吉之道也。

孫星衍：釋文祗音支，辭也。韓康伯祁支反。王肅作禔，時支反。九家作𣧑、音支。鄭玄祇，病也。陸績禔，安也。韓康伯祇，大也。陸希聲祗，適也。

丁晏：釋文九家本作𢻱，音支。案西京賦李善注引𢻱，多也，音支。古多祗通用。左傳襄二十九年，祗見疏也。正義祇作多，服虔本作祗。論語多見其不知量也。邢昺云多與祗同。

張惠言：乾爲遠，七日來復，滅乾復震故不遠復。鄭云祗病也。坎爲心病，爲悔，出入爲疾故无祗悔，乾元正故元吉也。

姚配中案：祇爲疧之假借。元已伏初，故不遠復，出入无疾故无病悔。乾元伏，初發而成乾故元吉。

吳汝綸：在初而復故云不遠，不遠所以無多悔也。祇，多也。

馬其昶：釋文祇音支，九家本作多，古多祇二字通用。引崔師訓曰念起即覺，念微動之始謂不遠。其昶案：誠意也。謂初九陽甫復，不可又變而失正也。

丁壽昌：釋文祇，辭也；韓云大也；鄭云病也；王肅作禔，陸云安也。九家本作敍，春秋見疏也。晉宋本作多。玉篇扺也。无祇悔，不至于悔也。說文禔安禍也，无禔悔，不安于悔也。

曹爲霖：思菴葉氏曰顏子不貳，漢高無我，皆不遠復者。初復之主，居事初其失不遠，有能復善，無至於悔之象。

星野恒：祇，抵也。不至悔也。知過速改者，則不至悔，此不遠復之所以元吉也。

李郁：自上反下故不遠復，得位无祗悔，貞下起元故元吉。

于省吾按：祇本應作祗，祗災古通。无祗悔應讀作无災悔言无災无悔也。祗既平應讀作災既平。舊讀爲辭，爲大，爲病，爲安，爲丘均有未符。

楊樹達：夫以匹夫顏氏之子，有過未嘗不知，知之未嘗復行，易曰不遠復，无祗悔、元吉。（蔡邕集）又馬融對曰易「不遠復」，論「不憚改」，朋友交接，且不宿過，況帝王承天理物，以天下爲公者乎！（漢紀十五武帝紀論）

胡樸安：不以道路遠而至來復之處也。祇，九家易作敍，多也，其遷志无多悔故大吉也。所以大吉者，舊盧已剝，決意遷徙，以善其身也。

高亨：不遠復者，行未遠而返也。祇訓大，借爲奃，說文奃大也。往不返去不歸，將失其故居，故易以復爲吉，不遠復雖悔不大，且爲大吉。

李鏡池：祇，大。走沒多遠就回來。无祇悔和元吉是兩個貞兆辭，即沒問題，大吉大利。

徐世大：不報復遠的，沒大反悔，大吉祥。假祇爲其爲大。

屈萬里：祇，王肅作禔，九家本作㩼。王引之謂九家本是也。廣雅㩼，多也。无祇悔者无多悔也。支歌二部相通。

嚴靈峯帛書：初九，不遠復，無（提）悔，无咎。

張立文：提假爲祇。提，祇，禔，㩼音近相通。祇，大也。譯：初九，出行不遠返回，雖有困厄，但沒大問題便吉祥。

金景芳：繫傳說顏氏之子其殆庶幾乎，有不善未嘗不知，知之未嘗復行也。程傳說復者陽來復也，反善之義。

傅隸樸：動始爲復卦主，不遠即速，祇義爲大，无大禍豈不是大吉？傳象不遠復，修身也，過則勿憚改。

徐志銳：剝上九剝成坤，一陽生於下爲復。初九剛失不遠就回復，象徵君子有過失，知過就改回到正道上來。

朱邦復：及時回頭，有錯即改，大吉。祗，抵。

林漢仕案：法苑珠林十頁載：三界衆生在六道中輪迴。佛教本生經、六度集經、佛說網經皆多敍述佛陀前生今世歷刼來輪迴業行。若果人之第八識田阿賴耶識，含染份與淨份不滅，不隨人肉體之壞而永遠寄住世間，人畜六道果眞靠業力生生不已！剝之時，司馬光之碩果不食，將墜地復生。來知德之，核復生，一陽復生，萬物賴以生。折中引果核、仁也，生生之根也，相傳之果也，此剝所以復也。不死如何生？剝碩果不食，乃爲生生，復初則爲顏氏之子喻，豈果子轉化爲人邪？易本身未曾高論死者生之理，淺述輒止，而生生之意現「不遠復」矣！未知生，焉知死。聖人存而不論。本爻初九，不遠復，也當淺述即止，綜理大家之所謂不遠復之義如後：

象謂不遠之復，以脩身也。

王弼云初始復，不遠復，幾悔而反，以此修身患難遠矣！

程頤謂：復之最先是不遠而復也。

蘇軾：去所居復歸，亡所有復得謂之復。

朱震：九外來，內不遠，位正故不遠復以修身也。

項安世：陽初復，非勝人，以修身也。初最在先故不遠。

楊誠齋：反復於善，初動即復，不遠而復也。

楊簡謂意不再起是不遠復，微過即覺，神明如初是不遠復。

吳澄：不遠而耑復者。是陽失不遠而復。

來知德：初九復主，失不遠。此心改，此則不遠復。

王夫之：不遠，速而近。初陽見故不遠。

折中：初居震動始，方動即復。

顧炎武：動初，一陽生故曰復。夜氣平旦之氣相近。

毛奇齡：七日來復，不遠之復也。

張惠言：滅乾復震故不遠復。

姚配中：元巳伏初故不遠復。自注太玄周次三出我、入我，吉凶之魁，測日出我入我，不可不懼也，義本此。

吳汝綸：在初而復故云不遠。

張浚一念之非，隨知所復（覺）也，馬其昶引崔師訓曰念起即覺，念微動之始謂不遠。

曹爲霖引：顏子不貳，漢高無我，皆不遠復者。初居事初，其失不遠。

李郁；自上反下故不遠復。

高亨：行未遠而返也。易以復爲吉。

李鏡池：走沒多遠就回來。

徐世大：不報復遠的。

金景芳引程傳：復者陽來復也。反善之義。

傅隸樸：動始爲復卦主，不遠即速。過則勿憚改。

徐志鏡：剝上九成坤，一陽生於下爲復，初九剛失不遠就回復。

朱邦復：及時回頭，有錯即改。

上近30說，不遠復，剝上九失去不遠即來初七，剝爲前生，復爲今世。朱震謂九外來，內不遠，吳澄之陽失不遠而復，李郁之自上反下故不遠是也。復爲剝之隔世人耶？易家對「不遠」之釋

王弼之初始復，不遠復，程頤謂復之最先是不遠復。

朱震之九外來，內不遠，位正故不遠復

項安世謂初在最下故不遠。

吳澄失不遠。王夫之初陽見故不遠。顧炎武謂一陽生故曰復。

毛奇齡：七日來復，不遠復

張惠言：滅乾復震故不遠復

以上就時位言，陽來復也。

張浚：一念之非復覺，崔師訓念起即覺，始謂不遠。

曹爲霖引：顏子不貳，漢高無我，皆不遠復

傅隸樸：過則勿憚改

朱邦復：及時回頭，有錯即改

以上就行爲言，有錯即改

徐世大之不報復遠的，

以復爲報復。

高亨，李鏡池皆以實際生活言，行走沒多遠就回來，無所謂錯對。

不遠復爲因，无祗悔爲獎勵，元吉爲果。故剝之極來復之初，易以重陽抑陰，故許之无祗悔，元吉。即覺而回頭，亦指剝上九之初言，而其去非從是，去陰就陽之意一也。徐世大乃異類，自有其一貫之胡說，姑妄聽之如何？

无祗悔，祗字，京房解安也，馬融解辭也，鄭玄解病也。王肅祗作禔，九家易作𢻱，前者安也，毛大可謂後者多也。孔疏祗，大也，張載承也，受也。一作神祇之祇，示也，効也見也。程頤抵也。不至於也。李衡適也。來知德適往至也。王夫之語助。李塨但也。丁晏謂多祗古通用。姚配中疷之假借。丁壽昌引說文禔，福也。于省吾祇本應作衹，災古通。高亨借爲衼，大也。帛書作提，張立文提，祇、禔，𢻱音近相通。

是祇，有作衹，禔，𢻱，提

安；辭也，語助。

多也。

大也。

承也，受也。

神祗之祗，示也。効也，見也。

抵也，不至於……

適也，適往至

但也

疷之借，

禔，福也。

多祇古通用

災古通，

借奃，大也。

是无祗悔，无悔也，无大悔也，无見悔也，不至於悔也，无多悔也。說文祗祇音義異，今本易書多作祗。說文「祗」：敬也。「祇」：地祇提出萬物者，注引易无祇悔。經籍「祗」，敬也，適也，是也，病也，辭也，易復无祗悔。而「祇」，神祇，安也，大也，无祇悔，又漢郎顗傳注大也。則知二字之釋已混淆。

不遠復，无祗悔，元吉。易繫辭云子曰顏氏之子其殆庶幾乎？有不善未嘗不知，知之未嘗行也。

易曰不遠復，无祇悔，元吉。而趙彥肅之伐柯，則不遠，求在我。楊簡意不繼起，微過即覺為不遠復。與顧炎武之喜怒哀樂未發，其見天地之心。毛奇齡曰君子小人互為進退，無非天心。是謂有所法，有所守而持中，順天地造化以應不遠復，庶幾无祇悔乎？蓋或泥於執柯伐柯「其則不遠」，「不遠」之字樣也乎？

死生本相去一線間，是剝上九之死，復初九之生一線間不遠耶？按佛本生經敘生死生死，其識不滅，則死亦不足悔，生亦不足喜，為鼓勵生生之意，往者已矣，來者可追，是无祇悔指剝上九。元吉，復初九也乎？

將聖教與佛合流，固非文王三聖之意也，亦非徐志銳之「初九剛失不遠就回復」，蓋已七日矣，來復則一週也，言初行為有失似不當，而所失在以往也，剝上九也，自上反下也，李郁之言是也，「自上反下故不遠復」。而泛取「及時回頭」无大悔，如顏氏之子殆庶幾乎！至若元吉也者潛龍也，經剝之一而再，再而三之凶，凶，凶，剝廬而後轉入常道，幸其噩運終止而泰乾在望也，久經抑鬱，終於綻放晴空，揹來希望也。元吉乃普遍性，就大環境言，无祇悔乃就本爻初九言。

六二、休復，吉。

象曰：休復之吉，以下仁也。

王肅傳象：下附于仁。（釋文）

王弼：得位處中，最親比初，上无陽爻以疑其親，陽爲仁行，在初之上而附順之，下仁之謂也。既處中位親仁善鄰，復之休也。

孔正義：得位處中，最親比於初，陽爲仁行，已在其上附而順之，是降下於仁，是休美之復，故云休復吉也。

張載：下比於陽，故樂行其善。

程頤：二陰處中正，切比初，志從陽，能下仁也。復之休美者也。復於禮，復禮爲仁，二比下之所以美而吉也。

蘇軾：休，初九也。陰居陰，不爭之至，退而休之，使復者得信謂之休復。

張浚：二柔中屈己下初，一陽動下爲仁，善日長，僞日消，援賢進，無蔽賢之心，天下被其仁，休復之功也。

張根：親人以爲復，吉孰大焉。

朱震：休息也。見初九不遠復，其心休焉，六二正中，動則失正，因是休矣，休則吉，以下仁也。

項安世：六二中正與君同體，喜陽來同心相好，休喜也，見初能復與比，喜慕之偕復，此其所以吉也。

李衡引介：陽主，以進爲復，陰以退爲復，二三四是也。六二乘初，有下初之意。

楊萬里：六二復已形之過也。人復。過後求休息，微曾子，子夏不聞喪明之罪，微子游，曾子不察襲裘之過。

朱熹：柔順中正，近初九而能下之，復之休美，吉之道也。

趙彥肅：初九先覺，六二資之，易爲功也。

楊簡：休者美辭。六二親賢樂善，虛心以下，衆人以爲卑，聖賢灼知其休美，破俗情之蔽，彰六二之美。

吳澄：依木芘蔭以息，休有美義。六二中正，與初比近爲朋。變剛同初復故曰休復。六二比初依之，六二之吉也。

梁寅：一陽爲卦主，衆陰以初遠近嚮背爲得失。二柔順中正，去初近，乃復之休美者，故吉，其心休休焉，好善之人也。

來知德：休而有容，人之有善，若己有之者也。二柔中正，近九能下之，故有休復之象。吉之道也。

王船山：人依樹蔭以息曰休。柔得中，近陽樂依復，所謂友其士之仁者，與吉人居則吉矣。

折中引朱子語類學莫便於近乎仁，得仁而親，資其善而自益，則力不勞而學美矣，故曰休復吉。

李光地：主陽復，二有中正之德，近初，好德親仁，日反於善，休休然有餘裕，故辭曰休復而占則吉也。

毛檢討：少息則如所復矣！一既復，二自隨之進，未可遽也，有待也。

李塨：不遠之復即克己復禮也。六二比于初而托芘之，下附于仁而休乎，復豈不吉哉！

孫星衍傳象引（集解）王肅曰下附於仁。（釋文）

張惠言：休、寬仁意。震爲寬仁，二得正不變，下體初震故休復而吉。

姚配中案：休止也。陽發至二則陰伏故休，陰休而陽復故吉。

吳汝綸：他卦皆上行，獨復以還反爲義。還反則二下初，故象曰下仁，仁者陽也。

馬通伯引語類：學莫便於近仁，資其善自益。引屈大均曰：果以雷坼則見仁。其昶案：六二虛中有容以涵養微陽，居初上，心則下之，是以吉。

丁壽昌：蘇蒿坪日變兌爲說，互坤爲安，皆有休義。

曹爲霖：休復者安於復者也。明英宗土木之變，于謙能專其功，故英宗可復。

星野恒：休美也。柔順中正，比初九、陽剛賢而下之，復之休美者也。蓋友直諒多聞，能親賢而順之豈不美乎！

李郁：休、倚也。六二中正倚于陽，與仁爲鄰故吉。

楊樹達：明帝與彭城王璽書云今召有司宥王，削縣二千戶，以彰八柄與奪之法。昔羲文作易，著休復之語，仲尼論行，既過能改。王其改行，茂昭斯義，率意無怠。（魏志）

胡樸安：休、止息也。遷於來復處，止息而言也。六二休復，未有堅決遷徙之志，隨初九之不遠復而遷徙也。

高亨：爾雅休慶，廣雅休喜。休復者欣悅而返也。既已善矣，且爲此行有利之象。

李鏡池：美滿地回來，吉利。　休：美善也。

徐世大：能息止報復，化敵爲友，豈不大吉？　譯爲寬容報復，好。

嚴靈峯帛書：六二，休復，（　）。

張立文：休，美也。善也，喜也。言六二美滿，善始善終，欣喜而返則吉祥。

金景芳引程傳：二比初志陽能下仁也，休美復禮爲仁所以美吉也。

傅隸樸：休美，六二居中得位比初，陽爲仁行，比初親仁，里仁爲美，故休復吉。

徐志銳：休應爲退休之休，即退下休息。陰退而陽復，所以吉。蘇軾：退而休之，使復者得信，因此謂之休復。仁指初九。扶陽滅陰是十二消息卦的通例。

朱邦復：休，不急躁狀。按部就班，吉。

林漢仕案：「休」說文從人依木。人依木休息也，故休有止息意。休復，生息之復，消息之復，經書「休」：美也，善也，喜也，慶也，戾也，假也，儉也，福祿也，暇也，嘉也，解也，養也。前賢從中玩味休復，各據規則力爭。然以由剝而復，天理循環言，初九之復，乃普天同慶，人人喜上眉梢，是謂元吉，而初九本身，一切草創之始，物資人手皆缺，能免乎悔已是得來不易也。六二處復雷聲之中，喜慶初之元吉不遠之復，復之時義，必源源不止息驅陰從陽，驅惡向善也，蓋大環境之在變，在主導復義。先賢於是乎盡情馳騖於休復之騁，茲陳其說於后：

得位處中，最親比初，是降下比親仁，是休美之復。—王弼．孔穎達。

二陰處中，志從陽，能下仁，復之休美者也。—程頤

休，初九也，陰不爭，使復者得信謂之休復。—蘇東坡

二柔中屈己下初，善日長，援賢進，天下被仁。—張浚

休、息也，見初九復，其心休焉，動則失正。—朱震

休—善也，見初能復與比，喜慕偕復。—項安世

陽以進爲復，陰以退爲復，二乘初有下初之意。—李衡引

六二復已形之過，人復，過後求休息。—楊萬里

柔中能下初九，復之休美。—朱熹

休，美辭，二親賢，人以爲卑，聖賢灼知其休美。—楊簡

休息休美，與初比，變剛同初復故曰休復。—吳澄

一陽卦主，二去初近乃復之美者。其心休休然。—梁寅

休而有容，二柔中正下初，有休復之象。—來知德

人依樹蔭以息曰休，近陽樂依，友其士之仁者。—王船山

學莫近乎仁，資其善而自益，故曰休復吉—折中引語類

陽復、二近初休休然有餘裕故辭曰休復。—李光地

少息則如所復，二自然隨之進。未可遽，有待也。—毛奇齡

二比初而托芘之，下附于仁而休乎，復豈不吉哉！—李塨

休，寬仁意，二得正不變，體初震故休復而吉—張惠言

休，止也。陽發至二則陰伏故休。—姚配中

他卦上行，獨復還反爲義，還反則二下初。吳汝綸

果以雷坼則見仁。—屈大均

變兌爲說，互坤爲安，皆有休義。—丁壽昌

休、倚也。二中正倚陽，與仁爲鄰故吉—李郁

昔羲文作易，著休復之語，仲尼論行，既過能改。—楊樹達引

休，止息，遷於來復處止息而吉也。—胡樸安

休，慶；休，善。休復者欣悅而返。—高亨

休，美善也。美滿地回來。—李鏡池

能止息報復，化敵爲友，豈不大吉？—徐世大

休、美也，善也，喜也。言六二美滿欣喜而返。—張立文

休美復禮爲仁。二比初志陽下仁也。—金景芳引程傳

休美也，居中得位比初親仁，里仁爲美，故休復吉。—傅隸樸

休應爲退休之休，即退下休息，陰退陽復。—徐志銳

休，不急躁狀，按部就班。—朱邦復

上34說中釋休字義者計有：

休美；休息；休、善；休、美辭；其心休休然；休而有容；人依樹以息；下附于仁而休；寬仁意；止也，還反也；變兌爲說，互坤爲安皆有休義；休倚也，止息；休、慶；休、善；休、喜；退休；不急躁、按部就班。而休復、吉連言、則謂：

下仁也；陽爲仁，處中親仁，復之休也；下仁、復之休美者，復禮爲仁所以美吉也；休、初九、二陰居陰退而休之、不爭、使復得信謂之休復；見初九復、其心休焉則吉；見初復、與比，喜偕復所以吉；聖賢破俗情之蔽、彰六二之美；六二變剛同初復、比初、六二之吉也；近仁，得仁爲親，資其善自益故休復吉；少息則如所復矣；二得正不變，下休初震故休復吉；陽發陰伏而陽復故吉；休復安於復者；中正倚陽與仁爲鄰故吉；欣悅而返也；美滿地回來，吉利；寬容報復、好；比初親仁、里仁爲美故休復吉；陰退下休息，扶陽滅陰；

馬通伯引屈大均「果以雷坼見仁」，似下卦雷擊剝卦上六，碎裂其核得果核之仁。只是果仁與王弼之親仁，程頤之復禮爲仁有何關連？而又有寬仁，里仁耶？有言變剛同初復，變剛則成地澤臨矣！初復，二三四上亦復，而二三四五上之復，就處復境之狀態言爻之情節也，故是休復，即言六二處復境狀態及其情節也，故是休復，即生生之復、休、息也，息者生生也，如乾卦九二之見龍在田，坤卦六二之直方大。見其生生之力與生生之趣，蘇軾謂休，初九也。即以爻辭論爻，似不當稱休，初九、蓋初九不遠復，而非休復。休復之吉，下仁也，象一點明，而陽大、陽爲仁，親仁，復禮爲仁，里仁即派上用場，而扶陽滅陰舉十二消息卦為通例，姤、遯、否、觀、剝、坤、復、臨、泰、大壯、夬、乾。徐志鋭陰退陽復，天理循環，似非人力可爭，似非努力可改，小人君子，各居半相勝，六二經剝，坤，而復，再進而本爻休復，就人力可爭部份盡人事以俟天命，休復也者，生生之復，喜復，慶復。而親陽，比初，處中，能下仁，乃六二之地位與條件也。故繼王化復行，小人避退，普天同慶，人人喜上眉梢之復元吉後，暫時休養生息，喘口氣再續打拼，是六二休復，吉也。

六三、頻復、厲，无咎。

象曰：頻復之厲，義无咎也。

馬融：憂頻也。（釋文）

鄭玄作顰復。

王弼：頻，頻蹙之貌，處下體之終，雖愈於上六之迷，已失復遠矣，是以蹙也。蹙而求復，未至於迷，故雖危无咎。

孔正義：六三處下體之上，去復稍遠，雖勝於上六迷復，猶頻蹙而復。復道宜速，謂蹙而求復也。去復猶遠，雖有危厲，於義无咎。

司馬光：過而能復。不慎始，頻過而復，亦已危矣！雖然，猶愈于迷而不復也。故曰无咎。

張載：所處非位，非頻蹙自危不能无咎。

程頤：三陰躁處動極。復貴安固，頻復頻失，不安於復，聖人開遷善之道，與其復而危其屢失故云厲无咎。

蘇軾：陰居陽，力不得抗而中不願，故頻於初九之復。外順內不平者，危則无咎。頻、蹙也。

張浚：動極爲頻，頻，危道也。動極而復，非誠莫反，厲而勉之，可以補過，可以事上故无咎。水厓曰頻。

張根：比於初故。

朱震：頻，水厓也。先儒作嚬蹙，亦通。頻者危道。自厓而反，頻復也。雖晚、愈於迷不復者，故義无咎。六三困而學之者。退而學禮之爻乎！

項安世：三近二畏而復者，不中不正之人不足以語復，然與初同體，首爲所蹙，勢危不容不復，合補過之義故得无咎。

李衡引虞：三失位故頻動而之正故无咎。引陸：過中失正，以遠初復，失位爲厲，復則无咎。引牧：懼而能悛其惡者。

楊萬里：六三三過，是屢過屢復，故爲頻復。厲，危，危而无咎者，復於義則无咎。故厲儆之，无咎勸之。蘧伯玉歲省，曾子日省，學者時省，其庶乎！

朱熹：陰居陽，不中不正，動極，復不固，屢失屢復象。屢失故危，復則无咎。

楊簡：六陰三陽，動善惡雜，有頻復象。不復入乎惡，復則無過故無咎。

吳澄：頻，水厓也。三變剛，二三四成坎，三下卦之終，如岸之盡處，瀕乎水也。不可進而後復，不能進故厲，能復故亦无咎。

梁寅：與初非比非應，又不中正，處動極，有數失。三頻復所以危也。乃頻過之危，復則无咎，戒其過勉其復也。

來知德：頻數也。頻失頻復也。三陰居陽，不中正，動極不固，失而知其復，較迷復者遠矣！頻失時不免危厲，復則无咎也。

王船山：頻瀕通，近而未即親。去初較遠，震體，臨外卦，必嚴厲自持，不與上六應而後无咎。柔居剛有可厲之象。

折中引郭忠孝：唯君子能久於其道，其餘日月至焉而已！引趙汝楳曰：震動之極故曰頻，厲，危，即人心惟危之危！

李光地：三與初稍遠而相背，不中正，其失頻矣，然居內與初同體，故有頻復象，頻失則危，復故无咎。

毛奇齡：頻者連也。陽漸長，他日連類而進，此時未能也。三陽果進，正行陽令，震動恪恭之際，轉爲厲義何咎焉！

李塨：仲氏易頻，連也。三與初復相連，同爲一體，他日連類而進，此時未能則三位多凶。而震不能无愓厲之事，值正行陽令，震動恪恭之際，其厲義何咎焉。

孫星衍：（釋文）頻本又作嚬，嚬眉也。鄭作顰，音同。（集解）馬融曰頻，憂頻也。（釋文）

丁晏：釋文頻，鄭作顰，馬云憂頻也。虞翻曰頻蹙也。王弼曰頻蹙之貌。巽九三頻巽吝，王弼曰頻，頻蹙不樂。孔疏頻蹙，憂戚之容。程子以爲頻數之頻。朱子依程傳。

張惠言引注：頻、蹙也、三失位故頻復厲、動之正故无咎。

姚配中案：頻謂陰三，陽位。陽復至三，陰不能伏故頻蹙而退，體乾三故厲，陽至三得正故无咎。

吳汝綸：頻休對文，休爲喜，故馬虞皆以憂嚬爲訓。蓋古義也。

馬通伯案：三以震動善變而復，厲无咎與乾同辭，以乾乾之道處復，自无頻失之悔！二三同復，所謂朋來无咎者也。

丁壽昌：頻本作嚬，眉也。鄭作顰，古頻顰通用。惠半農曰頻顣之頻，悔過之深故无咎。頻訓數，經傳所無。案三本震體，動互坎，坎爲水，震足涉水故頻蹙而復也。

曹爲霖：頻復者勉而復者也，困心橫慮故曰厲。三失位故厲，動不失正故无咎。宣王承烈，遇災而懼，天下喜王化復行，皆頻復之厲也。

星野恒：柔不中，又處動極，復不堅固，屢失屢復、雖厲无咎。人失知復何咎！

李郁：三內外之際故頻，不當位欲自正故厲，然復以陽長爲義，不以當位爲重故可无咎也。

胡樸安：頻復不定。頻，數也，頻復，數復也。反復其道而頻復，其事甚危，无咎者卒遷也。宜其无咎也。義宜也。

高亨：蹙眉而返，蓋迫於危險，知難而返，仍可無咎。

李鏡池：頻借爲顰，皺眉頭。顰眉蹙額回來，一定碰上不如意的事，危險，但終脫險而回。

徐世大：急促報復，使受者難堪，利害。遇事不能從容，莫怪！

屈萬里：頻鄭作顰。馬融曰憂頻也。惠氏易說頻訓爲數……焉足信乎！傳象義者理也道也，言其道固无咎也。

嚴靈峯帛書：六三，（編）復，厲，无咎。

張立文：編假爲頻，編頻賓相通，頻鄭作顰。譯：臨水皺眉顰蹙回來，雖危險，但沒有災患。

金景芳：三以陰處陽位，不中不正。引程傳說不可頻失而戒其復。頻失則爲危。

傅隸樸：顰蹙爲憂慮焦急貌，爲自己失行悔之已晚之嫌，六三改過固嫌遲，蘧伯玉欲寡其過而未能，終不失爲君子，故曰厲无咎。六三失位又處動末，是行失動遲象。

徐志銳：六三與初九无應无比，介于群陰中間動搖不定，六三反反復復是危厲的！於時位形勢又可理解，故无咎。

朱邦復：一而再地發生，雖危厲然尚無咎。

林漢仕案：帛書頻復爲編復，編義：聊也，連也，次也，結也，織也。依帛書編復，厲，无咎言，即編次連結而復，六三動末，陽位，陰居則有男權之志，欣聞復義即欲連類向復，比二而復，上六乃剝坤之死硬派，見所應之位三蠢蠢欲動，心向復道，以變天爲忻，必聯類予三迎頭痛擊，惡其之叛逆離群也，斯非危厲乎哉！苟敢起而順時逆其黨類操作，復之來必一刀解而全復道也，又豈止於无咎而已乎！

今字頻復，頻字義，經書：數也，急也，並也，近也，比也，厓也，頞也，蹙也，嚬也。說文通訓定聲又：濱，瀕，邊，亂也。

則所謂「頻復」，並復比復，蹙復，與帛書「編復」有交集，並復、比復，與陰群發生衝突，危厲，或將厲釋作起，非起而體認大局，萬死不辭依理念奮鬥，不足解困也，故謂无咎者，能依大局理念起而奮鬥也。故編復、頻復也者，皆與舊勢力爲敵也。

今依易傳大家之條析頻復之所以厲及无咎之理一一說明如後：

頻復：憂頻。（馬融）鄭玄因作顰

頻蹙求復。（王、孔）

頻過而能復。（司馬光）

頻復屢失，不安於復。（程頤）

頻蹙初九之復，力抗不願。（蘇軾）

動極爲頻，危道，水厓曰頻。（張浚）

自厓而反，頻復。困而學之者。（朱震）

近二畏而復者，不中正不足語復。（項安世）

失位，遠初，懼能悛惡者。（李衡引）

屢過屢復，故爲頻復。（楊萬里）

不中正，動極，屢失屢復。（朱熹・梁寅・來知德）

六陰三陽，動善惡雜，有頻復象。（楊簡）

三變成坎，瀕水厓不可進而後復。（吳澄）

震動之極故頻。（折中引）李光地則謂其失頻矣！

頻者連類而進，此時未能也。（毛大可・李塨）

震動善變而復，二三同復。（馬通伯）

頻復，勉而復者。（曹爲霖）

三內外之際故故頻。（李郁）

頻復不定，反復其道而頻復。（胡樸安）

蹙眉而返，知難而返。（高亨）

顰眉蹙額回來。（李鏡池）

急促報復。（徐世大）

皺眉顰蹙回來。（張立文）

憂慮焦急，爲失行悔已晚（傅隸樸）

介群陰間反反復復動搖不定。（徐志銳）

一而再地發生。（朱邦復）

是頻復有：憂蹙，頻過，屢失而復；中心不願之復；動極，自厓而返，善惡雜，善變之復；畏二勉復，反復不定之復；知難蹙眉之復，急促報復，憂慮失行之復；內外之際故日頻之復。「復」原意爲從小人回復到君子之道，自陰回復到陽，而晚近易家，將復釋爲「回來」，「報復」，「反復」，能無違離復義？三動成水說，地火豐矣，有水象則無復六三爻辭之義。張根謂頻復比初故，梁寅則曰與初非比非應。來知德之頻，數也，頻失頻復，丁壽昌則曰，頻訓數，經傳所無。按經傳字書頻訓數者不一見。頻復之義，毛奇齡之連類而進，馬通伯之二三同復，則與帛書編復，編，聯，連也；頻復，頻，比，並也一貫而連類欲復之義顯矣！之所以厲，易家亦有其辭：

王弼孔正義之去復稍遠，雖勝迷復，雖危无咎。

司馬光之頻過而復，亦已危矣，愈于迷故无咎。

張載：所處非位，不能无咎。

程頤：與其復而危其屢失，故云厲无咎。

蘇軾之危則无咎。

張浚：頻危道，厲勉之，可以事上故无咎。

朱震：頻復雖晚，愈於迷不復者，故義无咎。

項安世：勢危不容不復，合補過之義故得无咎。
李衡引：三失位頻動之正故无咎。
楊萬里：厲危儆之，復於義无咎勸之。
楊簡：不復入于惡，復則無過故无咎。
吳澄：水厓不能進故厲，能復故亦无咎。
梁寅：戒其過，勉其復也。
來知德：頻失時不免危厲，復則无咎。
王船山：必嚴厲自持，不與上六應而後无咎。柔居剛，有可厲之象。
毛奇齡：他日三陽果進，轉爲厲義何咎焉！李塨謂三位多凶，震不能无惕厲之事，值行陽令，其厲義何咎焉！
張惠言：動之正故无咎。
姚配中：體乾三故厲，陽至三得正故无咎。
馬通伯：以乾乾之道處復，二三同復，朋來无咎者也。
丁壽昌：悔過之深故无咎。
曹爲霖：三失位故厲，動不失正故无咎。
李郁：不當位，欲自正故厲，不以當位爲重故可无咎也。

胡樸安：无咎者，卒遷也，宜其无咎也。
高亨：知難而返，仍可無咎。
李鏡池：危險，但終脫險而回。
徐世大：報復……利害，不能從容，莫怪。
屈萬里：言其道固无咎也。
張立文：臨水皺眉顰蹙回來，雖危險，但沒有災患。
傅隸樸：三改過嫌遲，蘧伯玉欲寡過未能，終不失爲君子，故曰厲，无咎。
徐志銳：六三反反復復是危厲，可理解故无咎。
朱邦復：一而再地發生，雖危厲然尙無咎。
從上衆多說辭中，六三面貌宛然可見：
1.去復遠，處非位，危其屢失，猶愈于上六迷不復者。
2.頻危道厲勉之，事上故无咎。
3.柔居剛厲，不與上六應，嚴厲自持後无咎。
4.失位，動之正，故无咎。
5.體乾三故厲，陽至三得正放无咎，朋來无咎也。
6.悔過之深故无咎。

7.不當位欲自正故厲。不以當位爲重故可无咎。

8.无咎者卒遷；知難而返，仍可无咎；雖危无災。

9.三改過嫌遲，蘧伯玉寡過未能，不失爲君子故厲无咎。

10.三反反復復是危厲，可理解，言其道固无咎也。

從上十種面貌中，有言事上无咎，有謂不應上无咎；有說三失位動之正无咎，有主張自正故厲。言三反復，改過，悔過之深，危其屢失者，蓋就其陽位陰居、體震、著力想想象也，六三之頻復，連類比並而復也，欲復于善，復于道，與舊勢力作殊死之爭鬥，起心動念，化作行動難免危厲，屈萬里之謂「言其道固无咎也」。其是之謂也乎？

六四、中行獨復。

象曰：中行獨復，以從道也。

鄭玄：爻處五陰之中，度中而行，四獨應初。（漢上易傳）

王弼：四上下各有二陰而處厥中，履得其位而應於初，獨得所復，順道而反，物莫之犯故曰中行獨復也。

孔正義：處上卦之下，上下各二陰，己獨應初，居衆陰之中故云中行，獨自應初故云獨復，從道而歸。

司馬光：中行者行于衆陰之中也。四行衆陰之中，獨能履正，思順下應陽，不陷溺于群邪，能自復于善者也。孔子曰磨不磷，涅不淄，此之謂也。

張載：柔危之世，以中道合，正應故不與群爻同。

程頤：衆陰中獨能復。處正應陽，志善。陰居陰，柔弱甚，雖有從陽之志，初微不足相援，无可濟之理，非无咎也。

蘇軾：獨與初應。

張浚：從道不從衆曰行獨復。四從初爲獨復，陰靜而中，惟道之從。大臣事業，其事業未大於天下，不言吉，吉在其中矣！

鄭汝諧：行群陰中獨能從初，吉可知。不言吉凶者，不待言也。

張根：中立不倚，惟道是與，應於初故。

朱震：六四行於五陰之中，獨反從初。獨復不言吉者，不以利害言也。虞翻曰四在外體何得稱中？復卦五陰自二至上則四爲中。康成謂爻處五陰之中。

項安世：群陰中用事者，獨與來復者正應而復，有變而從道之意，亦足贖罪矣，不言吉凶，明无吉與凶也。

李衡引石：四陰暗昧，不見幾微之理，初九陽明，見於復道。六四應之故曰以從道也。

楊萬里：四居上下四陰間而處其中，故爲中行，不從四陰，獨應初九一陽，故爲獨復。居中得正者道；應一陽君子亦道，故曰從道。

朱熹：群陰之中獨與初應，獨能從善之象。陽氣甚微，未足有爲，故不言吉。董子正其義不謀其利，剝六三及此爻見之。

楊簡：益三四爻居一卦之中皆曰中，故六四有中行象。中行，由道而行。孔子發憤忘食，顏子好學者此也。無爲而行是謂中行。無倚無畔是謂獨復。作聖功也。

吳澄：坤至最厚，敦，篤厚靜重，復不速意，柔得中故无悔。

梁寅：違衆陰而應初，小人變君子者。初勢微，不言凶咎者，其亦扶陽之意歟？

來知德：五陰而四居中，中行是也。又震足行象。獨復者，不從其類而從陽。四柔正下應故有中行獨復象。

王船山：處上下四陰之中，四陰欲奉爲主，柔得位，舍同類應初，卓然信道，非以謀利計功，不期乎吉者也。

折中引繆昌期：中即中以自考中字，獨即愼獨，中能中而行，獨知之中，憬然自覺，所謂復以自知也。復全在初爻，猶人初念，四在陰中有專向，故發此義。

李光地：衆陰惟四與初應，能中道而行，獨復於善者，不言吉凶，本義盡之。

毛奇齡：四居中謂中行。曰獨復者，吾敢言復哉，吾獨有一復者若在吾中行之間，彼以我應，我將爲從，道在故也。

李塨：五陰上下各二，四居其中謂之中行，獨此時四固非復，而曰獨復者，吾敢言復哉！吾獨有一復道者與我爲應，而我與之爲從也。

張惠言引注：中謂初，初一陽爻故稱獨。四得正應初，故曰中行。獨復以從道也。俗說四位在五陰中而獨應復非也。四在外體，又非內象，不在二五何得稱中行耳。

姚配中案：中行謂四降二，從二而伏，（二四互卦）陽獨上升故獨復。

吳汝綸：中行獨復者，中道獨反也。

馬通伯引繆昌期曰：復全在初爻，猶人初念，四在險中有所專向故發此意。其昶案：初省察克治之要，四應事接事之方。應初是從道，子思曰率性之謂道。

丁壽昌：本爻不言吉凶，本義謂理之當然。蘇蒿坪曰：二體言二五爲中，三四合六爻言爲中，文言中不占。案：益卦三四亦稱中行。

曹爲霖：獨復者勇於復者也，改過不吝。如衆人皆醉己獨醒，謂之獨復，四與初應故也。如互鄉童子求見，凡有志之徒，不安流俗，求聖賢而師事之者皆是。

星野恒：柔順獨與初應，獨能從道也。離其類而從賢，非有獨立之操者豈能然乎！

李郁：四與初獨應，初進二四亦進五，各行于中，仍能與陽相應，此獨六四能之，故曰中行獨復。

胡樸安：四將遷徙未遷時，立於道路之中行未定，卒決意遷徙，故曰獨復。從來復之道以行。

高亨：與人同往，至中道而己獨返，此亦吉利。筮遇此爻宜不與人同流也。

李鏡池：跟人結伴，中途自回，事情或好或壞，不說凶吉。中行：中途。

徐世大：中行獨個兒去報復。中行爲晉國貴族。四初正應故日中行獨復以從道。

屈萬里：中行即路中。

嚴靈峯帛書：六四，中行獨復。

張立文：中行即中道。六四與人結伴行，中途獨自回來。

金景芳：五個陰爻當中，六四陰居陰，得正，與初九正應，在群陰之中能獨復。

傅隸樸：六四居五陰之中故日中行。四與初應，復於仁善，故曰獨復。獨復無朋，過柔之質，安能獨復？不言吉凶者，不欲沮獨復者之志。

徐志銳：六四與初九應，相與相合，五陰中獨能行中和之道，无過與不及，中行獨復以從道。

朱邦復：五陰之中，獨與陽應。衆人皆睡我獨醒。

林漢仕案：中行一辭，卦中五見：

師卦六五　象：長子帥帥，以中行也，弟子輿尸，不當也。

秦卦九二包荒，用馮河，不遐遠，朋亡，得尙于中行。

象：包荒，得尙于中行，以光大也。

復卦六四中行獨復

象：中行獨復以從道也。

益卦六三益之用凶事，无咎，有孚中行，告公用圭。

六四中行告公從，利用爲依遷國。

夬卦九五莧陸夬夬，中行无咎。

象：中行无咎，中未光也。

中行字樣折開用，如中以行願也；行中之謂也；以中道也；中以行正也。乃泰臨既未濟之五或二象辭。而中行之解，有謂行中和，處中而行，行中道，中以行願，行中正之道，合中庸之道。中國之事，路中，半路上，在道中，晉國官名中行。亦以官爲氏，如中行氏。

荀子有小行，中行，大行說。如「入孝出弟，人之小行也；上順下篤，人之中行也；從道不從君，從義不從父，人之大行也。」荀子之中行爲中等之才，即中庸人材。

論語亦有「不得中行而與之，必也狂狷乎。」此乃合中庸之道上材也。

本爻「中行獨復。」象以從道也。似以荀子之所謂中等之才上順下篤，人之中行其釋較能切入。意謂六四上順下篤，專執以從復道，蓋見初之復，二之生生休復，三之聯類比並而頻復，故四獨復專也，亦專一從事復道，象謂「以從道也」，衆人欲復而吾從衆，正乃從道也。

然易家之解，雖多門，仍得攤置陽光下容嗜易之後學君子檢試：「中行獨復」。

象：以從道也。

鄭玄：爻處五陰之中，度中而行，獨應初。

王弼：處陰中應初，獨得所復。孔穎達謂居衆陰之中故云中行。獨自應初故云獨復。

司馬光：中行者行于衆陰之中，獨履正應陽，自復于善。
張載：以中道合，不與群爻同。
程頤：衆陰中獨能復，處正應陽，志善。
張浚：從道不從衆曰行獨復。四從初爲獨復。
張根：不立不倚，惟道是與，應初故。
李衡引：四陰暗昧，不見幾微之理，六四應初故從道也。
楊萬里：獨應初九一陽故獨復，居中得正者道故從道。
楊簡：三四爻居一卦中，故六四有中行象。中行由道而行。無爲而行是謂中行，無倚無畔是謂獨復，作聖功也。
折中引：中以自考，愼獨。中能中行，四有專向。
李塨：吾獨有一復道者與我爲應，而我與之爲從也。
張惠言：中謂初，初一陽爻故稱獨。四應故中行，獨從道。
姚配中：中行謂四降二，從二伏，陽獨上升故獨復。
吳汝綸：中道獨反也。
曹爲霖：獨復者勇於復者也。衆醉獨醒應初。
李郁：四與初獨應，初，四進，各行于中，二五仍應，獨四能之。

胡樸安：四立道路中，行未定，卒遷徙故日獨復。

高亨：往至中道，己獨返，筮不與人同流。

李鏡池：中行，中途。跟人結伴，中途自回。

徐世大：中行貴族獨個兒去報復。

屈萬里：中行即路中。

徐志銳：五陰之中獨能行中和之道，无過不及中行從道。

群英皆隨鄭玄舞，獨張惠言執疑四，在五陰中謂中行之非！然張謂初爻爲中，獨亦謂初九陽爻爲獨，中應初爲中行，亦有待商榷！豈如姚配中之四降二而伏，二五即謂中耶？鄭玄謂四在五陰中間爲中，如此亦得謂從容中道，似與賢者大家所立之二五爲中，三四爲大卦之中，另立一廁身任何所在皆謂中，且與二五中，三四大中同享「中」之最佳條件，可耶？不可耶？似不可也！

再言獨復，王弼稱「獨自應初故云獨復。」易家比應早有規則，一四、二五、三六爲應，蓋遊戲規則也，今爻稱中行獨復，其應與非應，按遊戲規則即可，何來獨？若如此可言獨復，則所有應者皆可言之獨應矣！易家又謂「四不與群爻同，衆陰中獨能復。」此說似有意撂掉各爻爻辭之不遠復，休復，頻復，敦復，迷復之「復」字樣，全民動員在復，如之何四陰暗昧，衆陰中獨能復？從斯亦可知「獨」字有另解，作專也。馬通伯謂四在陰中有所專向，上順下篤，專一而復，其四也。或謂獨，鹿也。鹿又假爲祿，則六四大臣位，見上下全民一片「復」之呼聲中，雖鹿鹿無所依爲保祿位而復，亦通。四大臣位，故以中行爲貴族亦可也。

至云中行爲道路中行走，中道獨返，路中即中行，似將寓意無邊之易學，平淡爲下里巴人常語也。

六五、敦復、无悔。

象曰：敦復无悔，中以自考也。

鄭玄傳象中以自考也：考，成也。（釋文）

向秀傳象中以自考也：考，察也。（釋文）

王弼：居厚履中。居厚則无怨，履中則可以自考。雖不足以及休復之吉，守厚以復，悔可免也。

孔疏：處坤之中，是敦厚於復。既能履中，又能自考成其行。既居敦厚，物无所怨，雖不及六二之休復，猶得免於悔吝，故云无悔也。

張載：性順位中，无它應援，以敦實自求而已。剛長柔危之世，能以中道自考，故可无悔，不然取悔必矣！

程頤：五中順之德處君位，能敦篤於復善者，故无悔。雖本善，戒亦在其中。陽方微，下无助，未能致亨吉也，能无悔而已！

蘇軾：陰方盛而內自度其終不足以抗初九，故因六四之獨復而附益之，以自託焉。

張浚：法坤靜厚而自養以中曰敦復。致中和此敦復事，堯舜性之用此，且中者性之未發。用功於中，誠一不貳，與天地參，其无悔也。五坤中履震中德不自，是能敦復。

鄭汝諧：卦之主在初，五最遠若不能復，其體坤、位中，敦厚體居中位，是黃裳之吉，復在我者也。考成也，可自成。坤體無不善，此黃中之理，惟知易者則識之。

張根：動容周旋中禮，仲尼之事，中以自考，何悔之有！

朱震：五坤體厚，動正成艮，艮篤實，厚而篤實，敦也。萬物皆備於我，反身而誠則自成矣。其於復何遠之有！厚而篤實，用力於仁者也。荀卿曰以中自成。

項安世：五上與初无交，然五能以厚德從容中立自保，非迷闇之人，復者五爻，五最在後故爲敦，敦訓厚，有重遲之義，以中自保，不取君義，故得免悔。

李衡引陸：柔體厚，中用順，亦足自成。引子：考者窮其理而盡於性也。引介：考自省考，中道自考，動作不離中。引胡：以中道察己之思慮，有不善未嘗不復於善。

楊萬里：六五柔，一陽疏遠不能援，四陰強盛而不警，僅成中材之主而已！五坤中，坤厚故曰敦復。考成也。

朱熹：中順居尊，當復之時，敦復之象，无悔之道也。

趙彥肅傳象：二四之復，資諸人者。五之復，成諸己者。與初非應位，自守中爾。

楊簡：中者道之異名。敦不動也。不動而復。象自考者，考成也。中以自成，無俟乎行而自成。進乎天矣。聖功等級有此。

吳澄：三四五互坤，土最厚象，敦者篤厚靜重而若遲鈍，亦復而不速意。五最後復，雖不速，然柔順得中故无悔。

梁寅：雖遠初陽，然位尊。坤厚注中順，人如是則敦篤於復无悔矣。質美未學，止无悔而已，欲亨則必親下陽德然後可。

來知德：敦厚也。敦復者善行之固，非復有一毫人欲，无悔者反。

身而誠也。五以中德居尊，心與理一无可悔之事矣！

王船山：居尊位，疑以陽相亢，坤主，厚重自持。陽方長，己不拒靜以聽動，无悔之道也。

折中引蔡淵曰：敦厚也，處位得中，自厚於復者可无悔。引李簡：初九陽，相應相比者復之易，六五遠非應所以稱敦復，厚之至也，能復是无悔。引胡炳文：不遠復者善心萌，德事也。敦復，善行固，成德事與！

李光地：中德又坤體敦厚，故有敦復之象，其占无悔。

毛奇齡：居尊位與復稍遠，若嗣復至此則復亦大矣！敦者大也。

李塨：敦者遲鈍也。五與初相隔四爻，嗣復至此亦敦矣，然而无悔者，五居中位，徐徐省察以求其合也。

張惠言：敦厚也，坤爲厚，故敦復，變得正，坎爲悔，三動成離，故无悔矣！

姚配中案：坤厚故敦，五坤中故敦復，陽息至四與五接，五有伏陽，感而遂通，得位故无悔。

吳汝綸：敦復，迷復之復，皆爲周復，不取復反爲義，說者以反釋之，於文未審。

馬通伯引胡炳文曰：坤體又互坤、厚之至也。案：復至五而成，聖人盡性所以成己也，洪範九五福曰攸好德，初不遠復也；曰考終命，五之敦復，无悔也。

丁壽昌：侯行果曰坤謂厚載故曰敦復。項平甫曰臨上六敦臨，艮上九敦艮，皆取積厚之極，復于五即言敦復，上爻迷故五而極也。傳象考，成也，向秀訓考爲察，非也。

曹爲霖：敦復者誠於中者也，克己省身故曰自考。誠齋傳曰居尊位，危可復安，然能无悔者柔故也。五居坤中，坤厚故曰敦復，漢元帝揉而復。

星野恒：以中順之德，居其位，下不相應，苟能敦篤於復則无悔。人之進德，相觀而化，非以中道自成，豈能無悔！

李郁：敦厚，剛長至二，重陽在內，是謂敦復，剛長而六五得應故无悔。

胡樸安：敦、惇借字，三頻復不定，四決意獨復，至是敦厚其土，安定其居而无悔也。所以卒遷者，其中心能自審度。

高亨：敦復者受人之督責促迫而返，其復雖由於被動，然能復則無悔。

李鏡池：敦：迫促也。匆匆忙忙回來，想必有事，但沒有大問題。

徐世大：深厚的報復，不要心活動，宜吉，但不能久居。

屈萬里：敦、勉也。按即諄諄義。敦或訓迫。又有殿義，向秀曰察也。

嚴靈峯帛書：六五，敦復，無悔。

張立文：敦，被人怒斥，怒詆。亦可訓考者，考察。譯：考察後返回，沒有困厄。

金景芳：敦厚也。項安世說復至五而極，積厚之極故爲敦。

傅隸樸：柔質坤順爲至尊位，行敦厚之政，雖无應，已往失敦厚，今回德其德，不能大有作爲，但也可免過悔。

徐志銳：六五于陽往之時居至尊之位，不掉以輕心得免咎。

朱邦復：傳象：六五以中德居尊位，有敦厚之象。釋：盡心盡力，成敗不計，無悔矣。

林漢仕案：由於上六之迷復，復道似至五而稍竭，故云敦復，敦者殿也。敦復，殿復也。蓋後于四也，上六不繼，五於復道，從二三四之後，故云殿復，能復，故无悔，雖遲遲吾行，其識大體矣夫！茲轉述各家言敦復之義如后：

象：敦復无悔，中以自考也。鄭玄傳：考，成也。向秀傳：考、察也。項安世：敦、厚也。毛奇齡：敦、大也。

王弼：居厚无怨，履中可以自考，悔可免也。

張載：剛長柔危之世，以中道自考，敦實自求故无悔。

程頤：五中順敦篤復善，陽方微下无助，能无悔而已。

蘇軾：因六四獨復而附益之，以自託焉。

張浚：法坤靜厚自養，與天地參无悔矣！

鄭汝諧：體坤位中，是黃裳之吉，復可自考成也。

張根：周旋中禮，仲尼之事，自考何悔之有？

朱震：坤厚動成艮，篤實，厚且篤實，敦也，以中自成。

項安世：五中立自保，五最在後故爲敦，敦訓厚。

李衡引：考者窮其理而盡於性。以中道察己。

楊萬里：中材之主而已，五坤厚故敦復。

趙彦肅：五復成諸己者，與初非應，自守中爾。

楊簡：中、道之異名，敦、不動，聖功等級有此。

吳澄：坤土篤厚靜重若遲鈍，五最後，順得中故无悔。

梁寅：質美未學，止无悔而已。欲亨必親下陽後可。

來知德：敦厚非復有一毫人欲，无悔者反身而識也。

王船山：疑與陽相亢，己不拒，靜以聽動，无悔之道也。

折中引：敦復，善行固，成德事與！

李塨：敦者遲鈍，五中，徐徐省察以求其合也。

張惠言：坤厚，變得正，坎爲悔，三動成離故无悔。

馬通伯案：復至五而成，洪範曰考終命，五敦復无悔也。
丁壽昌引：臨上六，艮上九，復五敦，皆積厚也。考訓察非也。
曹爲霖：克己省身日自考。
李郁：剛長至二，重陽謂敦復，剛長六五得應故无悔。
胡樸安：敦、惇借字。敦厚其土，安定其居而无悔也。
高亨：敦復者受人督責促迫返，復，被動，能復則無悔。
李鏡池：敦、迫促，匆匆忙忙回來，沒大問題。
徐世大：深厚的報復。但不能久居。
屈萬里：敦，勉也。即諄諄之義，敦或訓迫，又有敪義。
張立文：敦，被人怒斥，怒詆。亦可訓考省。考察回來。
傅隸樸：至尊行敦厚之政，雖无應，不能有作爲，但可免過悔。
朱邦復：盡心盡力，成敗不計，無悔矣。

總上「敦」義有：厚也，大也，考訓成也，考訓察也，迫也，敪也，怒詆也。敦有厚義，故從上下三爻皆陰而造象坤，能厚載也篤實也。更進而謂坤土若遲鈍，李堪逕即以敦者遲鈍命意。項安世則以五最在後故爲敦，敦仍訓厚。而以爻位解厚。五之復本已臀後，反應已遲，傅隸樸謂不能大有作爲，蘇東坡謂附六四獨復而益之，以自託焉，另一批人有人則謂六五爲堯舜之性可參天地化育萬物，六五是黃裳元吉，六五周旋中禮、仲尼之事，聖功等級有此。楊萬里直謂中材之主而已。觀復之殿、敦、殿也，知其非先知先覺可知，然能隨復以順潮流故无悔也，是六五也。

上六、迷復、凶。有災眚、用行師、終有大敗，以其國君凶、至于十年不克征。

象曰：迷復之凶，反君道也。

子夏：傷害曰災，妖祥曰眚。（釋文）

荀爽：坤爲衆故用行師也，謂上行師而距於初，陽息上升必消群陰，故終有大敗。國君謂初也，受命復道，當從下升，今上六行師，王誅必加，故以其國君凶也。（集解撮要）

鄭玄：有烖眚。（孫堂案說文烖，或字灾，籀文災。）　異自內生曰眚，自外曰祥，害物曰災。（釋文）

王弼：處復後是迷者也。以迷求復故曰迷復。用之行師，難有克也，終必大敗。用之於國則反乎君道。大敗乃復，量斯勢，雖復十年修之，猶未能征也。

孔疏：處復後是迷闇於復，以迷求復所以凶也。闇於復道必无福慶，唯有災眚。用行師終有大敗。以，用也。用此迷復，內反君道所以凶。師敗國凶，量斯勢十年猶不能征伐。

張載：君道過亢，反常无施而可，故天災人害，師敗君凶，久衰而不可振也。

程頤：陰居終，終迷不復者也。凶可知！災、天災、自外來；眚、己過、由自作。迷不復，害在己。

動皆過失、行師大敗，爲國則君凶，十年謂終不能行。迷道何時行？

蘇軾：乘極盛之末而用之不已，不知初九已復謂之迷復，災眚，不天之罰也。初復，天也。衆予己迷，用之於敵則災其國；於國則災其身。十年不復，明用民過，師競之甚。

張浚：遠性故迷，迷則失德獲罪於天。人德失於內，兵動於外，理必然也。陰極迷，爲眚災、初升二師、群陰大敗，五陰爲十年。迷復失常性，好大喜動，其動必敗。

鄭汝諧：往而不知反者必喪其所歸，迷不知復，安得不凶！去陽最遠，極卦之終，所謂迷復也。迷則天之災，人之眚，行師君國，无適而不凶也。

張根：兵，凶器也。省躬无缺而後動，猶或難焉，況迷復以行之乎！

朱震：上六迷道不復故曰迷復，凶，上窮矣！降三成坎，坎災眚。天禍人患无所不有。三動六上行有師體，用師也，不正己迷而行師，終有大敗！五君位，上反三成震，震動坎陷，以國君陷之凶。十坤極數无師象，不克征也。

項安世：上與初无交，上六爲君道，最遠初故迷復，迷則相仇。即坤上六龍戰之爻，故有行師之象，上窮陰不反故災眚凶敗並至而不可解。純坤數十，明凶之大且久。

李衡引荀：坤爲衆故用行師。陽息升必消陰故終大敗。國君初受命復，當從下升，今上六行師，必誅故國君凶。引牧：師舉其大。任師由君，陽生下，上六反以陰，居上反君道也。引石：行師敗，爲國凶，如桀紂幽厲，卒不省悟，至于亡國，反君道也。

楊萬里：上六陰柔小人，居亢滿大臣位，遂姦不改，凶于身，天災人眚畢集：凶于國，師敗君凶不振，盧杞是也。姑息之政行，強藩之勢成。國君六五，以之者上六。六五君道爲上六所左右，至迷違，何復之有？

朱熹：以陰柔居復終，終迷不復之象，凶之道也。以猶及也。

趙彥肅：陰暗遠陽也。

楊簡：放而不反，至此極，不止凶，又有災眚，災眚、天譴也。復舉行師國君二大事，庶幾警懼而改也。十年亦繼繼不可之辭，今迷復是，反乎君道也。

吳澄：迷者冥行失其正道。終求還晚矣！循故道而復，故道亦非正道，往復皆迷，展轉錯誤，雖復亦不善也。凶有災眚。六變陽君象，失君道民豈爲用，至十年不克征。

梁寅：上柔闇甚，終遠陽德，迷不復，凶道也。　上有天災，下有人眚矣！不度德而好兵，行師則敗績，禍君十年之久，人亦不服，終凶也。小人在上恃威者觀此可戒。

來知德：迷不知復也。以，與也，並及之意。上六陰居終，有迷復象，凶可知矣。天災人眚雜至，行師則喪師，至十季之久，猶不能雪其恥。

王船山：四退聽、五大順、上六恃其荒遠、亢不屈、不度德相時，迷而凶矣！初方奮起施化，上六反天道，天降水旱災眚。行師與初爭，敗師喪命矣！上六諸侯負固者，謂初九蕩平之難也。特爲初九重戒之。

折中引徐幾曰：位高無下仁之美，剛遠無遷善之機，厚極難開之蔽，柔終無改過之勇，迷不知復者。引楊啓新：喪失其本心也。引何楷曰：坤迷，居極迷甚。昏迷不知復，行師以下假象，徇物必至喪天君也。

李光地：柔不能自振，迷於復者則凶。凶自作，災眚外至，災謂不幸，眚過誤，以此行師，凶及國君，在人則爲私欲橫流而失其心，天命不祐，行矣哉！

毛奇齡：此坤無主，坤先行即迷，坎爲災眚，當行師軍迷，不大敗乎！坤國，震君，歷姤坤得復，十年矣！坤迷惡其遲故曰十年。

李塨：上處坤極爲迷，迷于復之道，上卦坎位純爻，今純坤加坎位之上，坎災眚、寇盜、弓輪畢發、畢出、值坤迷，不大敗乎！見坤不見乾，非君凶乎，十年猶坤陰之數，焉克征哉！

孫星衍：（釋文）灾，本作災，鄭作烖。

張惠言引注：坤冥爲迷，高而无應故凶。五變正，坎爲災省，三復位體師象故用行師。陰逆坤死坎流血故終大敗，乾君滅藏坤故國君凶，坤十年故不克征，喪君无征也。

姚配中案：元伏中，陰周外，坤上凝陽之象，陰迷陽伏則戰，故凶。道窮之災也。元者國之君，陰當順陽，以君者叛君也。陽君道，迷則背君故凶，後順得常，何凶之有！

吳汝綸：國君謂初也。易以陽爲君，復一陽卦主，故有國君之象。以其國君凶，極言陰之敗于陽耳，非初九亦因上六而敗也，毋以詞害義。

馬通伯引左傳：欲復其願而棄其本，復歸無，所謂迷復，能無凶乎！引張栻：陰柔去剛太遠，人欲肆，天理滅者。案凡不能自克、求逞於外，即左傳棄本者。初陽本，陰不從陽，先迷失道，反君道有災眚，有大敗。

丁壽昌：灾本作災，鄭作烖，說文烖正字，灾或字，災籀文。自內生妖祥曰眚，自外傷害曰災。蘇蒿坪曰：坤爲喪敗象，震爲侯君象，變艮止不克象。

曹爲霖：迷復者迷而不返，桀紂凶敗隨之故曰反君道。金人封宋徽宗爲昏德公，欽宗爲重昏侯是也。相蔡京，童貫，百萬生靈肝腦塗地，二帝蒙塵，以君凶也。

星野恒：災自外，眚己所爲，柔居復終，此昏冥於復者，凶有災眚。出師敗績，乃至君凶。是非顚倒，安危利災，此不仁者不可與言也。

李郁：陰極去道遠故迷，禍外至曰災，異內生曰眚，有過不改故有災眚。上下行，初進二成師，失律之師，凶于國，災及其君，復至豫數十，豫利行師故十年乃克征也。

楊樹達：楚子將死矣，不修其政德，貪昧諸侯以逞其願，欲久得乎？周易在復之頤曰：迷復凶。其楚子之謂乎！欲復其願而棄其本，復歸無所是謂迷復，能無凶乎？（左襄28年）

胡樸安：民衆中有一小團體不肯遷徙，事至凶也。反叛君主，另投一國，又爲災眚也。連其所投國之君並凶也。雖能大敗，不能消滅，至十年之久不能克而又征之也。

高亨：迷失路也。失往路並失歸路也，將遘大禍。行師迷路必爲敵所乘而大敗，國君在師中亦不免難，大敗之後，十年內不能興師。此殆古代故事。

李鏡池：迷失道路是凶險的，不但白跑一場，甚至有災殃。但個人迷復關係還小，行軍迷路就危險，會大敗甚至全軍覆沒，主帥被俘或受傷。行軍迷路又談商旅，這是插敘法。

徐世大：迷惘的報復，不好。得遭災難和見鬼。用兵必大敗，連累國君倒楣，（甚至十年還不能去討伐。吳王夫差捨越侵齊，即此爻例。）

屈萬里：迷而後復是不能復也。災，鄭作烖。以，及也。傳象反君道，與君道相反。

嚴靈峯帛書：（尙）六，迷復，（兇）。有（茲省），用行師，終有大敗。以其國君，凶。至十年弗克（正）。

張立文：迷復道路而返。茲假爲災，省眚假借。不，弗同。何妥云迷不復安可牧民，敗思復，雖十年還不能出師征伐。

金景芳：迷復不好，程傳講得很好。胡炳文說迷則遠而不復。十年不克征，亦七日來復之反。胡氏講的也很好。

傅隸樸：上六處卦後不應，是迷象故曰凶。天災人眚（禍），集於一身，災外來，戰敗行師，終必大敗，禍由我者，亡國殺身，君凶，永遠恢復不了敗前實力。

徐志銳：距初遠居極，不知初九一陽來復，仍以陰用事，招致凶。天災人禍，還要行師征討，終至大敗，禍連君主自身。至十年之久不能再有力量從事征伐之事。

朱邦復：已迷失方向，凶。有災難，有所作爲，將傷及根本，元氣大喪。

林漢仕案：惑於復，凶。應是本爻之綱，其所以凶者有災眚也。

所謂災眚有三：一、用行師，終有大敗。二、以其國君凶。三、至于十年不克征。

迷復，凶。先言其綱：

象曰迷復凶，反君道也。

王弼：處復之後以迷求復故曰迷復。孔疏：以迷闇求復所以凶也。

張載之君道過亢。程頤謂陰居終，迷不復者，凶可知。蘇軾謂乘極盛之末用之不已，不知初九已復。張浚以遠性故迷，迷則失德，獲罪於天。鄭汝諧稱往不知返，去陽遠，極卦終，所謂迷復也。朱震：上六迷道不復。項安世：上與初无交，上六君道，最遠初故迷復。楊萬里謂上六陰柔小人，居亢滿大臣位，遂姦不改，凶于身。朱熹：以陰柔居復終，終迷不復之象，凶之道。吳澄謂迷者冥行，失其正道，雖復亦不善也。梁寅謂上柔闇甚，遠陽迷不復，凶道也。王船山：上六恃其荒遠，亢不屈，不度德相時，反天道，迷而凶矣！折中引：位高無仁，剛遠無善，厚極而蔽，柔終無勇，迷不知復者，喪失其本心也。李光地：柔不能自振，迷於復則凶。張惠言引坤冥爲迷，高而无應故凶。馬通伯：欲復其願而棄其本，不能自克，求逞於外，即左傳棄本者，初陽本。曹爲霖謂迷復者迷而不返。胡樸安：民衆中一小團體不肯遷，事至凶也。高亨迷失路，失往路並失歸路。李鏡池：迷失道路是凶險的。徐世大：迷惘報復，不好。屈萬里：迷而後復是不能復。張立文：迷復道路而返。

約而言之，迷復凶者：

1.反君道，君道亢，迷則失德不復。不知初九已復。

2.迷闇求復，迷於復則凶，坤冥為迷。

3.上六陰柔小人，居亢大臣位，遂姦不改。反天道。

4.終迷不復。迷者冥行，失正，雖復亦不善。

5.迷失路而後復。

因迷於復致凶，所以凶者有災眚也，如用行師則大敗，致君凶，十年內不克重振雄風征戰也，試錄大家所見：

傷害曰災，妖祥曰眚。（子夏）

坤衆行師距初致大敗，初君必加誅上六也。（荀爽）

有烖眚，異自內生曰眚，自外曰祥，害物曰災。（鄭玄）

王弼孔穎達謂：用行師終大敗，師大國凶，十年猶太能征伐。

天災人害，師敗君凶，久衰而不可振。（張載）

天災外來，眚由身作。動皆失，師敗君凶，終不能行。（程頤）

災眚，不天之罰，於敵災國，於國災身，用民過甚。（蘇軾）

獲罪天，群陰大敗，五陰為十年，動必敗。（張浚）

天災人眚，无適而不凶也。（鄭汝諧）

降三坎災，有師體，迷行師敗，震陷君凶，坤數不克征。（朱震）

坤上六龍戰故師象，凶敗不可解，坤十，凶大且久。（項安世）

坤師，陽消陰故大敗，如桀紂不省至亡國。（李衡引）

師敗君凶，六五君爲上六左右，至迷違。（楊萬里）

災眚天譴也。舉行師國君二大事警懼。（楊簡）

六變陽君象，失君道民豈爲用？至十年不克征。（吳澄）

不度德好兵，禍君十年，小人恃盛者戒！（梁寅）

天災人眚雜至，喪師至十季猶不能雪恥。（來知德）

反天道，降水旱災，與初爭，初九蕩平之難也。（王船山）

行師以下假象，徇物必至喪天君也。（折中引）

災不幸，眚過談，私欲横流，天命不祐！（李光地）

坎災眚，見坤不見乾，君凶，十年坤陰數，焉克征。（李塨）

陰逆坤死坎流血故大敗，乾滅喪君无征。（張惠言）

以君者叛君也，陽君道，背君故凶。順何凶之有？（姚配中）

君謂初，非初九亦因上六而敗也，毋以詞害義。（吳汝綸）

人欲遂，天理滅，反君道有災眚，有大敗。（馬通伯引）

坤爲喪敗象，震爲侯君象，變艮止不克象。（丁壽昌）

桀紂反君道，徽欽蒙塵，以君凶也。（曹爲霖）

是非顛倒，安危利災，不仁不可與言也。（星野恒）

禍外至曰災，異內生曰眚，初進二成師，豫十年乃克。（李郁）

叛君主另投一國，連所投國君並凶，至十年又征之。（胡樸安）

迷路必爲敵所乘而大敗，國君亦不免難。（高亨）

行軍迷路會全軍覆沒，主帥被俘，商旅乃插敍法。（李鏡池）

用兵大敗，連累國君，吳王侵齊即此爻例。（徐世大）

反君道，與君道相反。（屈萬里）

引何妥：迷不復安可牧民，雖十年不能出師征伐。（張立文）

戰敗行師，亡國殺身，君凶，永遠恢復不了敗前實力。（傅隸樸）

陰用事致凶，禍連君主，十年不能從事征伐。（徐志銳）

有所作爲將傷及根本，元氣大喪。

所謂災眚，師敗，君凶，十年不克征。乃假象警懼上六，楊簡不以爲已發生其事。易史學觀則以爲敍史事證爻辭，以爲已發生可考故事。「以其國君凶。」以，及也，與也，用也，皆謂凶及乃君、張載以爲上六君道過亢，王夫之以上六諸侯負固者。吳汝綸謂初爲君，楊萬里以五爲君。吳汝綸特著文說明「非初九亦因上六而敗也，毋以詞害義。」然則易家之謂國君凶者，泛指君或指六五，或指上六也！反正上六動靜往來皆敗也，一如朱子常語：「其占如此」也夫！其占如此也。

䷘ 无妄（天雷）

无妄，元亨利貞。其匪正，有眚，不利有攸往。

初九、无妄，往，吉。

六二、不耕穫，不菑畬，則利有攸往。

六三、无妄之災，或繫之牛，行人之得，邑人之災。

九四、可貞，无咎。

九五、无妄之疾，勿藥有喜。

上九、无妄，行有眚，无攸利。

䷘　**无妄，元亨利貞。其匪正，有眚，不利有攸往。**

彖：无妄，剛自外來，而爲主於內。動而健，剛中有應，大亨，以正天之命也，其匪正有眚，不利有攸往，无妄之往，何之矣？天命不祐，行矣哉。

象：天下雷行，物與無妄，先王以茂對育萬物。

京房：大旱之卦，萬物皆死，无所復望。（虞翻引）

馬融：妄猶望，謂无所希望也。（釋文）傳象：天命不右，謂天不右行。（虞翻引）傳象：先王以茂對時育萬物，茂，勉也。對，配也。（釋文）

鄭玄：妄猶望，謂无所希望也。（釋文）傳象：无妄之往，何之矣？妄之言望，人所望，宜正行必有所望，行而无所望，是失其正，何可往也。（後漢書李通傳注）天命不右。右，助也。（釋文）

王肅：无妄。妄猶望，謂无所希望也。（釋文）

蜀才傳象：此本遯卦，案剛自上降爲主于初，故動而健，剛中而應也，于是乎邪妄之道消，大通以正矣，无妄大亨，乃天道恆命也。（集解）

九家易傳象：天下雷行，陽氣普徧，无物不與，故曰物與也。物受之以生，无有災妄，故曰物與无妄也。（集解）

孔疏：剛內主動，能健，以此臨下，无敢詐僞虛妄，所以大得亨通，利貞正。匪依正道則有眚災，不利有所往也。

張載：无妄而後具四德。雷行天動，天動不妄故曰无妄，物亦无妄，乾道變化，各正性命也。

程頤：无妄言至誠也，與天地合德，可以致大亨，利在貞正，失正則妄。匪正爲過眚。既无妄不宜有往，往則妄。

蘇軾：爲主於內謂初九，剛中應謂九五。天下相從者天，聖人必正，正者我，故以无妄爲天命。

張浚：剛德復於內，僞去理得，上信天，下信人，厥亨斯大，无妄之亨利在貞，不然逆天拂人，爲人害且爲己害，眚也。乾上逆天，天惡之，爲不利有攸往。

鄭汝諧傳彖：无妄，誠也。由坤一變復而順動，皆循天理故爲无妄。剛中而應，大亨以正。有一非正，莫非己過，故曰有眚无妄。有攸往乃私心故天命不祐行。祐順也。

張根：元亨利貞夫是之謂无妄。欲妄動其可哉！不可僥倖。

朱震：无妄、天理；有妄，人欲。合乾震言无妄，初九无妄主。震動乾健。五剛中，二柔中應。初九尊位，大亨也。三四上匪正有眚，无應，欲往何之！巽不正之爻，不利有攸往。卦氣爲寒露，太玄準之以去。

項安世：元亨利貞，即初九无妄往吉，得志也；其匪正有眚，不利有攸往，此即上九之无妄，六三九四不正者從之。鄭剛中氏曰陽復妄消之時惟利正者。匪正者皆不利。

李衡引何妥：乾上震下，天威下行，物皆絜齊，不敢虛妄。引陸：雷動天行，物皆无妄，二五中正應，无妄之明者也。引石：人改過中行則无妄。引陳：世之无妄者莫過耕稼事，六爻得失皆以取喻。

楊萬里：程子曰：動以天故无妄；動以人欲，則妄。誠者天道、妄者人欲。正誠，邪妄。誠无妄所以元亨者，利在貞而已。

朱熹：无妄實理，自然之謂。史記作无望，謂无所期望而有得焉者，義亦通。其占大亨利正，不正有眚，不利有所往也。

趙彥肅：天德全也。剛自外來寄象，實天之所賦我固有也。

楊簡：復則不往，我爲主，動而健，剛中，自隨大亨以正，與物亨通。失正無忌憚故有眚。元、始也，大也。孔子從心所欲，大亨以正也。不言利，利在其中矣。

吳澄：无妄者誠也。元亨，占也。利貞，占也，動以天，占與乾同。无妄无私心又合正理。匪正則有過尤。匪正不往且有眚，往則是妄動。

梁寅：无妄无邪妄也。史記謂无望，无所期望有得也。唯盡其在我，吉凶禍福皆委之自然。无妄則誠而天祐之矣，守正可亨，非正有過眚，匪正即妄。正，何不利之有！

來知德：至誠无虛妄。所以不期望。若心匪正則无道致福，妄徼福，非无妄之禍；有過召災、妄欲免災，非无妄之災。若貞實无妄之人，則純乎正理，一付之天，无苟得幸免之心矣。

王夫之：天道運於上固奠其位，二陰處下非極盛，初陽非時震動，或有妄。自人言妄，自天言有常。人所謂妄者皆无妄，君子以天本非妄。元亨四德不爽，言其匪正者，未嘗非元亨利貞之道，特人所奉若之正，非天有災人之災也。

折中引朱子語類：禍福之來雖無常，自守不可不正。不可彼无常，吾之所守亦无常。引邱富國：惟无妄所以無望，眞實无妄之人，禍福一付之天，無苟得倖免之心。引胡炳文曰：朱子了解中庸誠字，此解无妄則以自然二字。引胡居仁：无妄誠也，不幸災疾來亦守此不足憂。

李光地：无妄天德，乾爲天德，可以大通，然必利正，有妄則有眚矣。災自外來，眚由己作，如是則不利所往矣！況元亨乎！

毛大可：无妄者不罔也，虛則有罔。乾元首出，震自宜大亨而利之以正，惟正故利，坎爲多眚，非正則妄，妄則有眚，行何利焉！

李塨：九五剛中二柔中應之，剛健大通以正天命，人固如此。若不正如卦上九，則證父攘羊者，上卦坎位多眚，天命不助，雖欲行，行乎哉！

丁晏：馬融妄猶望，謂无所希望。案漢儒皆讀如望。京氏謂大旱之卦，无所復望，是失其正，何可往也。　天命不祐，右祐通，今俗別作佑。

惠棟引注：妄讀爲望，言无所望也。四正成益，利用大作，三上易成既濟，雲行雨施，品物流形故曰元亨利貞。其謂三，上動成坎故有眚，體屯難故不利往，天命不右。

姚配中案：虞翻曰遯上之初，剛來交初，體乾故元亨，三四失位故利貞也。匪正謂上，四之正，上動成坎故有眚，變而逆乘，天命不祐故不利有攸往矣！

吳汝綸：妄望也，无所希望。猶云不意也。以虛妄釋，非是。灾運，太玄擬爲去。處无妄世，以正爲主，匪正有眚。乾元通於內、利貞、利定也。彖云大亨以正非爻義。

馬通伯引陸德明曰：妄猶望，謂无所希望也。引語類：不期而有，所謂无望之福是也。案：自天言爲實理，自人言爲不意。雜卦：无妄災也，謂運數，順天存，逆天亡。

丁壽昌：釋文虛妄，說文妄亂，馬鄭云：無所希望。蘇蒿坪曰匪正指六三言，震動極故有眚，不利有攸往，取互艮爲止象。

曹爲霖：程子動以天故无妄，動以人欲則妄。武伐商動以天也；符堅伐晉，動以人欲，宜其敗亡。思菴葉氏曰无妄无不正矣，備四德，往无不利矣！

星野恒：妄望也，史記作无望。九五剛中與二應，天命所値，故有元亨利貞之兆。若所値不正，雖得幸亦有眚災，不可往也，行險徼幸豈能爲天所祐乎哉！

劉次源：无妄者至誠无妄也。性之狀乾性，萬物皆備與天同，无妄匪正者即意念之妄，天以大中至正賦人，人而匪正自剝喪，福善禍淫，天道不爽，故无妄言性也。

李郁：无妄爲厚生之卦。无妄者必然亦偶然也。宇宙間事事物物，各呈其妙。无妄者天賦之厚而人力之勤，黽勉圖功，變通盡利，天人交至，收穫之富必能如願以償也。

于省吾：李過西谿易說引歸藏无妄作毋亡。史記春申君傳作毋望。正義猶不望忽至。應劭曰無所望也。无妄言虛妄，希望，无災，妄爲亡終非達詁。按妄忘通，戒勉之意。

楊樹達：永對問云：陛下承八世之功業，當陽數之標季，涉三七之節紀，遭无妄之卦運，直百六之災阨。（漢書谷永傳）

胡樸安：妄亂亡逃，女逃而家亂也。匪正即不貞。有眚即災眚。遷徙於民言有眚，不貞。有攸往，於民言生活未定即不利攸往。然君聚民謀生活，現不利將來必利，故具元亨利貞四德也。

高亨：元大，亨享，古人大享祭曾筮遇此卦。利貞，利占。舉事有利。不正則有災眚，筮遇此卦不利有所往也。

李鏡池：妄有二義：亂也，猶望。无妄即非意料所及。從正反兩面說：不要胡想亂行，就大吉大利；如果思想行爲不正當，就有災殃。不利有攸往屬另占附載。

徐世大：死，極普遍。宜永久。那不是正常的有鬼祟，不宜有所云。　古人說易隨句立意！无妄馬鄭无望即死別名。

屈萬里：按戰國策卷十七朱英說春申君，所謂無妄之福，無妄之禍，無妄之世，無妄之人，亦無所希望，猶今言意料之外。

嚴靈峯帛書：无（孟），元亨，利貞。（非）正有有（省），不利有攸往。

張立文：无孟：孟假爲妄。孟可作望，妄望孟古通。其義有三：⑴亂也。⑵無虛妄，誠實也。⑶无希望。省假爲眚。譯：無妄始順，利守正，不正便有災禍，則不利所往。

金景芳：乾，无妄元亨利貞，无妄必須利于正。天雷无妄，與乾爲天有關係，不能守正便有眚，不利有所往。

傅隸樸：京鄭解无妄即無望，虞翻无妄即無亡。无妄是良風美俗，國泰民安狀態。元亨即大通，利貞即宜正。當政者必須以剛正臨民，其匪正即有災禍。故曰不利有攸往。

徐志銳：妄，虛假，无妄，由虛妄變眞實。按天道自然規律行事，是大亨以正，不按天通規律行事，必有災害，不利于行動。

朱邦復：順天而行，依天時地利自然大亨，若心中不正而妄想得利避害，則有災也。

林漢仕案：无妄一詞已融入先民生活中常語，如管子本乎無妄之治。（無誤，不虛假也）戰國策：世有無妄之福又有無妄之禍，今君處無妄之世，以事無妄之主，安不有無妄之人乎？（必然之意）宋鮑彪注無妄、言可必，一說無所望之意。中庸有誠者眞實無妄之謂。眞實不虛僞也。今出土易原句爲无孟，漢唐人已改爲无妄，故易家據字疏證其義，无妄，如何元亨利貞？

京房謂萬物皆死，無所復望。

馬融謂妄猶望，无所希望。

鄭玄解妄之言望，人所望。正行必有所望。行無所望是失正，何可往也。

王肅之无妄，亦云无所希望。

至蜀才傳彖，邪妄道消，大亨以正矣！九家易故曰天下雷行，無物不與，物受生无有災妄。

孔疏：剛內主動，臨下无敢詐僞虛妄。

張載：天動不妄故曰无妄。
程頤：无妄言至誠，與天地合德。
蘇軾：以无妄爲天命。
鄭汝諧：无妄誠也，循天理故爲无妄。
張根：元亨利貞，夫是之謂无妄。
朱震：无妄，天理；有妄、人欲。
項安世：元亨利貞，即初九无妄往吉，得志也。
李衡引：不敢虛妄，无妄之明者也。又人改過中行則无妄。
楊萬里：動以天故无妄。動以人欲則妄。
　誠者天道。　妄者人欲。
朱熹：无妄自然之謂。史記作无望。謂无所期望而有得焉者，義不通。
梁寅：无妄，无邪妄也。史記謂无望，无所期望而有得也。
來知德：至誠无虛妄所以不期望。一付之天。
折中引：惟无妄所以無望，無苟得僥免之心。
毛大可：无妄者不罔也，虛則有罔。
丁宴：馬融謂无所希望，京氏无所復望，是失其正。

惠棟：妄讀爲望，言无所望也。吳汝編无所希望，猶云不意也。以虛妄釋，非是。

馬通伯：无所希望，不期而有，所謂无望之福也。雜卦无妄災也，謂運數。

丁壽昌：釋文虛妄，說文妄亂，馬鄭无所希望。

于省吾：歸藏无妄作母亡。史記春申君傳作毋望。正義猶不望忽至。妄忘通，戒勉之意。妄亡非達詁。

楊樹達引谷永傳：遭无妄之卦運。應劭曰无妄者無所望也。萬物无所望於天，災異之最大者也。（取卦義）

胡樸安：妄亂亡逃，女逃家亂也。

李鏡池：妄，亂也；猶望。无妄即非意料所及。反說即不要胡想亂行。

徐世大：无妄，馬鄭无望即死別名。

屈萬里：無所希望，猶今言意料之外。

張立文：无孟假爲妄，孟可作望，妄望孟古通。其義有三：亂也；无虛妄，誠實也；无希望。

傅隸樸：京鄭無望，虞翻無亡。无妄是良風美俗狀態。

徐志銳：妄、虛假，由虛假變眞實。

總上无妄之義

1. 萬物皆死，無所復望。（丁宴評失其正）

2.无望，无所希望。　行無所望是失正。

3.邪妄道消，物受生无有災妄。无敢詐僞虛妄。天動不妄故曰无妄。无妄言至誠。无妄，天理。

（惠棟評虛妄非是）

4.无妄，自然之謂。不期望，不意，非意料所及。

5.无望，无所期望而有得。（朱子斥爲義不通）

6.无妄，不罔。

7.虛妄，妄亂。卦名无妄災也謂運數。災異之最大者。

8.无妄作母亡。毋望，（不望忽至）妄忘通，戒勉意。

9.亡逃。

10.馬鄭无望即死別名。（徐世大）

11.无妄是良風美俗，國泰民安狀態。

死，無希望，災運。物受生无有災妄，至誠无妄，循天理，无所期望而有得，良風美俗國泰民安狀態。雜卦无妄，災也。序卦，復則不妄矣，故受之以无妄，有无妄然後可畜……。韓康伯注无妄災也，乃折開无而單解妄，故稱无妄之世，妄則災也。從序卦謂復則不妄。可知先賢作序卦，雜卦時有不同解數。雜卦、无妄災也，上合史記無所希望，無所復望，是聯合无與妄爲句解，序卦謂復則不妄，是不妄即天理，即至誠，无敢詐僞，再由易家引申不期望，自然之謂，不期而有，非意所及。由至誠而天命，無怪傳隸樸无妄之謂國泰民安狀態矣！察諸卦意，无妄，元亨利貞。與乾、坤、屯、隨，革同詞。苟得其養，人人皆可爲堯舜，无物不長也。固非著力點，而「其匪正，有眚，不利有攸往」乃无妄之卦詞所開列之條件，反語；則正無眚，利有攸往。漢人妄之言望，後來易家或即字希望解其義，如蜀才，九家易，將无妄加字解爲无有災妄，於是无敢虛妄，天命至誠出籠矣！漢人无妄，无望，望，月滿爲「望」，過望爲既望，可知望乃滿之意，又無望爲無界畔。无望，无滿足，無界畔也。无妄之名卦，蓋无圓滿，无滿足，无界畔之謂耶？猶大學三綱之「止於至善。」可有一至善之境界可言，人心之不足，隨世界昇華。无妄之言无望，亦如人心之不足隨環境昇華同，用之善則創造發明以改善當前一切，用之不善則災眚隨之。吾故曰无妄，无滿足之創造生活，創造環境，朝至善努力，元亨利貞也。无欲速，欲速則不達；无欲使壞，使壞則災眚加身，豈止不利所往而已！以无妄，无望解卦，六爻皆可通而理順也。

初九无妄，往，吉。无望，无滿足，不滿於現在，不滿於過去，必動動腦營造新機，日新又新，社會現象，全民創造力之帶動，如是而往，吉矣！六二不耕穫，不菑畬，則利有攸往。不耕穫，其爲治人者邪？孟子之士比上農收入，九口之家無飢餒矣！治人者食於人也。豈必率民而耕然後食？分工合作，各司其職，整體運作，齊頭併進，利有攸往矣！六三无妄之災，或繫之牛，行人之得，邑人之災。无妄之災，懼人欲橫流，得隴望蜀，若不安其分，食祿又繫牛耕與民爭利，所司必不能專責，使民有怨，偶因不能兼顧而繫牛廢耕，牛爲路人順手牽走，失牛即失財產，又使邑人蒙受偵訊之苦。私心一起，禍害不斷，害人害己也。九四可貞、无咎。叮嚀九四貞固足以幹濟，故无咎。九五无妄之疾，勿藥有喜者。有大志不能滿足，王之大欲可得聞也，必有能臣獻策，心疾得舒解，勿藥有福矣！上九无妄，行有眚，无攸利。晉平公欲爲所欲爲，師曠以琴擊之。志於肥甘、輕煖、聲色，近則有損父母遺體，遠則祖宗基業鬆動，盡力而爲，後必有災。蓋其位高亢而窮極，宜修身以待時，朱子稱其象占如此。

初九：无妄，往、吉。

象：无妄之往，得志也。

王弼：體剛處下，以貴下賤，行不犯妄，故往得其志。

孔正義：體剛居下，以貴下賤，所行教化不爲妄動故往吉。

張載：所謂得志，聖賢獲其願欲者也。得臣无家，堯志也。貞吉。升階，舜之志也。

程頤：剛主內，以剛變柔，居內中誠不妄，往何不吉！卦辭不利攸往，不可往有往。爻言往吉，无妄而行則吉也。

蘇軾：所以爲无妄者震也，所以震者初九也。无妄之權在初九，故往得志也。

張浚：德脩而動以誠，是以得志於无妄。君子有爲於天下，心之純一，上合於天。初震剛應乾四，貞故往吉。

鄭汝諧：无妄大體皆正，不宜更有往，然初動主，天理所當動故曰往吉。

張根：无妄往得志，震體故。

朱震：初九正，无咎也。正動上往吉，修身身正，治事事得其理，臨人感化，无所往而不得志也，故吉。

項安世：以陽滅陰，凡陽皆利。初爲无妄主，所往皆吉。

李衡引陸：初動主，動以天應，不妄者也。引牧：往吉謂與四同志。引陳：君子退處衆人之下，修己待時，可謂无妄。

楊萬里：乾體震始，所謂動以天者也。動以天而无妄，焉往不吉？不得志？萬民一世之福也。謹初无動，動而得志矣！

朱熹：剛在內，誠之主也，如是而往，其吉可知。

趙彥肅：動以化陰，二陰聽從，故得志。

楊簡：無妄而往乃眞心而往也。離失道心。道心，木心也。眞心非放逸之心。動未嘗離，正心之本，故曰得志。

吳澄：陽當位无應，得正理无私心，无妄主，往故吉。

梁寅：初能守正，如是往，所爲无期望之私也，其吉宜哉！

來知德：九以陽剛之德居无妄之初，所謂動以天也。且應爻亦剛无係，一感一應，純乎誠矣！何吉如之。往則吉。

王夫之：无妄不利有攸往，往吉者，以其无妄而往也。初九承天命，以元亨利貞之德信諸心者，大有爲立非常之功，如伊尹放太甲，孔子作春秋，行天子事，先天天弗違，往斯吉矣！

折中引蘭廷瑞曰：行止適當則无妄。初當行故往則有吉，終當止故行有眚。引胡炳文：妄者誠之反，誠之主如此，妄自然无矣！引何楷：震陽初動，動與天合，何不吉之有？

李光地：初无妄主也，居動初，有爲之時也。當有爲以无妄往，吉可知矣！爻占吉卦主故也。

毛大可：初與四以柔易剛，兩偏不應，旁翰兩柔，爲无妄之剛幹如此，无妄之往得其志也。

李塨：剛爻居剛位以正者也。震動而往，得其志矣，此无妄之最吉者。

惠棟注：應四，四變得位承五應初故往吉。在外稱往。

姚配中案：初得正故往吉，謂動之爻也。四化應初故得志。

馬通伯引何楷曰：震陽初動，誠一未分，是之謂无妄，動與天合。其昶案：初陽元也，得位无應，无所希望。匪正，不利往，初正，何往不吉！孟子曰天下有道小德役大德也。

丁壽昌：虞仲翔謂應四，在外稱往。蘇蒿坪曰往，震象。

曹爲霖：凡人眞情至性皆出於眞實、无妄之初念，轉念則惑矣，初九往吉，眞實无妄之初念也。唐憲宗之討吳元濟、四年不克，裴晉公曰臣誓不與賊俱生，擒吳送京師。

星野恒：陽居內主于卦，本非有期望，居易俟命者，君子所以得福也，宜其无往不利也。

劉次源：初剛主于內，上應乾剛，心无私繫，率性而行，動與天契，往則言，性定故也。

李郁：无妄六爻皆往，卦成大畜故吉。

胡樸安：无妄亂義，遷徙時，民无妄亂而吉。言君主有遷徙志，民隨而往也。故象言得志也。

高亨：言不當謂妄言，行不當謂妄行。无妄往者無亂往也。即當往則往，不當往則不往，如是則行無過而禍不及。

李鏡池：往，行。行動不亂來就好。

徐世大：死是眞實的，好好地去吧！世未有死而復歸者，吉又何疑！

嚴靈峯帛書：初九，无（孟），往吉。

張立文：无孟，往吉。往字屬下爲妥。譯：初九，行爲不亂來，出門在外則吉祥。

金景芳：剛自外來主內故可以往，震動誠與天合，可不吉之有？講天是指自然界而言。

傅隸樸：以无妄之德去行事，必吉。初九陽居陽，處得正，剛實且正，言行自必无妄，何往不利？

徐志銳：无妄爲眞實，剛居陽位應九四，純陽不雜，可以按天道規律去行事，无往而不吉。

朱邦復：陽居初，動之於天，不作妄想，可往且吉。

林漢仕案：卦辭无妄十數說中，易家多認定无妄，至誠也，无敢詐僞，邪妄道消也。故曲從比應，隨爻辭造象。如王弼、孔穎達之「以貴下賤」。蓋以陽剛居初也。初，賤，而爲无妄主，又下卦震，而權在初九，凡陽皆利，動主，二陰聽從，故往得志。初陽，應爻四亦陽，本无應，說者則變辭應爻亦剛无係，一感一應純乎誠；或謂上應乾剛，心无私繫；又剛居陽位，應九四，純陽不雜，可以按天道規律行事。依按卦圖編造故事，其不中聽也若是。程頤見圖象之不合理，故謂剛變柔。惠棟謂應四，四變得位承五應初，故往吉。姚配中四化應初故得志。初得位，无應，李道平謂敵應，馬通伯稱无所希望。李塨謂剛爻居剛位以正者也！誠如上除程頤、惠棟、姚配中外，當如徐世大言，「死是眞實，好好去吧！」明明初四敵應而謂之无係，心无私繫，純陽不雜，君子之過也，明知不合轍，而又爲之辭。然則无妄，往，吉者何也？今依各家解題條件如後：

象：得志也。

王弼稱以貴下賤，行不犯妄故往得其志。

張載：聖賢獲其願欲者也。

程頤：以剛變柔，居內无妄而行則吉也。

蘇軾：所以爲无妄者震也，權在初九故往得志也。

張浚：修德而動以識，初震剛應乾四貞故往吉。

鄭汝諧：初動主，天理所當動故曰往吉。

張根：无妄往得志，震體故。

朱震：修身身正，治事事得其理，无所往而不得志故吉。

項安世：陽滅陰，凡陽皆利，初无妄主，所往皆吉。

李衡引：動主應天。與四同志。修己待時可謂无妄。

楊萬里：動以天而无妄，焉往不吉？不得志？

朱熹：剛在內，誠之主，如是而往，其吉可知。

趙彥肅：動以化陰，二陰聽從，故得志。

楊簡：无妄而往乃眞心而往，正心之本，故曰得志。

梁寅：初守正，所爲无期望之私，吉宜哉！

來知德：九剛居初動天應无係，純乎誠矣，往則吉。

王夫之：以其无妄而往也。如伊尹放太甲孔子作春秋也。

折中引：行止適當則无妄。初當行故往則有吉。

李光地：動初有爲之時也，往吉可知。爻占吉卦主故也。

毛大可：初四以柔易剛故初四兩偏不應，重剛也。

李塨：剛爻居剛位，得其志，此无妄之最吉者。

惠棟：四變得位，承五應初，故往吉。在外稱往。

姚配中：初得正故往吉，四化應初故得志。

馬通伯：初陽得位无應，无所希望。初正，何往不吉。

丁壽昌引：應四，在外稱往。又往，震象。

曹爲霖：初九往吉，眞實无妄之初念也。眞情至性。
劉次源：初剛主內應乾，心无私繫，率性而行，往則吉。
李郁：六爻皆往成大畜故吉。
胡樸安：无妄亂，民隨遷徙而往。
高亨：无妄往者無亂往也。行無過而禍不及。
李鏡池：往，行。行動不亂來就好。
徐世大：死是眞實的。好好地去吧！吉又何疑！
張立文：往字屬下，行爲不亂來，出門在外則吉祥。
金景芳：剛自外來主內故可以往，動與天合，何不吉之有！
傅隸樸：初九陽居陽，處得正，言行自必无妄，何往不利！
徐志銳：剛居陽位應九四，純陽不雜，按天道行事，无往不吉。

以上四十大家言无妄卦初九无妄，往，吉之集語：

1.以貴下賤，聖賢獲其願欲，行不犯妄故往得其志。
2.下卦震體，初震主，動誠，修身正，无妄主所往皆吉。
3.陽滅陰，凡陽皆利。
4.與四同志。修己待時可謂无妄。

5.動以化陰，二陰聽從。四變承五應初，四化應初故往吉。

6.初守正眞心往，无期望之私，動天，純乎誠，往則吉。

7.動初有爲之時，往吉可知。又占吉，卦主故也。

8.剛爻居剛位應剛，得其志。純陽不雜，按天道行事。

9.初眞情至性，眞實无妄之初念故往吉。

10.剛主內應乾，心无私繫，率性而行，往則吉。

11.六爻皆往，成大畜故吉。

12.无妄亂行爲。

13.初九陽居陽，處得正，言行自必无妄。

14.死是眞實，吉又何疑。

還好，所謂矛盾生大業者矛盾不多，初本低賤潛龍下階，初本無應，敵應九四，可以許爲純陽不雜，心无私繫，同性戀者或可以海誓山盟，可以只愛磨鏡走旱道，終非正途，變言純不雜，心无私繫似不按天道自然而許爲合天道自然，初本低下而變辭陽本高貴而下賤位，甚至以伊尹放太甲，孔子作春秋擬之，初眞大有爲之時耶？更有以堯志，舜志方之初九往得志，盡造句修辭之能，卦名无妄，吾輩自製遊戲規則何其寬鬆若是，果眞如高亨言「言不當謂妄言。」吾亦懼爲妄言也！與其隨便撮合无妄、往、吉。毋寧用漢易惠棟、姚配中言：四變得位承五應初，或四化應初，較爲有本。

或者以朱子常語，其占如此。此處如李光地之爻占吉，卦主故也較爲入理，未之賢者有同感否？而謂初九，震往，其位正居下，苟能正言正行，誠正而往則吉也，反語若言行匪正，徒以震往，爻辭往吉而造象剛應剛而往，則多眚也。

又以妄，望言，无妄，无望，无滿足之時也。不只當當前不滿足，亦對未來不滿足，如此則必動腦筋，用心思改善。滿足乃進步之大阻礙也。知足固常樂，知足則囿於既知之者視爲當然，其有未知之者尤上一層之美意胎死腹中，日出而作，日入而息，茹毛飲血不改矣！架木爲巢，涼風明月何如居空調大室與衆樂樂？无望乃文明之動力，日新又日新之轉輪巨擘，於是舉凡生活有關之一切，層樓可上，如此无滿足欲望所帶動之全民創造力，前路不卜亦知吉且利國利民矣，无妄之往且吉者此也。

六二，不耕穫，不菑畬，則利有攸往。

象：不耕穫，未富也。

馬融：不菑畬，菑田一歲也。畬田三歲也。（釋文）

郭玄：一歲曰菑，二歲曰新田，三歲曰畬。

王弼：不耕而穫，不菑而畬，代終已成而不造也，不擅其美，乃盡臣道，故利有攸往。

孔疏：處中得位，盡臣道不敢創首，唯守其終，猶若田農不敢發首而耕，唯在後穫刈。不敢菑發新田，唯治菑熟之地，皆不爲始而成其末。不爲事始，終君有終也。

張載：柔之爲道，不利遠者，能遠利不爲物首則可乘剛，處實則凶。

程頤：凡理所然非妄，人所欲爲者乃妄。以菑畬譬之。二中正應五，順乃无妄。田一歲曰菑，三歲曰畬，不耕而獲，不菑而畬乃妄。耕必穫，菑必畬是理不妄則所往利而无害。

蘇軾：善爲天下者不求其必然，无妄者驅人內之正。陰居陰，安其分者，六二是也。安分故不敢爲過正之行。必耕後獲，所菑後畬。不害爲正可通天下之情。

張浚：二履陰在震動中，戒臣之妄爲邪！爲不耕穫，不菑畬，陰虛爲未富，柔得中爲利往。

鄭汝諧：二以陰居陰應五，因成五者，故不耕而獲，不菑而畬，則利有攸往。富，實也。陽也。二未若五之富實，故以畬穫爲无妄也。

張根：耕穫菑畬，小人之事，樊遲所以見貶也。

朱震：初至五有益體，耕也。二震爲稼。艮手兌金銍，耕象，穫也。二爲田，一歲菑，三歲畬，初九震足動田菑象，五之二歷三爻有穫，畬也。耕必穫，菑必畬。二當不耕不菑而穫菑則妄。二陰虛而未盈，故不耕而穫。順中正，可動動則有攸往，二往五穫畬有成矣。

項安世：居中守正，猶戒之，則字蓋疑之也。陰虛陽富，六二陰居陰，未得比陽，專用天後可往配陽也。去妄存誠，不耕不菑所以深絕妄種，然後爲眞爾。往與五應。

李衡引陸：乘剛動則妄。居中履正，守先人之成緒者，不及開基創業才，因其成事故曰未富。引牧：

乘剛有應，違謙有妄。不犯災者得中履正也。妄動得利，免咎可也。引石：未富者，臣不敢擅有成功也。

楊萬里：二動之繼。六二順而中，不矜能，焉往不利？不耕，不菑，不求，富貴在其中。實富而名未富。

朱熹：柔順中正，因時順理而无私應，故有不耕穫之象，言无所爲於前，无所冀於後也。占如是則利有所往也。

楊簡：耕後可穫。理田一歲曰菑，三歲曰畬，斷無不菑而畬之理。不爲而成，不作而得者，無妄之妙也。六二陰靜得中，有得其道之象。往者無妄而往也。

吳澄：春耕秋穫，初墾荒田曰菑，三歲曰畬。不耕而穫；不菑而畬何也？在无求之之心。史記作无望，謂无所期望而有得，蓋亦此意。絕有求之心後穫其實之益。

梁寅：人當絕覬覦之私，未有不耕穫，設言以見无營度之心耳。君子不要人爵而人爵從之是也。六二柔順中正而无邪妄者，能若是，豈非所謂无妄之福哉！

來知德：六二柔順中正，无私意期望之心，故有不耕穫，不菑畬之象。爲于前，无所望于後，如此利往矣。耕春耕，秋穫。菑田方墾成一歲，畬田已墾熟三歲。不方耕即望穫也。不菑畬即明其道不計其功也。

王夫之：田閒歲而墾曰菑，歲耕成熟曰畬。不耕穫，不墾熟，有代之於先者也。二柔得位居中，動不自巳，靜聽收成，則者戒勿效人動亦動，非誠信於己者，不躬任其事。

顧炎武：楊誠齋初動始，二動繼。是故初耕二穫，初菑二畬。天下無不耕不菑而穫畬者。周公毖殷頑民，遷洛三紀，世變風移，周公慎始故有周之治。孔子述不作，使有始作無終之述之，是耕弗穫弗畬也。未富者不自多也。

折中引朱子語類曰：不以耕而計穫之利。引陳埴曰：不爲穫而耕，不爲畬而菑，凡有所爲而爲皆計利私心即妄也。引胡炳文曰：絕無計功謀利之心。引林希元曰：絕無營爲計較之心。引何楷曰：人之有妄在期望。案先事後得，先難後穫，於理尤長。無望穫心未必可以耕爲可廢也。

李光地：有計較謀望之心則妄矣！若曰吾耕必穫，吾菑必畬，心既雜矣，功又分焉。先事後得，德所以崇；有事勿正，義所以充也。二有有虛中之德，亦有爲之時，故戒。

毛大可：二三皆示妄象。我于是設一妄，像不耕求穫，不菑求畬，世以爲妄，然非妄也。妄境之生，患去妄太過，拘牽執錮，膠柱鼓瑟之妄生。並耕而食邪說得以橫行，天下大妄即在乎是，推移之精可以往矣！

李塨：互艮爲止，將有過，恃其中正以爲无妄曰吾命弗餒，何事作爲！人事既亡，不耕不穫，坐致虛耗，豈无妄而大亨者哉！必急爲震之，攸往而後利耳。

孫星衍引釋文董遇曰「菑，反草也，悉耨曰畬。」又不耕穫，或依注，或不耕而穫，非。下句亦然，畬音餘。

惠棟：遭无妄之世，故不耕穫，不菑畬凶。應五則利，故利有攸往。

姚配中案：耕乃有穫，菑後畬者常也。二中正有應，所謂不習无不利者，謀道不謀食，祿在其中，不疑其所行者，往應五。傳象謂道在己也，得之有道，不自妄求也。

吳汝綸：不耕而穫不菑而畬，猶言烏頭白，馬生角，乃必無之事。甚言其不利往也，猶云羝乳乃得歸耳。

馬通伯引坊記：禮之先幣帛，欲民先事後祿。引潘相曰：二中正順天命，无功利之念，從吾所好，不求富。案：二爲大夫，不耕穫矣。君子謀道不謀食，无欲富心，知天命矣！

丁壽昌：蘇蒿坪曰耕春事，震象。穫秋事，兌象。菑，震一陽初動象。畬，兌二陽漸盛象。六二體震變兌故有不耕菑而獲畬象。朱子語類疑無不耕而穫之理，乃謂不敢爲耕而爲穫。孔疏道不行，雖食祿猶不耕穫割，無功得物凶。

曹爲霖：誠齋傳曰初動始，二動繼，故初耕二穫，六二順而中，不矜能，焉往不利！

星野恒：穫刈禾也。田一歲曰菑，三歲曰畬。柔中正與五應，有才不競，耕則有望乎穫，不耕何穫？正是无望者也。修天爵要人爵，猶耕之望穫，何足以語无妄之道哉！

劉次源：中正柔順，以性爲帥，順天合道，不耕而穫，不墾而熟，率性而往則利，否則不利。

李郁：耕後穫，菑後畬。（一年曰菑，十年曰畬）今不耕穫，不菑後畬，坐待意外之得，則利有攸往。初進二退，震化爲坎，無用于農作矣！言人力之施不可或少也。

楊樹達：子云禮之先幣帛也，欲民先事而後祿也，先財而後禮，則民利；無辭而行情則民爭。故君子於有饋者弗能見則不視其饋。易曰不耕穫，不菑畬，凶。

胡樸安：遷徙之始，原未耕何能得穫？原未菑何能得畬？故象曰未富也。富，備也。民衆思田獵代耕種，利攸往也。

高亨：菑者今人所謂荒田，畬者今人所謂熟田也。引申墾荒亦曰菑，治熟田亦曰畬。不耕穫不菑畬唯有營利於外而後可，唯有不爲農而爲商而爲宦而後可。則利有攸往。

李鏡池：菑爲開荒，畬耕熟地。不耕種就要收穫，不開墾想種熟地都是妄想。則利有攸往，俞樾認爲是反語，則猶豈。妄想者難道往行就有利嗎？

徐世大：安慰死者之辭：不耕地獲稻，不耕田燒畬，今不勞作矣！人世中已無地位，那末應該有地方去！

屈萬里：釋文馬融曰：菑，田一歲。畬，田三歲也。

嚴靈峯帛書：六二，不耕穫，不菑（餘），利（　）（　）往。

張立文：餘假爲畬，古音同相假。畬即熟田。俞樾以爲反語。譯：六二，不耕而穫，不墾荒田而治熟田，豈能利於有所往。（按：不耕而穫，不菑而畬爲悖理行爲，何言利）？

金景芳：何楷說不方耕望穫，不方菑望畬，學者除妄心必有事焉，當如此而後利。比程傳講得明白。

傅隸樸：六二人臣，不得有所創制，譬臣職不耕而穫，不菑而畬，不能創制，凡事奉令而行便無不利了，故利有攸往。

徐志銳：六二无作爲，无期求，陰位柔爻，才德空虛，不能遵天行事，度德量力，居本位不動，避免犯錯，待充實而行。

朱邦復：如果能不計功利，率性而爲，則無往而不利。

林漢仕案：烏白頭，馬生角，牡羊乳子，煮沙成飯也，雖愚人知其不可而仍寄以希望者，癡也。若過屠門而大嚼，畫餅可以充饑，則利不耕，不菑可以不餓餒。飢饉字成無義矣！然確有不耕穫祿者，其爲治人者邪！

无妄，先賢中以自誠明，順天理即无妄。然則无妄即不起妄念，妄想，不生不義，不仁之心。无妄即是矜持善良風俗，中立而不移。其所含積極意義，不只遵守社會善良風俗，道德法紀，亦且引導更高準繩，所謂行仁義也，而非由仁義行，孔子七十不逾矩，阮籍稱我輩行爲在禮法之上，故曰禮義豈爲我輩而設？儒家之慎獨，暗室不欺心，收其放心，與佛家所謂十法界不離一心，一切參禪、念佛、誦經、禮拜、無非想滅卻心頭都無明草，長出阿耨多羅三藐三菩提智慧花，佛來佛斬，魔來魔斬相同，這是何等氣象，這才是眞正无妄達彼岸的波羅蜜智慧。故卦辭无妄，元亨利貞。至聖之行也，張載許初爲堯志，舜志，王夫之亦許无妄如伊尹放太甲，孔子行天子事作春秋。釋「无妄」以聖志聖行可也，論爻位則不宜許初九與聖人相提並論，猶之悉達多不即是釋迦佛同，釋迦佛是經磨鍊考驗悟道有大成就者也。夫如是，无妄之時，豈有不勞而穫？不經一番寒澈骨，即享成果者？此一妄想非分來自貪瞋癡懶散無明，類此有則故事言：甲兵圍乙國，時城外麥黃，乙國大臣建議其君主縱城民恣意取城外熟麥，免爲資敵，又厚城儲。乙君弗聽，且言：物各有主，苟恣取則禮法壞，亦使人心壞，蓋田各有主，恣意取則每至麥黃，翹首盼敵來，欲不勞而獲矣！今易不耕穫，正使人心術壞也。茲輯各家心血於一盆，以證易言利有攸往之條件宜於正也。

象：不耕穫，未富也。

馬融：菑田一歲，畬田三歲。

孔穎達：臣不敢創首，猶若農唯在後穫刈，成其末也。

程頤：以菑畬譬之，不耕而穫乃妄，是理不妄則利往。

蘇軾：六二陰居陰，安分不敢爲過，必耕後獲，天下情也。

張浚：戒臣妄爲邪！柔得中爲利往。陰虛爲未富。

鄭汝諧：二陰應五故不耕獲，不菑而畬爲无妄。

張根：耕穫小人事，樊遲所以見貶。

朱震：二當不耕不菑而穫則妄。二往五穫畬有成矣。

項安世：不耕不菑所以深絕妄種，然後爲眞爾。往應五。

楊萬里：六二順中，不耕不菑不求，富在其中。

朱熹：柔順中正故有不耕穫象，占如是則利有所往也。

楊簡：斷無不菑而畬之理，二陰得中，有得其道之象。

吳澄：絕有求之心後穫其實之益。

梁寅：設言以見无營度之心耳。二順中所謂无妄之福者。

來知德：不方耕即望穫也，即明其道不計其功。

王夫之：二柔得位居中，非誠信於己者不躬任其事。

顧炎武：天下無不耕不菑而穫畬者。未富者不自多也。

折中引：無望穫之心未必可以耕爲可廢也。

李光地：先事後得，德所以崇。二虛中之德故戒。

毛奇齡：二三皆示妄象，然非妄也，膠柱鼓瑟妄生，並耕而食邪說得以橫行，推移之精可以往矣！

惠棟：遭无妄之世故不耕穫凶，應五故利有攸往。

姚配中：謀道不謀食，應五。傳象：得之有道不妄求也。

吳汝綸：猶言烏白頭，馬生角，羝乳乃得歸，必無之事。

馬通伯案：二爲大夫，不耕穫矣！无欲富心知天命矣！

丁壽昌引：六二體震變兌故有耕菑而獲畬象。

曹爲霖引：初動始，二動繼，故初耕二穫。

星野恒：修天爵要人爵猶耕望穫，何足語无妄之道哉！

李郁：坐待意外之得則利往，言人力之施不可或少也。

胡樸安：民衆思田獵代耕種，利攸往也。

高亨：唯有不爲農而爲商，而爲宦而後可，則利有攸往。

李鏡池：不耕種就要收穫，豈利有攸往。則猶豈。

徐世大：安慰死者之辭，今不勞作矣，應有地方去！

張立文：不耕而穫豈能利於有所往，悖理行爲何言利！

金景芳：學者除妄心必有事焉，當如此而後利。

傅隸樸：人臣不能創制，凡事奉令而行便無不利了。

徐志銳：六二无作爲，无期求，才德空虛，待充實而行。

古代一夫受田上農百畝、中農八十畝、下農六十畝，又有婦孺桑田之治，而士以上給制各有等差，有問孟子周室班爵祿也如之何？孟子答以上士視同上農，上農食九人……下食五人，庶人在官者同下士，祿以代其耕。（見萬章下）易之言不耕穫者豈以治人者言，上士比上農，可食九口之家，故治人者食於人，治於人者食人，天下之通義也，亦不用於耕耳。夫若是，則六二治人者也，以應九五。六二若耕，若菑，則食人矣！食人者往有何所作爲邪？「夥頤！涉之爲王沈沈者。」或人說陳王，皆斬之，此嘗與庸耕者往見陳涉之後果也。故是言，各安其位，各司所司，農圃者農圃，必耕而後穫，庶人之在官者，視下士，食五人祿。祿食者之穫畬，則可以利往矣！斯顯言六二利往也。卦名无妄，故宜無妄念，由仁義行，一如孝經中言士大夫之孝，養成一模式，則非法不言，非禮不行矣！

至若何謂菑畬？

田一歲，初墾荒田，田方墾成一歲，田閒歲而墾，震一陽初動象，反草也，今謂荒田，開荒，墾荒—菑也。

畬田三歲，已墾熟三歲，歲耕成熟曰畬，悉耨曰畬，兌二陽漸成象，十年曰畬，今謂熟田。—畬也。

若再進一步如漢易言无妄，无望也，无滿足之時也，則創造一分工合作之大社團，利益共沾矣！豈必率民而耕然後食？古代士大夫「伐冰之家不畜牛羊。」亦即不欲與民爭利也，各司所司，各專所職一如目前大學分科教育，以不同方式謀道亦謀食，各盡其性，學稼學圃於從乎何有？如斯全民之動，則利有攸往矣！六二之不耕，不畬則利往者不亦如斯乎哉！

六三，无妄之災，或繫之牛，行人之得，邑人之災。

象：行人得牛，邑人之災也。

王弼：陰居陽，行違謙順，无妄所以爲災也。牛者稼穡之資。二不耕穫利，三不順故或繫之牛。有司所以穫，彼人所以災，故曰行人之得邑人之災也。

孔疏：三失正道，乖臣範，故災。六三僭爲耕事，唱始不順王事，有司或繫其牛使不妄造。行人，有司之義也。行人制之得功。邑人僭耕受罰，故曰行人之得，邑人之災也。

張載：妄災之大，莫大於妄誅於人。以陰居陽，體躁而動，遷怒肆暴，災之甚者。繫牛爲說，緣耕穫生詞。

程頤：三柔不中正爲妄。志應上，欲也亦妄。災害也。借使邑人設或得馬，行人失馬是災，言有得則有失，非以爲彼己也。妄得之福，災亦隨之，人能知此則不爲妄動矣。

蘇軾：居陽不安其分，外慕者也。陽居陽，致其用者也。六十不安其分，外慕其名，自知不足而求无妄。或者繫牛，行道首得之，欲責邑人，宜无辜遇禍。此所以爲災。

張浚：无妄之災，災非其災，无故而得，得之順且易。或繫之牛行人之得，得已過也。邑人之災謂內受其災。譬竊虛利受實害，是爲妄之大者。

鄭汝諧：无妄者理而已矣。不耕穫，穫者妄。三非動主，處動極，質陰居陽，處不正，徒知牛既繫，必邑人得，不知得者行人，邑人乃災，以妄也。如季孫蕭牆之憂也。

張根：行人得牛而邑人災，是謂无妄之災。雖非我作而動與位極處，非其稱故。

朱震：六二中正无妄也。坤牛巽艮繩手，或繫疑四不正，震大途足行人也。四不繫之牛，三不正躁皆妄，行人得牛非順理者，有妄而災。邑人謂六二，三動則二近險，魯酒薄邯鄲圍者乎？三四復位，二卒與五應。

項安世：不得位，不比應窮，災降自天！繫牛，不知其誰之物，得牛，不知其誰得之，居其邑，橫被其災，此即所謂无妄之災也！

李衡引陸：失位不中，首事而耕。引牧：四臣與上同體，剛外來乘三故稱行人。三居內故稱邑人。引石：行人、九五也。臣唱始君疑之，必奪其祿位。引胡：三不中正，欲擅君權，不惟己有災、己所累亦有災。故或人繫其牛，行道之人皆可得之。

楊萬里：動以天，无咎之至。六三坤爻，未嘗動而災，是无妄之災。城失火，池魚殃，魯酒薄，邯鄲圍。有牛繫於斯塗人取去不可得而訴，邑居可訟，此非无妄災乎？

朱熹：六三處不得正，故遇其占者无故而有災，如行人牽牛以去而居者反遭詰捕之擾也。

楊簡：三非邪者，以未能不作，意不能不立，於我故謂災。災非心欲，心靜得靜則失動，心在異得異則失同。有得有失。故繫牛爲象，有得有失，其旨益明。

吳澄：占有災。无妄之善有三：剛實，當位正，无應无私累。六三咸无。項氏曰三所遇災，非人爲也。楊氏曰非我求我得者无妄之災。如邑人或繫牛於此，脫所繫，爲行人得，邑人有失牛之災，是謂无妄。

梁寅：災患无故而至，雖君子有所不免。三不中正，雖无故，亦由素行不謹有以致之也。行人牽牛，居反罹禍，亡猿禍林木，失火殃池魚者相類，三盍自反而已矣！

來知德：變離爲牛。六三陰不正。假牛以明无妄之災。六三即邑人也。言牛繫此，乃邑人牛，偶脫爲行人得，邑人有失牛象。亦適然不幸，故爲无妄之災。

王船山：或繫之牛，遯所謂鞏用黃牛之革也。行人謂初九，邑人三，二欲繫陽於三，陽來居初，爲初得，三不當位，健行故災。災外至非三自取，初使然，无妄之禍也。

折中引關朗曰：災也，運數適然，非己妄致。朱子語類曰：六三地頭不正，故有无妄之災，言無故而有災，如行人牽牛去，居人反遭捕。引胡炳文：天實爲之也。三時无妄有災者。

李光地：凡時窮則有災，三居內卦之極，故有无妄之災。行人得牛，牽連邑人，邑人可謂无妄之災。然災自外作故無凶害之辭。

毛奇齡：遯艮剛易震柔。坤國邑，或以艮手牽巽繩、繫之大離之牛，行人得之，有何不可！邑人之災也，非妄也，就震柔求艮剛，何以異是！

李塨：人或繫牛，行人得之，或者尋覓无所則求之邑，捕詰之頌紛然至矣！邑人安居與世无爭，橫被災禍，天下李代桃僵者豈少哉，六三處人位而微下，故致如此。

惠棟：應上體坎，故稱災，坤牛，乾行人，坤邑人，牛所以資耕菑也。繫弗用爲行人得故災。邑人災天下皆災矣。

姚配中案：四之正成坤，上來三得坤牛，坤爲邑，邑人謂三，三伏陽未發，故邑人之災，有民不能治，能治者得之。阮籍云有國而不收其民，有衆而不脩其器，得人得之，不亦災乎！

吳汝綸：災疾之出於不意者也。行人牽牛去，居人反遭詰捕之擾，故曰災。

馬通伯關朗曰：運數適然，非己妄致。引胡炳文曰：三失位，有无妄之禍，時也。其昶案：三動成離，行人得牛，牛失則邑人災。六三當變，災不可避，天下无道，小役大，弱役強，其能免於災乎！

丁壽昌：正義有司或繫其牛。案古无謂有司爲行人，正義曲附王說之非。朱子語類：六三地頭不正故有无妄之災。胡雲峯曰匪正有眚，天實爲之也。蘇蒿坪曰變離火有災象。互巽爲繩，離牛，乾行，巽入，三四人位故曰邑人行人。
曹爲霖：宋太宗時，有乞罵富人，衆忿，忽有人刺丐，有司坐富人殺人，上問服乎？曰服矣，上曰箠楚之下何罪不承，乃失刑者而釋富人，蓋向者我使人殺之也。
星野恒：柔不中正，居下上，無故遇災之象。蓋人遇災，未嘗不由自致也，陰柔不正之所致乎？然無其故亦不至凶矣。
劉次源：變離爲牛，三陰失位，邑人本位，性无妄，災非性罪，五賊戕害，各騖其利，行人得牛，邑人受累，性被欲牽，性乃汙穢。
李郁：无妄之災謂得禍於偶然也。有繫牛道旁，行路之人牽去，與邑人無涉，或訟邑人之盜牛，可謂禍由天降矣！
于省吾：无妄之災言災不可忘也。其出戒勉之意。
胡樸安：六三无妄无希望義。非意料所及之災也。其耕牛不知何人（行路之人）繫去，居處之人，得失牛之災。
高亨：灶不曲突以致火患，蓋邑人不愼宅焚，適或繫牛於宅外，牛見火驚逸，爲行人所得，故記之，殆古代故事。

李鏡池：邑主綁牛，路人順手牽走，偷牛的有所得，邑人災難臨頭。邑主罰邑人失職。這說明邑主與行人的妄行，邑人得了意外之災。

徐世大：生死不可提摸，猶如災害之來非可逆料。—有人繫牛，過路人得了，同里的人遭災殃！

屈萬里：行人得牛而逃故累及邑人。

嚴靈峯帛書：六三，无（　）（　）（　），或擊（　），（　）（　）之得，邑人之（茲）。

張立文：妄之災，帛書缺。無妄之災言未嘗妄行而遭災禍。或，疑辭。擊假爲繫。茲假爲災。譯：六三，沒有妄行而遭災害，邑人把牛繫在外面，過路人順手牽走，過路人有所得，邑人卻遭災害。

金景芳：是說不知道誰把牛拴在這兒，路人將牛牽走，牛丟了，牛主人以爲邑人牽去了。胡炳文說无妄之災，天實爲之也。朱熹六三不正，遇其占者无故而有災。

傅隸樸：六三柔竊剛位，狂妄不順，欲有創作，妄用牛耕，主管官吏牽走耕牛而有功，邑人即耕者失牛，也即是說耕者必有災。周禮有大行人小計人，是政府官吏。

徐志銳：六三不中不正，震極不能不動，以虛妄而強行天道規律，天命不祐致灾害。六三擬拴牛，行人得到，是其匪正有眚。

朱邦復：不經意災難，一人之得，爲另一人之失。

林漢仕案：无妄之災，乃无望之災，无滿足之災，不能專守己職，妄欲兼人善，兼利已也，「无滿足」乃動力出發之源，然人欲橫流，得隴望蜀，爭奪起矣！私心自用，未有不禍害原加諸人者。六三陰居陽位，動極，不安其分。或繫牛者欲耕與民分利也，或爲肉牛則與商爭利也。爭利，所司職守必有缺，禍害一也，不遵王命，使民有怨望，害二，而又繫牛廢耕，牛爲路人所得，（或謂所德，牽牛使飲使食也）失牛害三，使邑人蒙受偵訊之苦，害四。六三私心起而禍害連連，无飽足之災也，是爲无妄之災。无妄者无滿足，妄求妄行以致災也。故是，有人以魯酒薄，邯鄲圍；城失火，池魚殃；亡猿禍林木，李代桃僵，皆非矣！罪咎本因己而生也，非得禍害於偶然，實六三地頭不正有災妄之象。罪固有應得也。王弼數之陰居陽，行違謙順。孔疏三失正道，僭爲耕事。張載責以體躁而動。程頤數以柔不中正，欲亦妄。蘇軾以不安分，自知不足而求无妄。項安項謂不比應窮，災降自天。吳澄數之虛，不當位，有應有私。是言六三之當災也，邑人即當地居者，而六三即其位，故是邑人亦六三也，朱子之言遇其占有災，折中之言運數適值。至少三之災之必然性。至有爲三抱不平者，認三非邪者。（楊簡言）楊萬里之六三坤爻，未嘗動而災，是无妄之災！王船山災外至，非三自取，初使然，无妄之禍。折中引謂無故而有災，運數適值。李塨之李代桃僵，六三處人位而微下，故致如此。惠棟之邑人災，天下皆災矣！馬通伯引謂運數適然，非己妄致。星野恒謂無故遇災之象。李郁之禍得偶然，禍由天降也。張立文之六三沒有妄行而遭災害。是皆包庇六三无足之壑欲，馬通伯引「天下无道，小役大，弱役強。」孟子原文是：「天下有道，小德役大德，小賢役大賢。天下無道，小役大，弱役強，斯二者天也。順天者存，逆天者亡。」（離婁上）孟子教齊宣王以大事小，以小事大之理，樂天，畏天之後果。小不可敵大，弱固不可敵強。先聖遺教，有書不讀，非書之罪也，有司不進上達天聽，致在上者閉塞善道，枉想小役大，弱役強，招致逆天而危亡，非天數也，乃自取之也。六三无滿足之「一肚子造反底事」，其獲无法餵飽足之陽九厄運，宜乎哉！（六三非君，乃敍小役大，蛇呑象至災之必然也雖然李衡引胡曰三不中正，欲擅君權，不惟己有災，己所累亦有災。）牛之象，朱震謂坤牛巽艮繩手。來知德變離爲牛。是言四變爲坤，或三變爲離也。易家多直敍爻文而略於象。如牛者稼穡之資，程頤借使牛、馬，設或也，失乃是災。孰繫之牛？三也，邑人亦三也，李衡引牧謂三居內故稱邑人。行人，有司也，行路之人，政府官吏，周禮有大行人小行人。朱震謂四，李衡亦謂四剛外來乘三故稱行人。引石則謂九五爲行人。王船山則以初九爲行人。惠棟曰乾，行人。丁壽昌案古无謂有司爲行人，正義曲附王說。傅隸樸之言周禮大行人小行人，案大行人掌大賓之禮及大客之儀以親諸侯，小行人掌邦國賓客之禮，籍以待四方之使者。非所司當不致作「偷牛賊！」傅公直以用周官中有大小行人官，證諸行人爲政府官吏耳。非以大小行人即易中順手牽牛者也。其爲今之保甲長或里鄰長乎？

九四，可貞，无咎。

象：可貞，无咎，固有之也。

王弼：陽居陰，剛乘柔，履謙順，比至尊，可任正固守无咎。

孔疏：以陽居陰近至尊，可以任正固有所守而无咎。

程頤：四剛无應與，无妄者也。剛无私豈有妄！可貞固守此自无咎也。

蘇軾：九四內足而藏其用，詘其至剛而用之以柔，故可貞无咎，可以其貞，正物而无咎者，惟四也。

張浚：居乾健，初貞所固有，惟變巽成位，以剛履柔，不可不戒，故曰可貞。互艮止，剛止則妄息，咎何來，中貞可以格天。

鄭汝諧：健體而應，動易妄。四雖健體，居陰下无應，正守則不失所有，故曰固有之也。

張根：輔无妄之主當如此。

朱震：四剛不正，動正，正則无妄，故曰可貞无咎。无妄則无咎。此爻在妄爲剛，聖人與可正，正則无咎。

項安世：四雖不得位，質剛體健，无所係應，固有之德可以自守，不隨位而加損也，故曰可貞，无咎。固有之也。

李衡引石：四逼至尊，下據二民，爲五所疑。可行者正而已。引胡：剛直无咎，己之德性素有之也。引介：无爲有，虛爲實；材不足，位有餘者妄也。不爲正當，亦不爲妄，固有其位則可正而无咎。

楊萬里：以剛居柔，豈妄動哉？故許貞固守此道則无咎。

朱熹：陽剛下无應與可固守而无咎，不可以有爲之占也。

楊簡：九陽動，四陰靜。三雖靜而不能不動，四動而之靜，去妄學無妄。九未免於習。意蔽盡釋，本明自昭，故曰可貞，言亦可正也。而寖改過矣，故無咎。

吳澄：无應故可正事，居不當位，當有咎，无私故得无咎。

梁寅：陽剛乾體，下无應與，此无妄者也。陽居陰，懼其不能固守而或失正，故戒可貞則无咎也。

來知德：可，當也。陽健有爲，下无應與，但可守此无妄正道，无咎矣。妄動不免有咎也。

王船山：四初相應，初以剛濟，動以誠，有唱有和，亦不失其正而得无咎。可者，僅可之辭。

折中引胡炳文：貞正而固也，利正。四剛健無應，其占不可有爲也。引何楷曰：九四可貞无咎，止乎所當止者也。

李光地：內卦動體，進象；外卦健體，固守象。四居健初，能正而固，可以无咎矣！

毛奇齡：四可正者，以正吾固有者也，二也。

李塨：九四陽居陰非正，然乾剛則可貞而无咎矣！剛固有也。

惠棟：動正故可貞，承五應初故无咎。

姚配中案：伏陰可發之正故固有之。

吳汝綸：三四相承，无妄之災，可貞以守也。

馬通伯案：失位非貞，此爻得正然後可以承五，五爲天，可以應初，初爲天命之性。非外鑠我，我固有也。復其固有，无咎之道。

曹爲霖：金谿陳氏曰初剛，誠之通四，剛則誠之復也，可爲固有而得无咎。象曰固有之者非待外，我固有之也。

星野恒：居近君之位，陽剛無應，可貞固守之乃得无咎。
劉次源：四應初剛，至健无欲。性可固守，不至妄鑿，无咎云者，完其天而无過失也。
李郁：四不得位，本有咎。然萬物茂盛，以時言可无咎，四可不動，故曰可貞。
胡樸安：貞，耕種事，不因失牛怠耕種之事而无咎。故象固有之也。朱熹：有，猶守也。言固守耕種也。
高亨：筮遇此爻，所占之事可行且無咎故曰可貞无咎。
李鏡池：可利，貞問。查問一下有好處，這樣不會有問題。
徐世大：安慰死者親戚之辭：千古事莫如死，一死不要怨尤，可以永久的。
嚴靈峯帛書：九四，可貞，无咎。
張立文：譯：九四，善於恪守正道，無災患。可猶宜也，善也。貞，正也。
金景芳：可貞就是不行不往得无咎。何楷云九四可貞无咎，止乎其所當止者也。
傅隸樸：九四以陽居陰位，不與初應，失正疑有咎，曰可貞无咎者，在釋其嫌疑。九四剛正是本性，近君能柔，以正臨下，公正无私可謂貞固了。
徐志銳：九四條件看，僅僅能固守不動才可以免咎。无妄凡剛爻純正，不許虛妄。四剛爻居陰位，雜不純，能守住本位不外求，可貞无咎。吳澄曰可者僅可。朱子有猶守也。
朱邦復：自守正道，無咎。

林漢仕案：貞者，正也。貞正而固。固守正道。貞問。九四柔位剛居，張載謂欲妄動而不敢妄者。李衡引謂迫至尊而據二民而無應與。易家於是叮嚀九四宜貞固庶足幹濟，位大臣輔五應初者，過剛則失之跋扈而无親，過柔則昵於嬉而威失。貞固者正固也。无妄者无望也，非謂无所希望，乃不易滿足。不易滿足則標準高，目標長遠，斥鴳固不知也。无妄而知小，妄也而已！「吾其爲文王乎！」曹操應堂弟夏侯惇之勸，與郿塢築隧道，儲糧三十年，成事則天子，敗亦富甲四海之董卓比，豈無軒輊？志與知之結合，不滿足現實，必能創造另一理想環境，九四位高權重，當非鷃鴳小知，故囑彼貞正，固守正道，造福蒼生也。貞另解爲貞卜，卜問之貞。可貞，可卜問鬼神，九四之疑而問也，无咎即其卜問之答語。爲大臣者，若都蕭規曹隨，如何應付瞬息萬變之社會進步現象？何況無蕭可隨耶！貞卜解不如貞固，貞正較具積極意義，本爻即謂九四，不滿足現實，宜固守正道，則无咎，蓋善補過也！各家之意輯說如后：

象：固有之也。

王弼：陽居陰乘柔，比至尊，可正固无咎。

孔疏：近至尊，任正固守而无咎。

程頤：剛无應與，剛无私豈有妄？貞固守此自无咎也。

蘇軾：九四詘其至剛而用柔，可以正物而无咎者。

張浚：以剛履柔故戒可貞，剛止則妄息，咎何來？

鄭汝諧：四體健无應，正守則不失所有。
朱震：四剛不正，聖人與之可正，正則无咎。
項安世：四不得位，質剛无係應，固有之德可自守則无咎。
李衡引：不爲正亦不爲妄，固有其位則可正而无咎。
楊萬里：許貞固守此道則无咎。
朱熹：不可以有爲之占也。
楊簡：言亦可正也，而寢改過失故無咎。
吳澄：无應，居不當位，无私得无咎。
梁寅：陽居陰，懼其失正故戒可貞則无咎。
來知德：可，當也。但守此无妄正道，无咎矣！
王船山：四初相應，初以剛濟，有唱有和得无咎。可，僅可也。
折中引：其占不可有爲。止乎所當止者也。
李光地：內動外健，四居健初，能正而固，可以无咎矣！
毛奇齡：四可正吾固有者也。二也。
李塨：乾剛可貞而无咎。剛，固有也。
惠棟：動正故可貞，承五應初故无咎。

姚配中：伏陰可發之正，故固有之。

吳汝綸：三四相承，无妄之災，可貞以守也。

馬通伯：失位，得正可承五天，可應初，非外鑠我也。

星野恒：居近君，陽無應，可貞固守之乃得无咎。

劉次源：四應初剛，至健无欲，完其天而无過失也。

李郁：四可不動故曰可貞。本有咎，以時言可无咎。

胡樸安：貞耕種事。固守耕種則无咎。

高亨：可利，貞問。所占事可行無咎。

李鏡池：貞問查問一下，不會有問題。

徐世大：千古事莫如死，一死无怨尤，可以永久。

張立文：可，猶宜也，善也。恪守正道，无災患。

金景芳：可貞就是不行，不往得无咎。止乎所當止也。

傅隸樸：剛正本性，近君能柔，公正无私可謂貞固了。

徐志銳：四剛居不純，能守本位不外求，可貞无咎。

可者當也，僅可也，可利。本爻異說較少，九四狀況可歸納爲：

1.不可以有爲之占。所占事可行无咎。

2.剛居陰位，近尊，无應。

3.四剛不正，內動外健。四居健初。

4.承五乘柔。

故九四必須貞固其剛正本性以承五天，動正應初，或无係應，固守公正无私之德可以无咎。所謂動，即變柔應初。所謂无係應，即李郁所謂不動，朱子謂不可以有爲之占，許以不變也，惠棟則許動，動故正。吳汝綸之謂三四相承，貞以守之，似言井有仁焉，其從之也耶？又似言富與貴，貧與賤，不以其道得之，不處也，不去也。否則何須貞守相承三之无妄之災？能正則災之來亦不去也夫！　爻文言可貞，即可正也，可正則不須動變，動變以應即非可貞，馬通伯之「可應初」，不變而應初，則兩陽相戰，醜態百出，豈是本性「非由外鑠我」者？　金景芳謂可貞即不行不住，又言止所當止。不住即不止，而又引止所當止，即行矣，能无咎否？

九五，无妄之疾，勿藥有喜。

象：无妄之藥，不可試也。

王弼：居得尊位，无妄主，下皆无妄害，非所致而取藥焉，疾之甚，非妄之災，勿治自復。非妄而藥之則凶。

孔正義：凡禍疾所起由有妄來，今九五居尊，无妄主，下皆无妄而偶然有疾，故云无妄之疾。自然之疾，勿須藥療而有喜也。假病象喻人事。人主剛正逢凶，修德勿須治理。

張載：欲妄動而不敢妄，以无妄爲疾者也。孟子言法家拂士是疾无妄者也。不可試，言不可用藥治之。

程頤：中正當尊位，順應之可謂无妄之至。如其有疾，勿以藥則有喜，疾自亡也。戒在動則妄矣！

蘇軾：陽居陽致其用者，九五是也。九五以五用九，極其用也。用極則憂廢故戒之，无妄之世有疾，小不正養其大正，烏可无哉！无妄之藥以正毒天下，其誰安。不可試也。

張浚：无妄之疾，疾非其疾。二五正應，三四間之爲疾，中獲應爲有喜，互兌爲喜。九五履乾中，動得正，至誠孚物，猶有頑不率化者爲无妄之疾。退修德而苗服象。

鄭汝諧：五剛而位中，无妄，有爲，易求全，小正大或傷，猶无妄疾不足藥，藥反傷元氣，傷元氣必欲无一疾，而爲无妄者皆災也。武帝雄才疾禮文未備，夷狄未賓，制法興師試吾藥，疾益滋，以妄爲无妄也。

張根：徒擾之而已！堯湯之水旱是也。

朱震：九四妄間，五疾也。疾者陰陽失位象。非妄所致，勿藥可也。五正戒動，不可嘗試，五得位二應，喜陽得位。

項安世：五居中得位，與陰相應，故不免疾，然二五中正，非妄交，故爲无妄之疾！故爻戒以勿藥。然終非得志之爻，亦可見陰之爲累矣！五之喜，喜與二應也。

李衡引陸：三五同功，三妄行，未得志，所謂禮義不愆，何恤人言之謂也。引牧：應二，任偏私爲己患，爲仁由己，正則不敢爲妄，勿藥者不外求也。引石：五之疾九四也，四守正无犯，五不疑，病自去，若反疑之，彼必不安，故曰不可試。引侁：初外來爲主，五疑之，然初本无妄。引陳：欲人不妄，禹泣辜，成湯罪己是也。引孫：三匪正失順，有妄，爲五之疾。

楊萬里：剛健中正居尊，二柔正應，无妄之至。而猶有疾，聽其自作，信其自愈而已！焉用藥！

朱熹：乾剛中正，居尊下應亦中正，无妄之至，如是而有疾，勿藥自愈矣！故其象占如此。

趙彥肅：以應爲累，无妄之疾，初能治之，不待已除也。

楊簡：五爲中，中爲道，九五得道者也。然有疾焉，或微動而過差，疾小不藥自愈。昔孔子舊館人喪，使子貢脫驂賻之故事。此無妄之疾也。

吳澄：下有應故曰疾，无妄之疾，任其自來自去，勿藥者也。疾去曰有喜，不治療疾自去，不屏外物自不能爲累也。

梁寅：乾剛中正，應亦中正，或猶有疾，乃无妄之疾也，勿藥自愈。其疾，其喜，順其自然而已矣！

來知德：五變坎爲心病，巽木艮石藥象。綜兌悅象。九五陽剛中正，居尊下應，如是而猶有疾，乃无妄之疾，故勿藥自愈。其象占如此。

王夫之：初擁震主之威，立非常之功，五之疾也。然五中正得位，坦然不疑其妨己，亟於施治，初九本非逼上，功成坐受其福矣。成王於周公始試藥，四國亂終，勿藥而王室安。

折中案：勿者禁止之辭。人有无妄之災，順其自然事自平，勿用智以生他咎。有喜者剛中正而居尊位。

李光地：既无妄則不可以禍福利害動其心，如人無疾而忽得疾，苟欲速其愈而藥之，反傷其氣，五中正因設戒！

毛奇齡：居坎純乾，坎病是疾也，偶然无妄者，信而加藥，其惟勿藥，則庶乎有喜，何可試也！

李塨：九五居坎位爲疾，若九五陽剛得位，即有疾，乃无妄之疾，陽剛中實，疾不能入，得位，勿藥有喜矣！无病服藥，藥即爲疾！乃以妄治不妄也，豈可哉！

惠棟：坎爲疾，君以民爲體，邑人災君子之疾也，故曰无妄之災，巽木，艮石，故稱藥，得位得正故勿藥有喜，陽稱喜也。

姚配中引注：虞翻曰四已上之正，上動體坎，坎爲疾病，故曰无妄之疾。坎多眚，藥不可試，故勿藥有喜。案：動則失位故不可。

吳汝綸：易以乘剛爲疾，五之藥謂二也，二不利往，故象云不可試。

馬通伯引張英曰：天下有不期然之福禍，一切聽自然。其昶案：五剛中正，本无疾。以天下之災眚爲己疾，是无妄之疾。元氣充實，邪消故有喜。諺曰：有病不治，常得中醫，此无妄之藥，不可試之說也。五藏元於中。

丁壽昌：程傳本无疾病而攻治，反害正。案似于經文不協。蘇蒿坪曰互坎揜巽故曰勿藥，變離陽在外，與坎爲憂相反，有喜象。

曹爲霖：思菴葉氏曰无妄之疾與災有別，災外來，疾中作，伯奇孝而放逐，子胥忠而鐲鏤，災也；舜號泣，周公恐懼，疾也！疾至克諧，勿藥有喜矣！

星野恒：陽剛中正，下與二應，賢主當昌，縱有水旱疾疫，夷狄盜賊，則行消除不害爲治世，君子其德可不正乎！

劉次源：妄即其病，醫病當投其證。以妄治妄，病將益甚，五剛中盡性，返諸无妄，勿藥有慶，不可用藥，藥即是病！

李郁：九五乘剛有疾，亦偶然之疾。四降二疾自損故勿藥有喜。

胡樸安：民衆耕種勞苦，由勞苦得疾，只須休息即癒，不必服藥。

高亨：无妄之疾，當得之疾也。如食過飽，酒過量。有喜謂病愈也。殆古成語。未嘗妄作得病，筮遇此爻則不藥而愈。故曰无妄之疾，勿藥有喜。

李鏡池：得了病不胡思亂想，心情舒暢，寧神靜養，不吃藥也會好轉的。

徐世大：某地風俗載，人臨終，家人呼告之曰：你病好了。否則其鬼猶帶此疾。諺死病無藥醫。既不用藥，大可恭喜恭喜！

嚴靈峯帛書：无（孟）之疾，勿（樂）有喜。

張立文：樂假爲藥，古同聲系通假。言治療，醫治之意。譯：九五，未曾妄行而得疾病，不用治療也會自愈。

金景芳：眞實无妄，得疾，就是无妄之災。本來无病，不吃藥倒好，吃藥倒壞。

傅隸樸：五剛正居尊，本身及臣下无妄，政治上沒有敝害；无妄的政府，偶爾天災，不可隨便改變既定國策，未有不勝的。勿藥有喜即不用吃藥可疾癒。

徐志銳：九五陽位剛爻，純且正，然應六二柔，影響自己的純正，故稱无妄之疾。九五本身无妄，受外界影響，得小疾不足證明本身不健康，用藥反害成有妄了。

朱邦復：位中正，下應亦中正，不必擔心之象。釋：偶得小恙，無害，有喜。

林漢仕案：「无妄之疾」在未輯易傳大家宏偉觀點前，姑容置喙直言：漢學易家「无望之疾」，我釋放出「不能滿足」之缺失，以爲本爻立論主題。不能滿足，勢必多方尋求出路。然則「王之大欲可知已！欲辟土地，朝秦楚，蒞中國而撫四夷也。」此孟夫子套出齊宣王問桓文之事所下之結論。屈原之「乘騏驥以馳騁兮，來吾道夫先路！」斯之舍我其誰之志，欲導楚王入聖域，其用心至明。王陽明爲善最樂文：「君子樂得其道，小人樂得其用。」五色、五聲、五味、田獵、營營終身，心勞日拙。齊桓公對管仲稱：「吾欲從事於諸侯，其可乎？」史記高祖本紀：高祖常繇咸陽，縱觀，觀秦皇帝，喟然太息曰：「嗟乎，大丈夫當如此也！」項羽本紀亦載：秦始皇帝游會稽，渡浙江，梁與籍俱觀，籍曰：「彼可取而代之。」五爲君子則胸懷四海；五爲小人，則聲色犬馬足矣！安之，無法滿足其欲望，視其雄才大略衡天之志大小耳。而生靈塗炭，百萬活口，立遭灰飛湮滅，只在彼一念之間。毛澤東沁園春塡詞，末句有「數風流人物，還看今朝。」此近世史也，影響數十億丁口，歷時五六十年仍不得平。「滿招損」之古訓，看來不適用框框「有爲者」君王之丘壑。得志，澤及億萬同胞。而所謂得志，亦隨時代推移，由仰足事父母，俯足養妻子，至汽車、別墅股票、黃金，而猶未爲足也，家家直昇機、戶戶潛水艇……九五君王欲望無法餵飽，是福，是禍，賭它十年八載，或五七十年，今時無法解決，交子孫繼志述事，无妄之疾，九五不能滿足之毛病，豈是毛病？朝秦楚，蒞中國，與華盛頓釋出獨立宣言，若其爲王，不只造福一世，千萬世亦蒙其大利也。藥能醫阿斗之愚，藥能治項籍之妄，宋高宗皇帝忍心父兄任金人公侯之封，則諸葛公或不至勞累猝死五丈原，范增將繼太公之後獲萬世美譽，宋徽宗豈希罕金封之昏德公，欽宗皇帝只能爲金國之重昏侯！藥不能治愚私也至明矣！九五飛龍在天，九五大壑欲望不能塡定，明主有大願，賢佐應運興、无望，无滿足之大欲，必是福而非禍也。不能醫亦不必醫，福喜隨之來也，其九五乎！

茲依例述易家評析如后：

象：无妄之藥，不可試也。

王弼：无妄主，下皆无妄害，非妄而藥則凶。

孔疏：九五居尊无妄主，偶然有疾，勿須藥療而有喜也。

張載：以无妄爲疾者也，法家拂士是疾无妄者。

程頤：无妄之至，如有疾，勿藥疾自亡，戒在動則妄矣！

蘇軾：无妄之世有疾，藥以正毒天下，誰安，不可試也。

張浚：三四間之爲疾，獲應有喜，互兌爲喜，頑不化者爲疾，退修德苗服象。

鄭汝諧：有爲易求全，武帝雄才興師試藥，疾益滋。

朱震：九四妄間，五疾也，五得位二應，喜陽得位。

項安世：五與陰應故不免疾，亦見陰之累！喜與二應也。

李衡引：禮義不愆，何恤人言！五之疾四也；五疑初；三匪正爲五之疾。

楊萬里：剛健中正，无妄之至而猶有疾，自愈已焉用藥！

朱熹：乾中正應亦中正，无妄之至，有疾自愈，其占如此。

趙彥肅：以應爲累，初能治之，不待己除也。

楊簡：九五得道者，然有疾焉，疾小不藥自愈。

吳澄：下有應故曰疾，任其自來自去，疾去有喜。

梁寅：乾應中正，或猶有疾，乃无妄之疾，順自然而已矣！

來知德：五變坎心疾，巽艮木石，綜兌悅。勿藥自愈，占如此。

王夫之：初震主，五之疾，初非逼上，坐受其福矣。

折中：人有无妄之災，勿用智以生他咎，中正居尊有喜。

李光地：既无妄則不可以禍福利害動其心。速藥反傷氣。

毛奇齡：坎病偶然无妄者，其惟勿藥則庶乎有喜。

李塨：五居坎位爲疾，陽剛中實，疾不能入，藥而是疾。

惠棟：坎疾，巽木艮石稱藥，得位得正勿藥，陽稱喜也。
吳汝綸：易以乘剛爲疾，五之藥二也。二不利往故不可試。
馬通伯引：五本无疾，以天下災眚爲己疾，邪消故有喜。
丁壽昌：程傳似于經不協。互坎搒巽勿藥，變離有喜。
曹爲霖引：疾災有別，伯奇災，舜泣疾，疾克諧勿藥有喜也。
星野恒：賢主當昌，縱有水旱災，消除不害爲治世。
劉次源：妄即病，五剛中无妄，不可用藥，藥即是病。
李郁：九五乘剛有疾，四降二疾自損故勿藥有喜。
胡樸安：耕種勞苦得疾，休息不必服藥即癒。
高亨：无妄之疾如食過飽、酒過量，有喜謂病愈也。
李鏡池：得了病不胡思亂想，靜養不吃藥也會好轉。
徐世大：人臨終，家人呼你病好了，否則鬼猶帶病。
張立文：未曾妄行而得病，不用治療也會自愈。
金景芳：本來无病，不吃藥倒好，吃藥倒壞。
傅隸樸：无妄的政府，偶爾天災，不可改變既定國策。
徐志銳：應二影響自己的純正，小疾不足證明本身不健康。

朱邦復：位中正，下應亦中正，不必擔心之象。

无妄，无法飽足，其轉變來自漢人解妄，望也，望著月圓，月滿爲望，人飽食後腹滿象，再引伸爲飽足其心志欲望。然觀自來解无妄者，多謂本身無妄言，妄行，無缺失，無妄之疾，本身無過咎招來疾害，即無故挨責，無故被連累。似與爻意相去不能以道里計！即丁壽昌謂程頤「以中正當尊位，戒動，動則妄矣。」爲與文不協。程舉舜之有苗，周公與管蔡，素王與叔孫武叔是也。舜與周公之服有苗與管蔡，九五之志也。而叔孫武叔毀仲尼，謂子貢賢於孔子，確爲與爻意無涉。易傳大家若以四大不調爲疾，謂九五得道者，不藥自愈，則不免太泥於字句之訓。吃五穀雜糧，何人能免乎疹疾？「人無千日好」俗語，正須藥備解四大不調之苦也，有疾不治，眞乃妄人也，令自吃苦，藥本乃治不死之人，不死而延誤醫期，死矣！至少加深，加遽其疾也。九五之疾，非是風寒過飽之疾，亦非如易傳大家如吳澄等之謂「下有應爲疾」，應二如何疾？蓋寡人有疾，寡人好色乎？項安世謂「五與陰應故不免疾。」而吳汝綸卻謂五之藥，二也。五之疾不在四，不在三，亦不在二，不在初，而在五本身无妄也。張載稱：「法家拂士爻无妄者」，豈李斯，蕭何，留侯膽敢疾主，疾始皇帝，疾漢高祖劉邦？法家拂士該疾易飽足，無遠志之君王，疾已有能無從釋放！觀諸葛公食少事煩，疾阿斗之短視可見一二。五之雄才大略，果有攬四海，宇內欲彼同中國者，汝能獻：迫美英俄城下盟，犧牲少而獲益多，世界唯向中國大同之計，五之心病可以癒矣！勿藥有喜也。周瑜抗曹之疾，火攻既定，一「東風」疾全消矣，小說家言，可借以呼應无妄之疾，勿藥有喜也。

上九，无妄，行有眚，无攸利。

象：无妄之行，窮之災也。

王弼：處不可妄之極，唯宜靜保其身而已故不可以行也。

孔疏：唯靜保身，若動行必有災眚，无所利也。動致災。

張載：進而過中是无妄而行也。

程頤：无妄之極，復行過理則妄，故上九行則有過眚无利。

蘇軾：大妄六三，上九應之。六三外慕正而竊其名，三苟免可也，至於上九窮且敗矣！

張浚：陽極而亢，不知正守，是謂妄行，將獲罪於天，人故有眚。亢動必妄，快心循欲，往何利也！

鄭汝諧：上九以乾之極，居卦終，窮其所行，災自己致其類乎！秦皇之妄歟！

張根：所謂用靜吉，物不可極故。

朱震：三四上妄者，四可貞，上妄極，上之三成離伏坎爲眚，三之上成兌爲毀折，行有眚也。妄極而窮，窮之災，不獨人禍，必有天殃。

項安世：上九可守不可行，又當時位之窮，愈无可行之理。

李衡引崔：居極有妄者，應三，上下非正，窮反妄故災。引子：乘剛又爭應，窮高極危，妄甚也。引牧：過亢及陰，故有窮災。引介：上陽宜止，行則妄矣！

楊萬里：六爻皆无妄，故上九亦許无妄。戒之行有眚，无攸利者何也？无妄動卦，動不妄乃許其動。

朱熹：上九非有妄也，但以窮極不可行耳，其象占如此。

趙彥肅：事類亢龍者也。此卦論成就之功，初當進，上宜止，二三當變，四可貞，五守中。

楊簡：此爻已得道而蒙以蒙以養正之功。無過可言。賢者尙疑復起則有眚。眚者災之小，失蒙養之功矣！孔子之吾無知也；不知老之將至，故能從心所欲之妙。

吳澄：時終位極，无可往之地，必退下應六三，行有眚也。

梁寅：處窮極之地，進无所之也。如伐木於宋，厄陳蔡，无時位所遭者然爾！曰有眚，不利，由其匪正而然也。

來知德：下應震足，行象。九非有妄，但時位窮極不可行耳，故其象占如此。

王船山：初以陽剛代天行，上九晏居最高之地，亢志欲行，違時妄動，自成乎眚而无攸利矣！

折中引龔煥：上九居无妄之極，不可有行，若不循理而動則反爲妄矣！有眚不利宜哉。引何楷曰：彖所謂匪正有眚，不利有攸往者。案：上九失位，時已去矣！其行雖无妄，有眚无攸利，是故善易者識時，當靜而靜也。

李光地：處時之窮，不可以動，動則妄矣，惟無動爲大也。

毛奇齡：无妄至此震窮，乾亦窮矣！不可往，此非妄之行，无妄之行，卦所謂有眚者在此，謂不利有攸往者亦在此。

李塨：上九處不正，陽亢而窮，下應震足，謂我本无妄，何不可行！象所謂有眚，不利攸往即此已！宋司馬君實變新法而過，朱晦庵門人欲殺陳同甫，明東林黨偏而激亢，禍及家國，孔子所謂无妄災也，不亦驗哉！

惠棟：動成坎，故行有眚，乘剛逆命故无攸利，天命不右，行矣哉！

姚配中案：上當之三，不之三而妄行則伏陰發陽，窮不能反，動則爲陰所消。

吳汝綸：卦自初以外皆不利行，上則尤窮矣！

馬通伯：上九之亢與乾同，不可變，變則无應而愈窮，蓋天運之否，君子夭壽不貳，脩身以俟之而已！

丁壽昌：何氏楷曰无妄之行猶彖傳无妄之往，上九乾之窮，與乾亢龍義同。蘇蒿坪曰行乾象，變兌毀折，眚象。

曹爲霖：容菴盧氏曰上九乾體之極，過剛不正，自恃其无妄而激於一，往取窮致災也。卦詞所謂匪正，正指此爻。

星野恒：无望之時，陽在上，此妄行者，故有眚，无攸利。冥行妄作，何利之有！

劉次源：无妄而妄，下應三陰，陽過而亢，不可妄行，行即是妄，故有災眚，无攸利者，戒其不必行也。

李郁：初人力，上天命，兩剛誠實不渝，故皆无妄，上九若動，天命不祐，行必有眚，故无攸利。

胡樸安：種種力耕，猶有災眚，可謂无妄之行矣。（无望是无希望）民衆力盡得災，雖勤耕无穫而有眚也。

高亨：无字疑衍。或曰此警語，无猶毋，人毋妄行，如妄行則有眚。妄亂妄行必有災，無所利。若作无妄行是行正當，安得有眚无攸利哉！

李鏡池：不要妄行！如果妄行則有災殃。這是一個關于行爲修養之卦。思想行爲正當，不要亂來，否則會生災禍的。

徐世大：出殯擇日。出門有鬼是沒有什麼好處的。

屈萬里：上文多爲冥迷，故行有眚。

嚴靈峯帛書：尙九，无（孟）（之）行，有（省），无攸利。

張立文：高亨認爲此爻无字疑衍，非也。此句當爲妄行則有眚之省。譯：上九：不要妄行，妄行有殃，沒好處。

金景芳：引折中上九居无妄之極，不可有行，若不循理而動則反爲妄矣，其有眚不利也宜哉。胡炳文曰時當靜而靜也。

傅隸樸：无妄之政，到此已屆飽和，无妄之極，妄欲有所行動，變治平爲亂局，必有災眚，行既災省，尙何利可言？

徐志銳：上九剛柔相雜，以剛居柔又應六三，又處窮極之地，无處可往，因此說无妄之「行」，窮之災也。強行事致災。

朱邦復：無妄，不宜有所爲，行必有災，無利可言。

林漢仕案：欲望無底，征服太空，征服海洋，兼宇內，定八荒，猶爲未足。爲肥甘、輕煖、采色、聲音、便嬖之臣，不足於口、體、眼、耳，使令於前而力求，或不致敗汝祖宗基業。而胡天胡地，御美女，酒池肉林，曲水流觴，所謂眚由己作（李光地言）者，病酒，病色，皆自作也。若夫征不服，以若所爲求若所欲，盡力而爲之，孟子斷語：「後必有災。」本爻第言「行有眚。」是輕於災也。「失正無忌憚」爲楊簡之判。試觀各大家稱上九，行有眚之意見，一一陳列於左：

象：无妄之行，窮之災也。

王、孔稱：靜保身，動有眚災，无所利。

張載：過中是无妄而行。

程頤：无妄之極，行過理，故上九行有眚无利。

蘇軾：三大妄苟免，上九應之，窮且敗矣。

張浚：亢不知正守，妄行獲罪於天，動必妄，人有眚。

鄭汝諧：乾極窮其所行，秦皇之妄歟！

朱震：上妄極之三成離伏坎爲眚，不獨人禍，必有天殃。

項安世：上九時位窮，可守不可行。

李衡引：窮極乘剛，過亢，行則妄矣。

楊萬里：无妄六爻皆妄，上九无妄戒行有眚。

朱熹：上九非有妄，但窮極不可行耳。其象占如此。

趙彥肅：事類亢龍，此卦論成就之功。

楊簡：無過可言，賢者尙疑復起則有眚。失蒙養正之功。

吳澄：時終无可往之地，必退應三，行有眚也。

梁寅：處窮極之地，進无所之，如伐木於宋尼陳蔡也。

來知德：下應震足，行象。時位窮極，其象占如此。

王船山：上九亢志欲行，違時妄動，自成乎生无攸利。

折中：若不循理而動反爲有妄，有眚，時已去矣當靜也。

李光地：處窮惟無動爲大也。

毛奇齡：震窮，乾亦窮。不可往，妄行有眚在此。

李塨：上九不正，陽亢而窮，彖所謂有眚。

惠棟：動成坎故行有眚。乘剛逆命，天命不右行矣哉！

姚配中：上不之三而妄行，動則爲陰所消。

馬通伯：上九亢與乾同。變則无應而愈窮。修身俟之而已！

丁壽昌引蘇蒿坪：行乾象，變兌毀折，眚象。

曹爲霖引：過剛不正，往取窮致災。

星野恒：无望之時，陽在上，此妄行者故有眚。

劉次源：无妄而妄，應三陽過而亢，行即妄故有災眚。

李郁：上天命，動，天命不祐，行必有眚，故无攸利。

胡樸安：力耕，猶有災害。无望，无希望，勤耕无穫是眚。

高亨：无疑衍。无猶毋，毋妄行，妄行則有眚。

李鏡池：思想行爲正當，不要亂來，否則會生災禍。

徐世大：出殯擇日。出門有鬼，沒有好處。

屈萬里：上爻多冥迷故行有眚。

傅隸樸：无妄之政屆飽和，變治平爲亂，必有災眚。

徐志銳：上九剛柔雜應三，无處可往，強行致災。

朱邦復：无妄，不宜有所爲，行必有災。

上四十餘家口徑一致謂上九過亢而極，窮動有眚。梁寅謂如孔子時窮，伐木於宋，厄於陳蔡同也。然則上九有孔子之賢，亦兼孔子之「莫知我夫」之運，纍纍若喪家之狗相，而仍有「豈匏瓜也哉，焉能繫而不食」之行。繫磬，硜硜乎莫己知之音聲外送，上九，有大願望无法滿足，无妄，无望也，乃漢易，无法滿足，終其一生，「君子修其道綱而紀之，統而理之而不能爲容。」修道不求容，其上九之謂耶？太史公嘆天下君王賢人衆矣，當時則榮，沒則已焉！而孔子傳至今不衰，眞聖者矣！孔子聖之時者，有行可見可時可際可之仕，權量無可無不可之遠識，不可器其方圓平直也。上九蓋如朱子之謂象占如此，上九空有大志，卓越大能與熱情，不得時君授柄，或不得其民之擁戴，一意孤行，假將在外不受令，即有大功，行有眚矣，其所何利乎？蓋戒語也。

䷛ 大過（澤風）

大過。棟橈，利有攸往，亨。

初六，藉用白茅，柔在下也。

九二，枯楊生稊，老夫得其女妻，无不利。

九三，棟橈、凶。

九四，棟隆、吉。有它、吝。

九五，枯楊生華，老婦得其士夫，无咎、无譽。

上六，過涉滅頂，凶，无咎。

䷛大過。棟橈，利有攸往，亨。

彖：大過，大者過也。棟撓，本末弱也。剛過而中，巽而說行，利有攸往，乃亨。大過之時大矣哉！

象：澤滅木，大過，君子以獨立不懼，遯世无悶。

鄭玄：大過，陽爻過也。（漢上易傳）

陸績：大過，大者相過。

王弼：注音相過之過。傳彖：初本上末。剛過而中謂二也。居陰過也。處二中也。拯弱興衰不失其中也。

孔正義：過謂過越之過，非經過之過。陽爻大能過越常理以拯患難也。屋棟本末俱撓，衰亂之世始終皆弱，聖人利往拯患難乃得亨通。

司馬光：大者陽，陽之過差者也。陽當居外以衛陰，陰當居內以佐陽。今大過多陽居內，小過多陰居外，此其所以爲過也。所亨者，君子或爲過人之行者將以有爲也，非道之常也。

張載：陽剛過實於中，本末過弱於外，故當過矯相與也。

程頤：小過陰過於上下，大過陽過於中，上下弱，故棟橈象。九三九四棟象謂任重。橈本末弱故橈。陰弱陽強，君子盛小人衰，故利往亨。棟今謂檁。

蘇軾：二五用事擯陰於外，大者過。過，偏盛不均之謂。大過君驕无臣之世。四陽棟，初上棟所寄，弱見擯則不任寄，此棟所以撓。利其有事有患，君臣之勢可少均。

張浚：周公遭變，孔子轍環，勢不得但已，故大過以攸往亨。外巽互亦巽，爲棟橈，輔相非人，上君下民，弱不可支，國若綴旒。君子扶危持顛，剛中巽說，奚往不亨！

鄭汝諧：大過，陽過，斥陰不用事之地。陽君驕亢不用臣，過常不養小人，至本末弱。中四陽棟也，本末皆陰，上承虛无庇，下乘虛无據。利有攸往拯之不可復過則亨。

張根：拯危救難，君子之事。傳彖：不仁而在高位，孤而无輔。

朱震：陽過陰，大者過越也。巽木在上爲棟，巽風橈之，木上任重，本末弱，棟橈也。天地之理：柔不足，剛亦无自而託也。以過爲中，抑剛濟柔，大者不過乃亨。乃者難辭也。

項安世：肖坎者皆謂過，陽多大過，過輕於陷。過王弼爲相過，王肅音戈，蓋古義如此。若訓爲過誤之過，失其讀矣！觀小過皆是相過越之意。

李衡引虞：初上陰柔，本末弱，故棟橈。引陸：內外陰，君子道衰，剛中正故利有攸往，亨。引石：救衰扶弱，惟大能之，陽居陰，過常分，二四是也。引白：文王當之。

楊萬里：大過之時，大廈將顛之時也。下橈將壓，其本弱。上橈將折，其末弱，不可爲之時。曰利有攸往者：四陽剛天下大過之才，扶其顛，支吾棟，下順上說，往安不利不亨乎？本初六，礎也；末上六，棟也。陽大陰小。

朱熹：大，陽也。四陽居中過盛故爲大過。上下二陰不勝其重，故有棟橈之象。四陽雖過，二五得中，內巽外說，有可行之道，故利有所往而得亨也。

趙彥肅：事因時有，无其時而爲其事者，未之聞也。堯舜之禪，湯武之伐，時爾。

楊簡：陽大陰小，君子大，小人小。大者亦有過，無過何以棟橈？無過何致本末弱？剛過用剛之過也。二五中象巽說之象。修過扶弱，隆其橈也。故聖人警曰利往乃亨。

吳澄：大謂陽。過者不及。踰越其處謂過。未至其處謂不及。屋脊曲也。初上二陰象本末弱，四陽身強，有所不足也。陽不恃盛故宜往，宜往故可以亨。

梁寅：四陽棟二陰宇，陰不能勝，爲棟橈象，廈將傾矣！聖人不委時命，有扶顚持危之道焉。二五得中，猶足有爲，內巽外說，有可行之道，棟橈可支，此利往而亨歟！

來知德：棟，屋脊木乘椽者。木曲曰撓，坎主險，陷撓象。利往何也，蓋撓，卦象言；利往，亨則以卦體卦德之占言。

王船山：初潛不能用，上天位不近人，擯二陰於重泉之下，青霄之上，豈非陽過？三四棟，陽性亢故爲棟橈，利宜交陰相濟而後亨。

折中引朱子語類：處大過之時，當爲大過之事，適時作便合義。引胡炳文：棟橈以卦象言；利往亨，不可無大有爲之才，天下無不可爲之事，以占言。

李光地：陽大，四陽居中，大者過也。在人處難事，違於衆，雖理當然，亦謂之過。好剛而亢，傷物僨事，凡人之大過。過剛故棟橈，然持危定傾，存乎其人，占利往亨也。

毛檢討：非過之大，乃大者之過。乾四剛并列，大不過乎此。坎爲宮爲棟，兩端柔，本末俱弱，是棟橈于下。三四居諸剛之中，內巽外兌，所往皆利，棟隆之吉，所以亨也。

李塨：四陽中強，大者之過。兩巽相背，爲木合，爲大坎，爲宮，爲棟。木雖剛而本末弱，兌爲毀折，坎陷，棟不橈乎？四剛大過，兩柔不堪，坐致橈敗！剛尚中，兌悅，往過而不過乃可亨耳！剛四爻居陰爲吉，不得位爲美。

孫星衍引釋文：大過，徐古臥反，罪過也。超過也。王肅音戈棟，徐丁貢反。本末弱，釋文亦作溺，並依字讀。

丁晏：晁氏曰自此下卦音不協，以錯亂失正，弗敢改耳。朱子本義曰自大過以下，卦不反對，或疑其錯簡，今以韻協之，又似非誤。未詳何義。案：雜卦皆取反對，大過以下八卦仍取反對，大過者頤之對，姤反夬，漸反歸妹，既濟反未濟，文字錯綜，叶韻成文，非錯簡也。

張惠言：橈，下屈也，兌反巽，兩巽相承，本末弱，三巽本體任重，居下故不勝而橈也。上巽反，承在三爲下橈，四則爲上隆，下橈必傾，上隆猶可任。

惠棟：陽大陰小，故大謂陽。大過陽爻失之過，鄭義也。虞氏謂大，二失位故大者過，與鄭異。棟橈謂三已下，虞義也。知棟橈謂三，橈萬物者莫疾乎風，是巽橈，橈，曲折也。

姚配中：虞翻曰巽爲長木稱棟，初上陰柔，本末弱，故棟橈。案魯語曰不厚棟其不能任重，重莫如國棟，莫如德，利有攸往，亨。二化初四易位，成既濟故亨。

吳汝綸：太玄擬爲失；又擬爲劇。甚也，疾也。時陰大賊陽，陽不能制故失。陰盛萬物附，是陽劇。三四棟，初上橈故本末弱。三不可有輔自棟言，利往亨，治棟者言。君子有爲之時也。

馬通伯：王引之曰：過者差失也。二五陽不相應，陽爻相失謂之大過。陰爻相失謂之小過。其衵案卦兼數義，過越，過差，過誤，義各相當。他卦二五不應者多，此獨爲過者，以陽既過越又相差失也。

丁壽昌：過，罪過；超過。王肅音戈。橈，曲折也。彖傳大者過。虞氏過以相與，說轇轕難通。案大過陽之過，无過應之義。剛過中正，指二五皆陽言，王注過謂二，非也。

曹爲霖：金溪陳氏曰四陽居中爲大者過，二陰爲本末弱，臣材弱也。如靈帝命蹇碩立子協而協廢是也。容菴盧氏曰四陽雖過得中，行之所往而利故亨也。如堯舜禪讓謳歌皆歸。

星野恒：陽之過盛故名大過。棟者屋脊架梁上者，又曰檁。棟之中四陽壯大，本末二陰細弱故曰棟橈。巽順兌說故利有攸往而能致亨。

李郁：大過偏也。九四爲卦主。兌上巽下，兌折故棟橈。利有攸往謂九五往上，二五剛柔應故亨。一有所遍遂弊。

胡樸安：大過，易穴居改爲屋居，屋變更大故曰大過。棟，屋之最高處，橈，曲木兩木相接。建築安居利民事也，民衆皆有所往，聚會而興事工矣。

高亨：撓字當作橈。木曲將折，居家則受害，出外則免禍，亨即享字，古人享祭曾筮遇此卦，故記曰亨。

李鏡池：大過，太過。棟梁壓得太重，以至變形，彎曲了。利有攸往，亨屬另占附載。

徐世大：凡積極之動，過中庸者，孔子所謂賢者過之，不肖者不及，即此過之過。譯：棟上翹，宜有目的，通

屈萬里：橈，曲也，說文曲木。陽稱大，四陽在內相連，故大者過也。初稱本，上稱末，初上二陰爻故弱。傳象滅沒，洪水過大也。君子獨立象木，遯世象澤滅木。

嚴靈峯帛書：（泰）過，棟（轚），利有攸往，亨。

張立文：泰假爲大，言大過頭。棟轚，通行本作棟橈，阮元校橈，是撓之誤。棟橈當作棟隆，言棟高則屋巨家大。譯：大過，棟高則屋巨家大，宜於有所往，亨通。

金景芳：棟橈就是本末弱。爲卦上下二陰爻，中間四陽爻。

傅隸樸：大義偉大，也作太；過爲超越，也作過分解。是說偉大的人敢超越常規，建非常之功，棟橈榱崩賴此保全，是民族國家之亨，故曰利有攸往，亨。

徐志銳：大過若訓過誤之過，大事犯錯誤皆失讀。陽大陰小。易以中和爲制高點，保持對立的平衡。棟梁借爲中界線，彎曲則遭破壞，陰退居本末，中間失柔輔致橈。陰柔和悅可使剛往，故利有攸往，不往則不亨，往才亨。

朱邦復：非最理想材料，但卻能有大用。大過，陽大，多過陰，以中道言，凡大則過，是稱大過。君子應自強自信。

林漢仕案：大過，卦名。雜卦大過，顚也。注：「本末弱也。」序卦謂：「不養則不可動，故受之大過。」注：「養過則厚。」疏「鄭玄以養賢宜過於厚。」王弼「音相過之過。」王肅「以爲過失之過。」繫辭「古之葬者厚，衣之以薪，葬之中野，不封不樹，喪期无數。後世聖人，易之以棺椁，蓋取諸大過。」注疏謂「送終追遠，欲其甚大過厚。」是大過之解有：

1.顚也，本末弱也。

2.養賢宜過於厚。欲其甚大過厚。

3.過失之過。

象謂大者過。鄭玄陽爻過。陸績大者過。王弼注意相過之過。孔正義過越之過。非經過之過。陽爻大能過越常理。司馬光：大者陽，陽之過差者也。程頤：大過陽過於中。蘇軾：大者過，偏盛不均之謂。鄭汝諧：陽過，陽君不用臣，過常不養小人。朱震：陽過陰，大者過越也。項安世：肖坎者皆過，輕於陷，訓過誤失其讀。相迴越之意。李衡引：陽居陰，過常分，二四是也。楊萬里：陽大陰小。朱熹：四陽居中過盛故爲大過。楊簡：君子大、小人小。大者亦有過，无過所以棟橈？吳澄：大謂陽，過者不及。踰越其處謂過，未至其處謂不及。王船山：擯二陰於重泉下，青雲上，豈非陽過！李光地：大者過也；違衆，雖理當然亦謂之過。毛奇齡：非過之大，乃大者之過。李塨：四陽中強，大者之過。孫星衍：大過，罪過，超過。惠棟：大過陽爻失之過。（鄭義）虞氏謂二失位，故大者過。馬通伯引王引之曰：過者差失也。二五陽不應，陽爻相失謂之大過。陽既過越又相差失也。　丁壽昌：過，罪過，超過。陽過，无過應之義。李郁：大過偏也。一有偏，遂弊。　胡樸安：屋變更大故曰大過。　李鏡池：大過，太過。棟梁壓得太重。　徐世大：過中庸，孔子所謂賢者過之，不肖者不及，即此過之過。　張立文：大過頭，屋巨家大。　傅隸樸：大義偉大，也作太。過爲超越，也作過分解。是說偉大的人敢超越常規，建非常之功。　徐志銳：大過訓過誤之過，大事犯錯誤皆失讀。陽大陰小。　朱邦復：凡大則過，是稱大過。大過陽大。

上五十餘家說大過，約而言之：

1.大者過，陽爻過，大者相過，過越之過。陽爻過越常理。（程、張）

2.大者陽，陽之過差者也。（司馬光）陽過中。（李郁）

3.大者過，偏盛不均之謂。（蘇軾）大過偏遂弊。

4.陽過，君不用臣，不養小人。（鄭汝諧）

5.肖坎者皆過，輕於陷。訓相過越之過。（與1.說同）。（項安世）

6.過常分。（李衡引）四陽居中過盛爲大過。（朱熹）

7.陽大，君子大，大者亦有過。（與過失之過同）。（楊簡）

8.大者過，違衆，雖理當然亦謂之過。（亦過失也）（李光地）

9.罪過，超過。（孫星衍）。陽爻失之過。二失位故大者過。（惠棟）

10.差失也，陽爻既過越又相差失二五不應也。（馬通伯）

11.屋更大故曰大過。

12.大過，太過。（李鏡池）大過頭。（張立文）

13.賢者過之，不肖者不及。即此過之。（徐世大）

14.偉大，也作太。過超越，也作過分。偉大的人敢超越常規，建非常之功。（傅隸樸）

15.陽大，凡大則過是謂大過。（朱邦復）

再精簡其說：

1.大者過，陽大，陽爻過，陽爻過越常理。陽過差過中。

2.陽偏盛不均，偏遂弊。

3.陽過，陽君不用臣，不養小人。大者違衆，理當亦過。

4.肖坎皆過，輕於陷。

5.過常分。　差失，陽過越，超過，又相差失。太過頭。

6.罪過。

7.屋更大故曰大過。

8.偉大，也作太，偉大的人敢超越常規，建非常之功。

9.賢者過之之過。

連同前繫辭，雜卦，序卦解，顚也。（本末弱）養賢宜過於厚。過失之過共十二解。卦辭下文「棟橈」，從上十二解中，能使棟橈者得之矣，「利有攸往，亨。」能否銜接天衣无縫？試再錄各家易說：

彖：棟橈，本末弱。巽而說行，利往乃亨。

象：君子獨立不懼，遯世无悶。屈萬里：獨立象木，遯象澤滅木。

中謂二，拯弱興衰不失其中。聖人利往拯難乃得亨通。（王）

所亨者，君子爲過人之行將以有爲也。非道之常。（光）

三四任重，本末弱故橈。君子盛利往亨（程）

君驕无臣。二五擯陰，初上不任寄，所以棟橈。（蘇）

周公遭變，孔子轍環，勢不得已，扶危持顚，奚往不亨。（浚）

陽君驕不用臣，不養小人。拯之不可復過則亨。（諧）

朱震：巽木棟，巽風橈之大者不過乃亨。乃者難辭。

救衰扶弱，惟大能之，文王當之。（衡引）

本末弱，大廈將顚，四陽天下大過之才，扶顚安往不利。（楊）

上下二陰不勝其重，二五得中有可行之道，故利往得亨。（朱）

用剛之過，二五中，修過扶弱，故警曰利往乃亨。（簡）

屋脊曲，本末弱。四陽身強，不持盛宜往可以亨。

廈將傾矣，聖人有扶顚持危之道，二五得中有爲，利往亨歟。（寅）

木曲曰橈，坎險陷橈象。卦象。利往，亨，卦體卦德之占言。（來）

三四棟，陽性亢故橈，利宜交陰相濟而後亨。（船山）

利往亨，不可無大有爲之才，天下無不可爲之事，以占言。（折中）

過剛故棟橈。然持危定傾，存乎其人，占利往亨也。（地）

坎爲宮爲棟，兩端柔，棟橈。內巽外兌，所往皆利所以亨。（毛）

巽木合，大坎宮，兌毀折，坎陷，過不過乃可亨。（堪）

兩巽相承本末弱，三巽本體任重，居下不勝而橈也。（惠言）

橈萬物者莫疾乎風，是巽撓，曲折也。（惠棟）

魯語：不厚棟不能任重，國棟莫如德。二化初曰易位故亨。（姚）

四陽雖過得中，行之所往而利故亨。如堯舜禪讓。（曹）

九四卦主，兌上兌折故橈。九五往上，二五應故亨。（郁）

橈，居家則受害，出外則免。古人享祭筮遇此卦記亨。（亨）

棟梁壓得太重以至變形。利有攸往，亨，應屬另占附載。（池）

張立文：棟橈當作棟隆，屋巨家大，宜於有所往，亨通。

棟橈榱崩，有偉大的人建功，是國家民族之亨，故利往亨。（傳）

中界線彎曲，失柔輔故橈，可使剛往，不往則不亨。（銳）

棟，直立支撐梁。棟橈，梁椽同倒，若使本末爲棟，則橈者不祗九三，即九四亦同傾。帛書橈字作韇，張立文謂當作隆。作隆則本末不弱矣！九三棟橈字帛書即棟橈，是通行本棟橈直應九三也。橈而利往，亨。九三位正時宜，又得大中，正應上六，比二四亦剛，無缺點完人也，李塨言：「九三方盛而誰何！」其爲棟橈，自橈也，倘能有人從旁覺之，幡然自省，獨立不懼，棟其橈乎哉！易家均極盡想象可行之道，猶之人言，斯巴達好戰，令全國女子罷工，不爲之食，不爲之衣，更拒絕行房，不出一週，好戰男子畢降矣！石榴裙計果然高明。猶之鼠欲繫鈴貓頸，空有妙計。易尊陽卑陰，又以有應爲上，猶之君子小人，無小人則君子道亦窮。芝蘭荊棘同生，看女取舍耳！四陽爲天下大過之才，二五得中有可行之道，二變應五故亨，奈何二未化，初四亦未易位耶？大過卦，說者謂大過人，文王當之；又周公遭變，孔子轍環，勢不得已；如堯舜禪讓，謳歌皆歸。察諸爻辭，似皆作文溢美之頌。試觀初爻，時祀盡敬而不祈喜，九二喜生，九三爻位美滿遇挫折，貞勝庶可逢凶化吉。九四復隆爲志，若旁鶩則害生。九五兩情相悅而人不羨，自多也。上六以陰居陰，求若所爲，盡心力爲之，後必有災。知分際則无咎。是大過人之卦，雖方盛而謙，利有所往，而往必亨也。其是之謂乎？

初六，藉用白茅，无咎。

象：藉用白茅，柔在下也。

王弼：以柔處下，過而可以无咎，其唯愼乎？

孔正義：柔處下，心能謹愼。薦絜白之茅，言以絜素之道奉事上，謹愼如此，雖遇大過之難而无咎也。柔下所以免害。

張載：扶衰於上，使枯木生稊；拯弱於下，使微陰獲助。此剛中下濟之功，亦自獲助於物也。

程頤：初柔處下巽體，過於畏愼。柔下，茅藉物象。茅物薄可用重，能成敬愼之道而行，豈有失，何咎之有！

蘇軾：初六白茅藉九二，茅賤藉吾器，二以有初藉而得安養，棄茅不收則二親其勞矣。孔子曰茅爲物薄而用可重也。

張浚：君子大有爲於天下，必先禮又重之以潔白之德，兢兢之愼，列牲牢，陳簠簋以薦鬼神，其有不享哉？又何咎！

鄭汝諧：巽處下承四陽，如茅藉物，謹畏如此，善用大過者也。以往无所失矣！

朱震：巽白交乾剛，草白而剛，白茅也。柔藉剛，藉也。大過爻畫器象，坤地置器者，藉物薄之白茅，過愼之至也。初六柔不犯剛，於此而過，其誰咎之，雖不當位无咎也。

項安世：象謂本弱。畏禍過於謹者也。本弱象茅，巽白藉地，凡祀以白茅藉地，故取義焉。

李衡引虞：失位，咎也。承二過四，應五故无咎。引陸：初體柔至棟橈，二能救之，雖橈无咎。引石：柔處下，理得。承四陽，有咎。惟過行敬愼乃无咎。引胡：事始愼可无咎。引薛：卦取全體故言本末，爻效所履，故以初爲愼。

楊萬里：藉承，茅柔，白潔。柔不忤群小，潔亦不汙群小，巽爲白。初下六柔，君子在下柔以承，潔自淑而已。

朱熹：陰居巽下，過於畏愼而无咎者。白茅，物之潔者。

趙彥肅：陰順伏无咎，悉陵者凶。初六柔承陽，尊卑明，上下正，陽尊陰依，猶之祭器，茅藉益貴，茅亦因取重焉。

楊簡：茅爲物薄用可重也。初六柔在下，白茅柔物在下，四陽在上，初六有藉用白茅之象，在大過則成過於謹愼象。

吳澄：占者祭祀，縮酌沃灌薦牲薦黍稷皆藉茅。巽白，又爲茅，初柔承剛如茅，陰承陽，謹敬過於常時。愼故无咎。

梁寅：茅柔物，巽白故謂白茅。藉剛以柔，剛過不能害。如強暴承柔順，自无咎也。初能畏愼免咎，亦難能者也。

來知德：藉，薦也。承四剛故曰藉。茅者草也。巽白。无咎者敬愼不敗也。

王船山：白茅，柔潔樸素，古祀以茅秀藉俎籩，不敢以華美加於至尊，初六卑柔自謹，君子守身事親，仁人享帝，求无咎而已。

折中引胡瑗：大過之時不易有爲，必當過分愼重，立天下之大功，何咎之有！趙玉泉：以過愼心任事，舉天下無不可爲之事。案大過大事卦，故初爻發義任重大者棟也。

李光地：初未過，小心爲本，乃大有爲之基。藉白茅將置物以承藉，則不虞傾撓，大過初如此，所以无咎。

毛奇齡：剛至大壯，錯地可矣！柔從上來以藉之，巽爲柔爲白，藉用白茅，潔誠之過也，又何咎乎！

李塨：初柔在下，當卑巽如茅，潔如白茅爲藉以承剛，可以无咎。

張惠言：初過承二應五所謂藉也。稊稺也。

惠棟：位在下稱藉以象初也。巽柔爲草，又爲白爲茅。失位當有咎，與四易位得正故无咎。

姚配中：虞翻曰位在下稱藉，巽柔白爲茅。案藉於下不動則失不見，故无咎。禮祭有茅藉，取其絜也。

吳汝綸：王駿云言臣子之改過自新，絜己以承，然後免於咎，最得其指。

馬通伯：馬融曰在下曰籍。虞翻曰巽柔白爲茅。其昶按：下弱者初也，籍者亦初。故王駿以君子有大過人之行，必以敬愼爲基，是亦善用柔者也。

丁壽昌：虞仲翔位在下稱藉，巽柔白爲茅。案左氏國之大事在祀與戎故大傳云其用可重，大過陽盛故陰卑巽乃可免咎。

曹爲霖：秦王翦將六十萬兵伐楚，翦請田園甚衆。或曰乞貸甚矣！翦曰王怛中粗不信人，今空秦甲士委我，請田爲子孫以自堅，顧令王坐而疑我耶！此深得藉茅无咎意。

星野恒：藉，承也。白茅柔脆之物。爻柔順過謹畏者，亦何過之爲憂，所以无咎也。

李郁：白茅柔物，初以柔處剛，如藉茅於地，柔濟剛故无咎。

楊樹達：王駿諭指曰春秋之義，大能變改。易曰藉用白茅，无咎。言臣子之道，改過自新，絜己以承上，然後免於咎也。樹達按漢書王吉傳云，梁丘易說也。（漢書）

胡樸安：屋頂鋪以白茅可以避雨，故无咎。

高亨：享而藉用白茅，敬愼之至故曰亨，藉用白茅，无咎。

李鏡池：藉，古蓆字。白茅，謹愼潔白意。用白茅作藉墊，表示恭敬謹愼。謹愼就不會太過，所以无咎。

徐世大：鋪地用白茅，無礙。白茅即包茅。齊侯責楚包茅不入，王祭不共，無以縮酒。是祭之貴重物，今用藉地，豈不過奢乎？

屈萬里：釋文馬融曰在下曰籍。按今言鋪墊。

嚴靈峯帛書：初六，籍用白茅，无咎。

張立文：籍假爲藉，古通。墊在下面的意思。譯：初六，用白茅來墊祭品，沒有災患。

金景芳：把物放在地上可以，若用茅鋪上，不是更好了嗎！有什麼不好呢？

傅隸樸：陽位陰處，剛資柔行，謙虛謹愼，恐僨國事，如藉白茅，小心謹愼，偉大政治家拯難何來咎過？故无咎。

徐志銳：初柔承四剛，初唯有謹愼才能保身无咎。以祭作喻，不將祭品直接放在地上，用白茅墊上示潔淨。

朱邦復：大過之時，謹愼小心，無咎。

林漢仕案：大過：大者之過，大者相過越，陽爻過，過差，差失，罪過，超過，偏也，大過頭。是大過之過，可訓過差，差失；又可訓相過越。雜卦大過，顚也。是以大過兩字連言。大過是大者墳起也乎？陽得位當權時乎？本爻初六即能承陽得勢當權時，謙卑敬畏其威，時祀則粢盛既潔，又藉之以白茅，自明誠也，在我者吾既盡之矣，在天者冥冥中豈其不我祐？若謂大者過失，偏頗，而初能敬畏神威，蓋或有求神祗矣夫？有求而明擺低姿態，是示弱求憐憫也，神亦祐之，以其能敬也。故敬人者人恒敬之矣！時祀盡敬而不祈喜，喜在其中矣！茲錄各家卓見於后，以爲印證：

象：藉白茅，柔在下也。

王弼：柔處下，唯愼乎？

孔穎達：心能謹愼，薦絜奉上，雖大過之難无咎，柔下也。

張載：扶衰於上，拯弱於下，剛中下濟，亦自獲助於物。

程頤：柔巽體，茅象，物薄用重，敬愼而行，何咎之有。

蘇軾：二有初藉得安養，棄茅，二親其勞矣！又何咎！
張浚：有子先禮兢愼薦鬼神，其有不享哉？又何咎！
鄭汝諧：巽下承四陽，如茅藉物，善用大過者也。无所失矣。
朱震：巽白柔藉剛，初六柔不犯剛，過其誰咎？
項安世：本弱象茅，巽白，凡祀以白茅藉地，故取義焉。
李衡引：失位，承四陽，有咎！承二，柔下敬愼乃无咎。
楊萬里：承柔不忤群小，潔不汙群小，君子柔承，自淑而已。
朱熹：陰居巽下，白茅，物之潔者，畏愼而无咎。
趙彥肅：陰順伏无咎。尊卑明，上下正，茅藉因取重焉。
楊簡：茅物薄用重，初六柔在下，四陽在上，藉茅過於謹愼象。
吳澄：占祀薦牲黍皆藉茅，謹敬過於常時，愼故无咎。
梁寅：藉剛以柔，剛過不能害。初能畏順亦難能者也。
來知德：承四剛故藉，茅草巽白，敬愼不敗也。
王船山：古祀以茅秀藉俎籩，初六卑自謹，享帝求无咎而已。
折中引：大過大事卦，必當過分愼重，天下無不可爲之事。
李光地：初末過小心爲本，藉白茅不虞傾撓，所以无咎。

毛奇齡：柔從上來以藉之，巽爲柔白，藉潔誠又何咎乎！

李塨：卑巽如茅爲藉，承剛可以无咎矣。

張惠言：初過承二應五所謂藉也。

惠棟：位在下稱藉。巽柔又爲白，與四易位得正故无咎。

姚配中：藉於下不動則失不見故无咎。禮祭茅藉取其絜也。

吳汝綸引：言臣改過自新，絜己以承，然後免於咎。

馬通伯引：下弱籍者初，君子大過人行，以敬愼爲基。

丁壽昌：國之大事在祀與戎，大過陰卑巽可免咎。

曹爲霖：王翦將兵請田園爲子孫以自堅，深得藉茅无咎意。

李郁：白茅柔物，柔濟剛故无咎。

楊樹達：臣子改過自新，絜己以承上然後免咎，梁丘易說也。

胡樸安：屋頂舖白茅可以避雨故无咎。

高亨：享藉白茅，敬愼之至故曰亨，无咎。

李鏡池：藉，古薦字，白茅墊示謹愼，不會太過所以无咎。

徐世大：舖地包茅，是祭貴重物，藉地豈不過奢乎！

張立文：初六用白茅來墊祭品，沒有災患。

傅隸樸：剛資柔行，謙謹拯難何來咎過？故无咎。

徐志銳：喻不將祭品直接放在地上，白茅墊示潔淨。

朱邦復：大過時謹愼無咎。

綜上四十餘家之見，皆以小心謹愼爲重點。大過之時，善補過則无咎。如何補過？薦絜奉物，使尊益尊，爲人亦即爲己也。如籩豆庶饈牲黍置地，祭物污於泥沙，神其來格其饗之也未，人未之見而少頃祭物就地煎炒煮炸，神茹毛飲血，血食視作當然，食人則須熟煮，若帶沙石雜草，必難下咽，所以舖墊白茅似爲祀神示誠，亦自爲也，神不曾噉汝所獻血食一毛也至明矣。楊萬里云君子柔承，自淑而已。自善而已也。

爻名白茅，則從巽象中找到白，從巽中找到柔。茅草與木本比爲柔，草本中則粗而剛。從巽白中得白，故謂白茅，王夫之特以古祀以茅秀藉俎籩。茅秀，白色茅花也，若以茅白花墊物，反不美矣！蓋秀落亦污祭物也，王船山固然從茅秀中覓到實物其秀，然未必合理也。祭之縮酌沃灌薦牲，必以粗長嫩綠之茅葉爲上，所謂包茅也，茅藉則可隔塵土沙石使物免於污染，故許之敬愼不敗。其象亦以初柔承二三四五皆剛，然亦承過涉滅頂之上六！張載謂扶衰於上，拯弱於下自獲助。張以初六、九二兩爻同論，並未見「剛中」其爻？又如何下濟而助於物？初與二皆失位也！李衡引虞承二過四應五，鄭汝諧謂承四陽，柔之爲物，藉下、承順、敬愼、畏尊、潔淨以承大，承陽，是天下讀易之男子意淫天下女子必當如是乃无咎也，乃善補過也！楊樹達謂梁丘易說「臣子改過自新，絜己承上然後免咎。」初之賤下无位而許爲臣，豈遭貶斥之「大條」耶？毛奇齡正以「柔從上來以藉之」，謂大壯之上來爲初大過卦也。胡樸安見卦中二爻提到棟隆棟橈字樣，遂以茅之可爲茅舍入題，謂屋頂舖白茅避雨。在下物變爲在上壓頂庇蔭物矣。初蒙拔擢必感激涕零！徐世大謂「白茅，祭之貴重物，今用以藉地，豈不過奢乎！」茅本藉地縮酒其用，猶馬桶本用臀坐，能因其白玉黃金打造而尊其用途放進宴席耶？初六盡敬之誠，如祭之墊置白茅，使既潔之粢盛時饈保持不污，人神无咎，主中饋者亦无過咎也。又夫之先生之茅秀，若謂美長嫩綠之茅葉，則與衆說同。

九二，枯楊生稊，老夫得其女妻，无不利。

象：老夫，女妻，過以相與也。

鄭玄：枯謂無姑山榆荑木更生，謂山榆之實，以丈夫年過娶二十之女，老婦年過嫁於三十之男，皆得其子。

王肅：大過，音戈。（釋文丙子學易編）

王弼：稊，楊秀。陽處陰，能過本救弱者，上无應，心无特吝，故能令枯楊更生稊，老夫更得少妻，拯弱興衰莫盛斯爻故无不利也。老過則枯，少過則稚。以老分少則稚者長，以稚分老則枯者榮，過以相與之謂也。

孔穎達：枯槁。稊者楊柳之穗故云楊秀，陽處陰過越本分，拯救陰弱。大過之卦本至壯輔至衰，似女妻而助老夫。

程頤：九二得中居柔，與初密比，與上无應。陽易感物，過則枯。稊根也。九二與初，老夫得女妻象，成生育之功，无過極之失，无所不利也。大過陽爻居陰則善。

蘇軾：卦言君驕，爻則九五驕，二不驕收初自助，生稊者，老夫九二，女妻初六。人情夫老妻小則妻倨夫恭。臣難進而君下之，故无不利。大過之世患亢而无與。

張浚：二五君臣皆取象枯楊，必得如二之臣援初六英才而進之，始可有爲於大過。

鄭汝諧：二陽方過比初陰，老夫得女妻。夫老妻小尚能生育，如枯楊可生稊，稊復蘖，故曰无不利。二視初陰則老。

張根：將以救過，不得不爾。

朱震：兌澤巽木，澤木楊也。兌秋，枯楊也。二變成艮，木在土下，根也。稺出楊秀，故曰枯楊生稊。艮老夫，巽爲艮妻，老夫得初陰女妻，猶足成生育之功，无不利也。

項安世：當剛過之時能柔，用中，又與柔比，不爲過甚之事故无不利。二與初，初本故爲稊，木根新生芽。初巽主，已過復芽，又長且高，故往亨。二高於初故二爲老。

李衡引牧：陽居陰爲美，拯弱之謂，九四應則有它吝。九二无應則无不利。濟衰救厄，惟在同好，所贍徧矣。引石：陽至壯，今居陰，是至壯輔至衰，枯楊老夫喻衰，得壯助，衰可興。生稊女妻之謂。

楊萬里：二剛下比初六，能下士得助者，廢可興，衰可扶矣！木枯生根，廢可興；身老妻壯，衰可扶。故曰无不利。巽木，九二剛過爲枯楊，老夫，長女。初六女妻。初六耦而敷散，根象，稊，根也。

朱熹：陽過之始而比初陰。稊，根也，榮於下者也，榮於下則生於上。夫雖老而得女妻，猶能成生育之功也。

趙彥肅：陽大爲幹，陰小爲枝。莖華葉，下者稊，上者華。二居初上，老夫，女妻過以相與。五居上，下老婦，士夫是可醜也。

楊簡：楊者陽氣之易感發生，枯楊，陽過象。稊者陽秀，枯楊生稊乃陰陽和而生。九陽二陰，有陰陽和順象。老夫雖過陽而得女妻，有剛過而濟以柔之義，故无不利。

吳澄：楊易生而先榮。稊，根上再生穉芽。三四五互乾，五乾終爲老夫，二變柔與五應，二三四成巽，之初爲女妻。楊如老夫娶女妻猶能生育也。

梁寅：楊近水，感陰多易生者。根，稊也。巽下長女，初爲女妻。兌上少女，爲老婦何也？九二老於初六，九五在上六之下，上之故爲老婦，五士夫，以爻上下爲老少。非兌巽之象也。

來知德：巽爲楊。枯者取大過乎時之義。稊，木稚也，下之根生生不息。巽錯震生男，老夫象，再娶之夫也；應爻兌少女，女妻，未嫁而幼者。可以成生育之功矣！

王船山：楊，陽木。陽亢則枯，稊，根下旁出之白荄。女妻，室女。二得中居柔，下接初之穉陰，故有此象。生稼則再榮，得女妻可育嗣。當過受陰巽入，故无不利。

折中引王申子：二以剛居柔而比之，是剛柔適中，相濟有功，如枯楊生稼，故无不利。胡炳文：老夫九象，女妻初柔在下。九二陽雖過比陰，雖老復生於上，得女妻成生育之功。陽從陰過而不過，生道也。

李光地：當過時有枯老象，然二得中，比初六，其象楊雖枯而生根，猶可萌蘖，得女妻猶可孕育。不與時偕極，何不利之有哉！

毛奇齡：四棟本質楊，已枯，二剛中與初柔比附，二尙楊雖枯猶可生，顛之倒之，枯可生菀，老可配少，得之誠過也，所謂顛也。程傳稊爲根，非是。

李塨：大過之始，巽中，三四棟，二尙楊也。楊爲棟則已枯，尙爲楊，則稊猶可生，乾爲父，老夫也，乘初六，巽長女，老夫得女，不亦過乎！身老妻幼猶有生育之功，无不利矣！

孫星衍引康成云：老婦年過嫁三十之男，皆得其女。

丁晏：枯鄭音姑，謂無姑山。案郭注爾雅無姑，山榆也。京房傳枯楊生稊，枯木復生。又焦易林云老楊日衰，條多枯枝。鄭說鑿矣。案稊荑通。木更生。

張惠言：稊，穉也。木近澤是楊。嬗陰故枯，遘陰故又生稊生華。二无應，今過應上生稊之象，楊少則稊，老則華，故上稊初華。初過四應五，上過三應二，是謂過以相與。

惠棟：稊謂初發孚也，巽爲楊爲老，老楊故枯，二體乾老稱老夫，巽長女生稊，爲女妻，老夫得其女妻，得初也。故以相與故无不利。虞氏以兌，上爲女，謂二過五應上。

姚配中案：虞翻曰謂二過初與五，五過上與二，獨大過之爻得過其應，故過以相與也。又案張惠言云初比二，二使之過與五，上比五，五使之過與二。

吳汝綸：稊荑同字，木枯更生也，初爲女妻，二在上故爲老。

馬其昶：虞翻曰：稊稺也。巽爲楊，枯楊得澤復生稊，二乾稱老夫，女妻謂上兌。任啓運曰：大過爻二變爲咸，五變爲恆，故以夫婦取象。其昶案：老陽遇少陰，適成生育之功，故无不利。

丁壽昌：訓稊爲根，非。楊秀是也。說文訓階梯之稊，毛氏以當生稊之稊，大謬。稊荑同通。虞氏謂枯楊二，女妻上兌。案說與漢儒舊說不同。蘇蒿坪女妻取巽入有得象。

曹爲霖：蕭何必薦韓信，鄧禹必薦寇恂，所謂大廈非一木之支，太平非一士之略也。稊根也。「老夫女妻」注金谿陳氏曰爲後嗣計也，如漢武帝昭帝使霍光輔之。

星野恒：楊樹生水旁，陽過時枯，稊，木稚。老夫謂九二，女妻初六，上无應而下比初。二剛雖過能中，卑己下賢，雖不得于時，亦何所不利！

李郁：木稚曰稊。二剛居柔，生機未竭，二老夫，初女妻，剛乘柔故得妻，初二雖非正，然過剛得柔足補其偏，故无不利。

胡樸安：澤上枯楊已生稊，房屋初成也。居處已定，男女互相匹配。女妻選擇有房屋之老夫匹配以爲利也。

高亨：枯楊生葉，反枯爲榮之象。楊葉將茂猶女妻年方少艾，筮遇此爻自無不利。

李鏡池：稊借爲荑，新生發芽。枯老楊樹重新發芽，比喻老頭子娶了年青女子爲妻。无不利，吉兆。

徐世大：白楊枯了又生枝，老頭子娶了個小姑娘兒，喜也相宜，嗔也相宜。釋義：老夫有雄心，採陰補陽之說，結果必為夢鼓上擲骰子，斷送老命，三叉棟橈是也。

屈萬里：稊，釋文：鄭作荑。虞氏曰稚也。楊葉未舒稱稊。敦煌唐寫本作梯。傳象相與，與猶合也。

嚴靈峯帛書：九二，（楛）楊生（荑），老夫得其女妻，無不利。

張立文：楛假為枯，音同相通。荑假為稊，剛生的嫩葉。譯：「九二，枯槁的楊樹生嫩葉，老頭子娶個年輕妻子，沒有不利。」房玄齡、尹知章注：男六十、女五十以上為老男老女。

金景芳：程傳把稊當根。王申子說二以剛居柔而比之，是剛柔適中。陽過如楊枯夫老。相濟如枯楊生稊，老夫得女妻。言陽雖過，二得中无不利。王氏講得很好。

傅隸樸：陰位陽居，二不應五，下比初，以拯弱為志，好比枯楊起死回生，老夫喻衰頹政府，女妻喻新進少年，老少配，老反壯，互相調劑，喻九二以剛居柔之效。

徐志銳：老夫，九二。女妻，初六。枯楊發芽，老頭娶小媳婦，這種匹配雖然不相當，還能維持矛盾統一存一線生機。

朱邦復：枯楊生稍。註稍—嫩木。釋：有意外驚喜，生機盎然，無事不利。

林漢仕案：枯楊生稊，與老夫得其女妻。前句興也，猶關睢鳩，在河之洲與窈窕淑女，君子好逑。著力點在老夫得女妻。故楊，是白楊，垂楊，楊柳，蒲柳，抱薊，馬薊，並非重點，即生稊，是生稺，楊之秀，發孚，稊稗，稊荑，蕛苵抑稊米，蓋指判定枯者不意其復有生機勃勃也。由本句作興，賦比興之興，興起老夫，判定不能男女之叟，竟然也能人道，娶少艾比翼雙飛，羡煞人也。不靠海狗丸，威而鋼等春藥而令小妮子驚呼不嫌君老，只恨自己不早生三十年，與子偕樂耳！土耳其一七十老翁，雖一貧如水，乞求政府救濟，膝下子女共有五十又四人，思仍不足，預定繼續與妻妾日夜以蕃，再生子女若干，目前已知二名妻妾中身懷六甲。（中央社安卡拉二十九日電）又據方聖作者屬文稱：日本退休老男，耽溺情色，嘆人生未完全燃燒，而投入黃昏之戀，拋妻棄子。性生活，男女皆有衝動，中國女子受舊道德約束，能如拿破崙與約瑟芬，任皇后瘋狂追求肉欲，即使新婚期間，也不一而足，時時出牆會新歡，拿破崙與天下男士共有其妻子約瑟芬，雖因家族反對而離婚。拿破崙允許其妻永久保有皇后尊銜，並且仍深愛其妻。進出約瑟芬肚皮者不計其數。在中國，早該架木柴燒死斯一淫婦，以洩恥夫無能滿足婦欲之羞。漢武帝花甲之年再生幼子，爲欲獨佔嫩妻，死前先賜彼死而堂之皇之詔曰懼其干政！則天皇帝花甲之始稱制封東西宮愛人，浮屠薛懷義驢腴使七十老婦更富活力。楊森將軍九十有七，陪伴女子才初長成，子孫居臺灣者四十三人，留中國大陸者不計其數，終將軍一生，活力倍常人。蘇丹一九十八翁，新婚十三幼齒，自稱游刃有餘。世界之大，無奇不有也。要之性活動依禮老年人戒之在得，叔梁紇得顏徵在小妹，胡鐵花迎十數歲之新歡，雖樂，不得永年，致孔子，胡適早孤。老年，未必皆「無能」也，未必可以一概送入胡同，冷宮，而恥其枯木逢春又發芽也。君不聞「老當益壯」乎？依禮，老矣！規規矩矩待在「涅槃堂」等死；依身體狀況，尚堪騰雲駕霧，東射伯勞西捕雀；依財力，尚握優勢，未全數委託子女，床頭金篋尚滿，或者仍握權力。食色性也，何可苛責！何可苛責！袁枚六十二歲猶鑽新孔，六十三得子，嘆妾多不如意，有所爲也！東坡先生無所爲而爲故朝雲，桃紅皆能數東坡大腹是一肚子牢騷。夫老妻幼，東坡先生云：「人情則妻倨夫恭。」何爲幼妻倨老夫恭，心有餘力不足故餒也，本爻著眼於得穉芽之樂，蓋以男性爲中心之社會現象也。

道家以易爲陰陽學，錢玄同謂易卦乃生殖器崇拜之產物，兩性生殖器之記號。繫辭：一陰一陽之謂道。又乾坤其易之門邪？乾，陽物也；坤，陰物也。陰陽合德體天地之撰。（朱註猶事也）中庸有「君子之道，造端乎夫婦。」天下之達道五，所以行之者三，其五之一即夫婦也。故禮稱「妻之言齊。」詩有「刑於寡妻。」是妻者皆敵其夫矣，尊卑齊體相匹敵也，對等也。夫唱婦隨，公不離婆，稱不離錘說隨之而興！陰陽平衡，陰消陽息，其消長變化非長久相對而生萬變之世界現象。日月、陰陽，小至人體，大至宇宙之組成，無所不包矣！而易家士大夫視妻子爲生育工具，採少陰補老陽，女妻助老夫，蓋乃社會一時現象，亦易之所以賤陰尊陽，學易者必須先入爲主之規則也。九二，枯陽生稊，何謂也？茲輯各家之見如左：

鄭玄：枯謂楡莢木更生。

王弼：稊，楊秀。枯楊更生稊。孔穎達謂稊，楊柳之穗故云楊秀。

程頤：稊，根也。

蘇軾：九二盛極將枯，獨能下收初六以自助，則生稊者也。

張浚：二五君臣皆取象枯楊。必得二援初英才始有爲。

鄭汝諧：稊，復蘖。二比初，老夫得女妻，如枯楊生稊。

朱震：澤木楊，兌秋，枯楊。二變艮根也，穉出楊秀故生稊。

項安世：初本故爲稊，木根新芽，初已過復芽。

李衡引：枯楊老夫喻衰，得壯助，衰可興。生稊女妻之謂。

楊萬里：木枯生根，身老妻壯。九二枯楊，初六稊根也。

朱熹：稊，根也，榮於下者也。榮於下則生於上。

趙彥肅：陽幹陰枝，下稊上華。

楊簡：楊者陽氣之易感，枯，陽過，稊，楊秀。生稊陰陽和而生。

吳澄：楊如老夫，易生先榮，稊，根上生穉芽。

梁寅：楊近水易生，根，稊也。

來知德：巽爲楊，枯取大過乎時義，稊木稚，根生生不息。

王夫之：楊陽亢則枯，稊根下旁出之白荄。生稼則再榮。

折中引：枯楊生稼，老夫九象。

李光地：過時有枯老象。楊枯生根，猶可萌蘖。

毛大可：二倘楊雖枯猶可生，枯可生菀，老可配少，顚也。

李塨：楊爲棟則已枯，二尙爲楊猶可生。

丁晏：枯鄭音姑，謂無姑山山榆，京枯木復生。鄭說鑿矣。

張惠言：稊穉也。木近澤者楊，嬗陰故枯，遘陰又生。稊生華。

惠棟：稊初發孚。巽老楊故枯。二體乾，老夫巽女生稊。

姚配中引虞：二過初與五，五過上與二。獨大過爻得過應。

吳汝綸：稊荑同。木枯更生。

馬其昶：稊穉，巽枯楊得澤復生。二乾老夫，妻上兌。

丁壽昌：訓稊爲根，非。楊秀是也。稊荑同通。

星野恒：楊樹生水旁，陽過時枯、稊，木稚。

胡樸安：澤上枯楊已生稊，房屋初成也。

高亨：枯楊生葉將茂，反枯爲榮象。

李鏡池：稊借爲荑，新生發芽，枯老楊樹重新發芽。

徐世大：白楊枯了又生枝，老頭子娶了個小姑娘也。

屈萬里：楊葉未舒稱稊。敦煌本作梯。

張立文：枯槁楊樹生嫩葉，老頭子娶個年輕妻子。

金景芳引：陽過如楊枯夫老。相濟如枯楊生稊。

傅隸樸：二比初以拯弱爲志，好比枯楊起死回生。
徐志銳：枯楊發芽，老頭娶小媳婦，矛盾統一存生機。
朱邦復：枯楊生稍（嫩木），意外驚喜，生機盎然。
枯楊是一大前提，生稊，稊之釋有：

楊秀，楊柳之穗。

根。木根新芽，根上生穉芽。根下旁出之白荄

櫱。新芽，木稚，穉也

楊植生根，猶可萌櫱。

山榆，荑同

稊初發孚

枯楊生葉將茂。楊葉未舒稱稊。嫩葉。

生枝

枯楊生稊，是楊秀，穗，根，芽櫱，葉，或荑，山榆，甚至華，是程度上之差別，猶笑，喜，有程度之不同，如大笑，大喜，與喜上眉梢，嘴角含笑，視喜程度有等差。枯楊萌櫱，生根，長葉，生枝，開花，從無生到看見生命驚喜程度亦異，要之其驚喜相同。形容老夫不只得女妻，亦已藍田種玉，鄭玄謂「皆得其子」，程頤謂「成生育之功」也。各家大要，述說如下：

象：老夫，女妻，過以相與。（屈萬里言相合）
鄭玄：丈夫年過娶二十女，老婦年過嫁三十男。皆得子。
王弼：老夫得少妻。孔穎達：卦本至壯輔至衰，似女妻助老夫。
程頤：老夫得女妻象，成生育之功。
鄭汝諧：二比初，老夫得女妻。二視初陰則老。
朱震：二變艮，老夫，巽艮妻，足成生育功。
李衡引陸：枯楊老夫喻衰，得壯助，衰可興。
楊簡：九陽二陰，有陰陽和順象。剛過而濟以柔之義。
吳澄：三四五互乾爲老夫，二變柔成巽，之初爲女妻。
梁寅：以爻上下爲老少，非兌巽之象。
來知德：巽錯震生男，老夫象，再娶之夫應兌未嫁幼者。
王船山：二得中居柔，下接初之穉陰，可育嗣。
折中：老夫九象，女妻初柔下。
李光地：二得中比初六，猶可孕育。
毛奇齡：二剛中與初柔比附，老可配少。得之誠過也。
李塨：老夫得女，不亦過乎！身老妻幼猶有生育之功。

張惠言：初過四應五，上過三應二，是謂過以相與。

惠棟：二體乾老稱老夫，巽長女妻。虞氏謂二過五應上。

馬其昶：二乾稱老夫，女妻謂上兌。老陽遇少陰。

丁壽昌引：枯楊二，女妻上兌。蘇蒿坪女妻取巽入得象。

曹爲霖：金谿陳氏曰爲後嗣計也。如漢武使霍光輔。

李郁：初二雖非正，然過剛得柔足補其偏。

胡樸安：枯楊生稊，房屋初成，女擇有屋之老夫匹配。

高亨：女年方少艾喻楊葉將茂。

李鏡池：比喻老頭子娶年青女子爲妻。

徐世大：老頭子娶小姑娘，採陰補陽，斷送老命。

張立文：房玄齡尹知章注，男六十，女五十以上爲老男老女。

金景芳：二得中无不利。

傅隸樸：二不應五比初，以拯弱爲志，老夫喻衰頽政府，女妻喻新進少年，老少配，喻二剛居柔之效。

徐志銳：老夫九二，女妻初六，矛盾統一存一線生機。

依張立文引：男六十以上爲老男。姚配中注，禮七十无主婦是老夫。依卦爻進程，九二見龍在田，還未出道如何易家皆謂大過九二爲老夫！鄭汝諧謂二視初陰則老。梁寅謂以爻上下爲老少。鄭梁之辨解，正見其勉強搪塞二之「老」相也。朱震以二變艮，老夫，巽初爲妻。仍是九二配初六。來知德尤妙釋：巽錯震生男，老夫象，再娶之夫應兌未嫁幼女。配上六也，說與虞氏二无應，今過應上同。二過五應上，女妻謂上兌，新婚之夜，掀開面紗，你得下跪叫聲媽，所覓之象，缺乏想象。二本與五應，遊戲規則也，今二與初配，李郁故曰：初二雖非正，然過剛得柔補其偏。似乎免強先湊合。馬其昶亦見理不正，故提老陽遇少陰。吳澄三四五互乾爲老夫，二變柔成巽，之初爲女妻。任啓運謂二變成咸，五變爲恆，夫妻象。易家總爲覓象苦。何如小象瀟灑，第云老夫女妻，過以相與，過即過婚嫁標梅之年，鄭玄所謂男三十，女二十。若然，三十五六，娶二十五六女子，能謂枯楊生稊，老叟娶美稚？即三十五六娶笄女，亦不得謂老少配，然爻居九二，枯楊生稊是喻，亦興，老夫得其女妻亦喻。老夫得女妻，老夫之娶，示尚方寶劍未老，女笄齡怕日，（以四川方言念日）老夫威風八面也。倘婦至二十五六惟恐不日之年，東坡先生之「妻倨夫恭」必經驗譚也。是九二時喻，興皆喜「生氣」已見，又喜己之「能耐勝任」也，當前必然无不利也！未必如徐世大所稱「鼓上擲骰子。」咚嚨咚嚨「斷送老命」，蓋李光地有言「不與時偕極」，何不利之有哉！善攝身也。

九三，棟橈，凶。

象：棟撓之凶，不可以有輔也。

王弼：處下體之極，不能救危拯弱以隆其棟，以陽處陽，自守所居，應上，係心在一，宜其淹弱而凶衰也。

孔穎達：心旣褊狹，不可以輔救衰難，故象云不可以有輔也。

程頤：九三陽居剛不得中，過甚，拂衆心，安能當大過之任，如棟之橈傾敗其室，是以凶也。取棟者無輔不能勝重任也。

蘇軾：卦合言之則本末弱，棟橈者也。爻別觀則上六棟橈也。上六不足輔則九三棟橈，上不與，三受其名，大過之世，智者以爲陽宜下陰，愚者以爲陰宜下陽。

張浚：三居巽上，陰木，外強中弱，任重必折。九三承二陽，本輕末重，剛過於外；九四履二陽，本重末輕，剛積中者也。三下一陰一陽小人雜進，輔者弱不撓奚爲？

鄭汝諧：三四陽居中，棟象。救末不若救本。三應上救末，故棟橈不可有輔。

張根：難以扶持故。

朱震：巽爲長木居中任重，棟也。上六正應當相濟，陰不窮矣。九三以大過之陽，復以剛自居而不中，過甚，動又不正，上不應，人所不與，如是有摧折敗撓而已，凶道也。

項安世：大過時不用常理，以所比爲親。三四皆剛，无相與之情，故謂三无輔，輔以比言指四明矣。三四爲棟，三過強故橈，四若從之則俱橈，故不可輔，言不可從三。

李衡引陸：大過者所以救物。守常不變，坐觀棟橈而不往救，用此爲臣，不可輔，凶道也。引石：有位有輔之才不上輔君，專應上六，上六小人，棟橈也。

楊萬里：棟橈者上六，初六也。九三志過銳，力過勇，欲輔上六，適以壞之者也。過於扶持之罪。故不可以輔上之橈。

朱熹：居卦中，棟象也。以剛居剛，不勝其重，故其象橈而占凶。

趙彥肅：時方大過，不取常應。上不應三則反乎下，故棟橈；初不應四則安於上，故棟隆。

楊簡：九三與上六應，九三陽奇，有棟之象而反居上六之下，是棟橈曲而下也。棟所以橈，以九三用剛過而不中也，象不可有輔，言剛過自用不謙，柔受人言故不可輔也。

吳澄：初六木本，上六木末，三四木中身。三四皆當橈處。九三以剛居剛，悍不受人益，惡其自恃，棟橈則輻湊者不得其宜矣，所以凶也。

梁寅：九三以剛居剛，不勝其重，太剛則折，其凶宜矣！

來知德：變坎爲棟，居內卦下陰虛弱，上不正，故有棟撓象，占者之凶可知。

王船山：三四凸起爲棟，三剛居剛，躁進不恤下，包拯用，識者憂其亂宋，不顧下之不能勝任，其能安乎！

折中：俞琰：九三過剛故棟橈屬之。吳愼曰：九三自橈也，所謂太剛則折。

李光地：中四陽謂棟，三四居中，故獨取其象。九三剛居剛而不中，過乎剛，又居下體，任大而橈，其凶可知！

毛檢討：三四有應而反失應，顚倒也。三爲棟橈，九三順巽倒兌，巽高躁，兌脫毀，折棟不撓乎！橈則凶，輔多有不可也。

李塨：九三剛居剛，方盛而誰何！千鈞中壓，初弱難支，欲輔而愎悍不可輔也。象曰棟橈正此爻矣！

張惠言：上本應三，三不可有輔，故過與二。虞云本末弱故橈，輔之益橈，故不可有輔，陽以陰爲輔也。

惠棟：三應在上，上柔爻故末弱，過上應初，初亦柔爻故本弱。傳曰本末弱正指三所應之爻，應弱故凶也。

姚配中：案巽爲木爲直，應在兌爲毀折，其木曲故橈，兌上陰柔，不能輔陽，三化失位體困，輔之益橈故凶。

吳汝綸：三居下卦之上，下有初六，故爲棟橈象。三應上故不可以有輔也。

馬通伯：李過曰下卦上實下弱，上傾，三居下卦之上故棟橈凶。上卦上弱下實，四居上卦之下故棟隆不橈。其昶案：九三弱，四不能輔，反重其積壓，上下受病。彖所謂本末弱者。

丁壽昌：虞仲翔本末弱故橈輔之。陽以陰爲輔也。蘇蒿坪曰橈取變柔之象，三變坎爲矯輮有撓象。

曹爲霖：陳氏曰棟自橈敗，誰能輔之！何進立少帝，謀誅宦官，鄭泰諫不聽，泰曰何公未易輔也。其事類此。

星野恒：棟當屋中，三四其象。不能含容與人共事，故不勝重任如棟傾撓不支，所以凶也。不肯取人自輔也。

李郁：以剛處剛，棟厚，應上六，上柔居柔，此至弱烏足支至重？棟遂橈矣故凶。

胡樸安：橈太甚，摧折而凶矣！初民建築，不知輔以小木以助棟，故象曰不可以有輔也。

高亨：棟橈將折則室傾，自是凶象。與卦辭設象同而斷占異。

李鏡池：棟梁向下彎曲，易塌下壓傷人故凶。這是象占辭。

徐世大：棟翹，糟。棟翹則力弱，致中折矣！

嚴靈峯帛書：九三，棟橈，凶。

張立文：橈有曲和折義，棟樑曲折則屋傾塌。譯：九三，棟樑彎曲而折，則屋塌而有禍殃。

金景芳：吳愼說九三棟橈，自橈也。所謂太剛則折，故象有取于剛過而中，巽而說行也。

傅隸樸：以陽居陽，處正，與上六正應，循常蹈故，不肯越位濟時，坐視棟折，皮不存，毛焉附，能不凶嗎？

徐志銳：九三可以代表中界線，剛居陽位，對陰柔紀對排斥，因而象傳解棟橈凶，不可以有輔也。喻九三失陰之後外強而中乾。

朱邦復：未適其所，凶。

林漢仕案：九三爲何棟橈？茲列易家所開

象：不可以有輔。

王弼：處下體之極，以陽處陽，係心在一，宜淹弱而凶也。

孔穎達：心褊狹，不可輔救衰難。

程頤：陽居剛不中，過甚，拂衆心，無輔不能勝重任也。

蘇軾：本末弱，棟橈者也。上天不足輔九三。

張浚：三承二陽，外強中弱，任重中折。小人雜進，輔弱不橈奚爲？

朱震：三以大過之陽，剛不中，動不正，上不應，敗橈而已！

項安世：大過時不用常理，以比爲親，三過強无輔故橈。

李衡引：有位輔才，專應上六，上六小人，棟橈也。

楊萬里：三志過銳，過勇，過於扶持，欲輔上六適以壞之者。

朱熹：以剛居剛，不勝其重，故象橈而占凶。

趙彥肅：大過不取常應，上不應三故棟橈。

楊簡：三棟反居上六下，剛過不謙，不中，故不可輔。

吳澄：三剛居剛，悍不受人益，棟橈則輻湊者不得其宜矣。

梁寅：太剛則折，其凶宜矣。

來知德：變坎爲棟，下虛上不正，故有棟橈象。

王船山：剛居剛，躁進不恤下，不顧下不能勝任，能安乎？
折中引：九三自橈也，所謂太剛則折。
李光地：三剛居剛不中，過乎剛，任大而橈，凶可知。
毛奇齡：應反失應，顚倒也。三倒巽躁，兌脫毀，輔不可也。
李塨：三方盛而誰何！欲輔而愎悍不可輔，象橈正此爻。
張惠言：上本應三，不可輔，過與二。陽以陰爲輔也。
惠棟：三應上，末弱，過上應初，初亦本弱，應弱故凶。
姚配中：巽木直，應兌毀折，三化失位，輔之益橈故凶。
吳汝綸：下有初六，故橈；三應上故不可以有輔。
馬通伯引：下卦上實下虛，上傾故橈。三弱四壓，上不受病。
丁壽昌引：橈取變柔之象。三變坎爲矯輮，有橈象。
曹爲霖引：棟自橈敗，誰能輔之？泰謂何進末易輔也。
星野恒：不能含容與人共事，不肯取人自輔故不勝重任。
李郁：應上六，上柔烏足支至重，棟遂橈矣！
胡樸安：初民建築，不知輔以小木以助棟。
高亨：棟橈室傾。與卦設象同而斷占異。

李鏡池：棟梁向下彎曲，塌下壓傷人故凶。

徐世大：棟橈則力弱，致中折矣。

傅隸樸：處正與上六正應，循常蹈故，不肯越位濟時，坐視棟折，能不凶嗎？

徐志鋭：三中界線絕對排斥陰，喻失陰後外強中乾。

卦爻若有連續性，猶卜噬其人前事後事，視其所作而生因果，則因初盡敬之誠，九二即得其果，徐世大所謂「老頭子娶小姑娘，喜也相宜，嗔也相宜。」老當益壯享用老牛嫩草之鮮美。再進至三，徐世大又謂：「鼓上擲骰子，斷送老命」不幸其言中矣夫！年過六十，叮叮咚咚，你儂我儂，以老化機件之磨損率，鮮有能久長其用！毛檢之謂躁也，曹爲霖引陳氏曰「自橈敗，誰能輔之！」李塨謂「方盛誰何！」三又外強中乾，幾經顛波，三遇挫折矣！所謂棟橈也，害己亦害人也。傅隸樸所謂「皮不存，毛焉附。」高亨謂棟橈室傾，吳澄謂輻湊者不得其宜矣！馬通伯引「上下受病」。

大過九三應上六而位正，又處大中，緣由小象謂「不可以有輔。」爻辭又稱棟橈，凶。卦名大過，如何圓卦爻辭使順理成章？易家多祭出如毛奇齡所稱之夢囈之言，應反失意，顛倒也。趙彥肅謂大過不取常應，上不應三故棟橈。即張惠言引虞氏易「三上本應，不可輔，過與二。」惠棟謂過上應初，姚配中謂三化失位。吳汝綸直謂下有初六故橈。所有比應升降互體爻辰漸擱一旁，九三得橈，九三得凶。毛奇齡取雜卦顛也，遂謂九三爻比應顛倒，何不直謂卦爻辭顛倒：棟橈，棟不橈也；凶者不凶也。或謂棟橈，棟隆也；凶，吉也。有是哉？硬攤派必不能服人口，如何服人心？孔穎達、程頤、蘇軾如是。張浚以「三承二陽，任重中折。」梁寅之「太剛則折。」來知德謂：「變坎爲棟，下虛上不正故橈。」馬通伯謂「下卦上實下虛，上傾故橈。」丁壽昌引「橈取變柔象，三變坎爲矯輮，有橈象。」曹爲霖承折中言「棟自橈敗。」乾脆，不必假象彎彎曲曲，或隨意加之罪「褊狹，拂衆心，悍不受人益，愎悍不可輔。」從易傳中，學者潛移默化中學到「欲加之罪，何患無辭。」矣！姑名之曰此「老易筆也。」何如！

九三，棟橈，凶。處大過之時，位至九三，儘管位正時宜，又得大中，且正應上六，比二四亦剛而同心，只爲如李堪言：「九三方盛誰何！」其爲棟橈也自橈。一如朱熹，來知德言「占者之凶可知。」此處似應以較和緩之意氣云：「其象占如此」更佳。蓋其凶來非意也。且棟橈者，諒係一挫折，雖或自作孽，能從中自省，扶顚持危，幡然醒悟，不難逢凶化吉也。蓋爻至九三，止走一半，尚有上半卦，以人言後半生待開拓，並未絕袖而去，嘎然靜止，停卻一切活動也。

九四，棟隆，吉。有它，吝。

象：棟隆之吉，不撓乎下也。

王弼：以陽處陰，能拯其弱不爲下所撓者也。應初，用心不弘故有它吝。

孔正義：體上以陽處陰，能拯其弱，故得棟隆起而獲吉。

司馬光：夫大過剛過，正可濟柔，不可濟之以剛。大過之陽，皆以居陰爲吉，不以得位爲義。九三剛很不可輔弼，故棟橈凶。四陽居陰，剛不違謙，隆棟者也。失中故吝。

張載：志在拯弱則棟隆而吉，若私應爲心則撓乎下，吝也。

程頤：近君大過之任者。居柔用柔，相濟不過，剛能勝任，如棟之隆起，是以吉也。以剛處柔得宜，與初六相應則過有它累，雖未至大害，亦可吝也。謂牽係於陰害剛也。

蘇軾：初六不撓，九四棟隆，九四專於其應則吉。有它則吝。棟隆非初之福，四亨其利。

張浚：四以陽履陰，位益高，德益崇，衆陽輔之，用以立事，爲棟隆，爲不撓乎！下有他，謂應初陰小人，則賢者遠，不肖者用，故曰有他吝云。

鄭汝諧：四以陽居中，棟象。四大臣應初，救本，救本未過之初，故棟隆不撓乎下也。下不撓，上烏得不隆！

張根：惟不橈乎下，然後可以寢成孔安，苟有偏黨，則悔吝至矣！

朱震：反巽在上，巽爲長木棟象，動正，正則不橈，下之柔故曰棟隆之吉，不撓乎下也。易傳曰不係初，不曲從下。以剛濟柔應初，初有它也。以初六爲它。四近君，偏係不足任九五之重，吝道也。剛係陰害剛故可吝也。

項安世：四謂不橈乎下，指與三比輔明矣。四不過故隆，四以有它爲吝。

李衡引陸：陽處陰，不應初，反經合義，故可權，是以吉。引牧：四存下忽于奉上，隆其棟務于高則吉。引石：附五君，不爲初六所撓故吉。有它吝者牽於應也。

楊萬里：四以剛處柔之力扶傾拯橈。九四非棟位，棟材也。上六折，兌反而巽，上之下爲六四，九四上爲上九矣！其不巍巍隆哉！然四與初應，有他志，橈於下一陰則吝也。

朱熹：陽居陰，過而不過，象隆占吉。然下應初六，以柔濟之則過於柔。故戒以有它則吝也。

楊簡：九四與初六應，九四陽奇，有棟象而居初上，故曰棟隆。九剛四柔，剛柔相濟故能隆也。有它吝，他者初六，有它則爲親小人，有橈乎下之象。

吳澄：四當橈處而不撓者，以剛居柔，不自滿假能受益者也，資九五之所餘培補橈處，故隆，所以吉也。應初則吝，蓋四宜上資五之剛，不宜下應初之柔也。

梁寅：以剛居柔，下乘二陽故棟之隆起而吉也。四大臣當重任者，當引剛才與之協濟，私其所與而悅柔善，棟橈屋壞誰咎？有他吝之戒意深矣！

來知德：變坎亦有棟象。隆，高起。它者初也。四居外卦，上虛下實，故有棟隆之象。占者固吉矣！若濟下應初以柔則過柔，棟大不能隆，吝道也，戒占者以此。

王夫之：以剛居柔，雖隆不亢，二三兩陽輔之，可保其隆然外卦，上弱，不能有爲，四退爻就內，故以上爲它。折中引：劉牧曰：大過時陽爻居陰爲美，有應則有它吝。李過曰：下卦上實下弱，三居下卦之上而曰棟橈凶。上卦上弱下實則可載。當分上下體看。吳愼以三橈四隆者三在下四在上也。

李光地：以剛居柔，過而不過，又居上體故隆。然應初，有下橈象，故以有它爲戒！當大任者不二心豈可有它乎！

毛檢討：四順兌倒巽，爲入爲悅，決棟不隆乎！隆則吉，下不動也。它指四剛，言四剛皆在險中故有吝。

李塨：九四陽居陰，居上卦之下，上弱下強，故不撓而棟隆矣。然居大坎之中，疵厲將乘，亦有他吝但无大傷耳。

張惠言：反比上爲巽，故棟隆之象。二失位利有攸往，四亦失位，變成井，故戒不可變，九二不取利正之義，四有它亦謂不可與初耳。注似非也。

惠棟：隆高也，巽爲高，故云巽高爲隆，棟隆之象。初四二爻皆失位，易則吉，故棟隆吉，過應上則橈，故有它吝，非應稱它。

姚配中：惠氏棟曰初四易位故吉，過應上則橈，故有它吝。案四之初則初不弱，故不撓乎下。太玄曰毅于棟柱國任疆也。

吳汝綸：四居上卦之下，上有五故爲棟隆象，下應初六則有它而吝矣！

馬通伯：下實又有三輔，不因下而橈也。它謂上六，三患在本，四患在末。上危可扶，下虛則患立，民爲邦本也！

丁壽昌：諸儒皆以有它爲初六，非也，比初六。子夏傳非應稱它。惠定宇巽高爲隆，應上非正故有它吝。四當應初六，剛柔相儕，故不橈于下，從上六則有它志故吝。上六非應故稱它。

曹爲霖：愼子云廊廟之材非一木之支，帝王之功非一士之略。此有它吝何也！如諸葛亮於劉禪，棟隆吉也。及姜維六出祈山，無補叚谷之敗，此所以云有他吝也。

星野恒：處近君位，陽居陰，此剛柔相濟以當重任，如棟隆不傾，所以吉也。若下與初應則過柔有它吝。剛柔濟可以逢吉，以柔濟柔，豈有益！此所以有佗吝。

李郁：剛處柔，應者柔處剛，剛柔相濟得益昌，此枝榮幹固也，故棟隆，有與于下故吉。四初若爲柔剛則无如是之善，故曰有它吝。

胡樸安：棟隆吉者，多其輔以厚之，隆其棟則吉矣！多輔棟隆，使不下撓。它，蛇蟲屬，房屋既建，有蛇蟲之屬而吝也。

高亨：它謂意外之患。棟隆，室巨家大，自是吉象。然高明之家，鬼瞰其室，一有意外之患，不易克服而難抵禦也。

李鏡池：棟梁中間隆起，不至塌下傷人故吉。它，事物。但終于發生事故，有點不妙。

徐世大：棟拱高，好；有蛇是可笑的。高拱與力學定理相符。有蛇則笑話矣！古語不矜細行，終累大德，亦大過之一端也。

屈萬里：說文隆，豐大也。它，古他字。傳象下謂初。

嚴靈峯帛書：九四，棟（龏），吉。有它，（閵）。

張立文：龏假借隆。有它，蛇，發生意外事。譯：九四，屋寬家大，吉祥，如發生意外事故則有艱難。

金景芳引李過說：上卦上弱而下實，四居上卦之下而曰棟隆，言下實不橈也。有它吝是什麼呢？引劉牧說：大過時陽居陰爲善，有應則有它吝。

傅隷樸：移陽居陰，越過常分拯時艱，九三坐視棟橈不拯，九四使已棟橈復隆起來，所以吉，應初志量不宏有它吝。

徐志銳：四以剛居柔，用柔不排斥柔輔，九四隆起吉不橈下也。

朱邦復：得其所，吉，但有其他不測之吝。傳象：棟橈不正不直，故難免有吝。

林漢仕案：九三之遇挫折，缺乏人生經驗也，猶飽之佳餚而過量，飮之美酒而不能自持，美女當前，而過乎需要也，占於是告之凶。觀九四之隆，知九三能改而回歸人倫常道矣！九四之棟隆吉，有它吝，試集名家卓見如后：

象：不撓乎下也。

王弼：陽處陰，能拯弱。應初，用心不弘故有它吝。

司馬光：剛過濟柔，陽居陰，剛不違謙。失中故吝。

張載：志拯弱則隆而吉。私應則撓于下，吝也。

程頤：以剛處柔，居柔用柔得宜。與初六應有它累，係陰害剛也。

蘇軾：九四專於其應則吉，有它則吝。

張浚：陽履陰，衆陽輔之，爲棟隆。下有他謂應初小人。

鄭汝諧：四以陽居中，棟象。應初救本，未過之初故隆。

朱震：反巽長木棟象，動正則不撓，應初，剛係害剛故吝。

項安世：四與三比輔，不過故隆，以有它爲吝。

李衡引牧：四存下忽于奉上，隆其棟務于高則吉。引陸：不應初，反經合義。引石：有它吝者牽於應。

楊萬里：九四非棟位，棟材也。上六下，九四上爲上九其不隆哉！與初應則吝。

楊簡：四初應，居初上故曰棟隆。有它吝親初六小人。

吳澄：四當撓，資九五補橈處故隆，應初則吝。

梁寅：剛居柔，乘二陽故棟隆，私所與悅柔善，他吝之戒。

來知德：變坎棟象，上虛下實，棟隆。應初過柔，吝道。

王夫之：以剛居柔，雖隆不亢，二三兩陽輔之，可保其隆。上弱不能有爲故以上爲它。

折中引：下卦上實下弱，上卦上弱下實，故三橈四隆。

毛奇齡：四順兌倒巽，決棟不隆乎？它指四剛，四剛皆在險中故吝。

李塨：四居上弱下強故不撓而隆，居大坎中，有他吝。

張惠言：反比上爲巽，故棟隆。四不可變，不可與初耳。

惠棟：巽高爲隆。初四失位，易則吉，應上則橈故有它吝。非應稱它。

吳汝綸：四上有五故棟隆。應初則有它而吝矣。

馬通伯：下實又有三輔，上危可扶。它謂上六，四患在末。

丁壽昌：子夏傳非應比稱它，上六非應故稱它。

李郁：剛處柔，應柔處剛故隆。四初若柔剛則有它吝。

胡樸安：多輔則棟隆不撓。它蛇，有蛇蟲而吝也。

高亨：室巨家大，吉象。然高明之家，鬼瞰其室。它意外之患。

李鏡池：棟梁中間隆起不至塌下。發生它事故，不妙。

徐世大：棟拱高，好。有蛇是可笑的。

屈萬里：隆，豐大。它，古他字。

張立文：屋寬家大，吉祥。它，蛇，發生意外則艱難。

金景芳：四下實不橈。有應則有它吝。

傅隸樸：四使棟橈復隆起來，應初志量不宏有它否。

徐志銳：三對柔絕對排斥，四居柔用柔，得柔助反隆起。

輯易傳，好比古今賢者集會，漢仕材劣，勉強爲召集人，不敢仲裁是非，以眞材實料，每人發言一次，以資比較，讀者諸君，亦自酌量取飲青州從事，平原督郵，嗜酒之聖賢，各如所好。漢仕平生滴酒不沾，故過齊高上，是聖是賢，皆不經意無特殊好惡，唯義之比是也。

九四棟隆吉，有它吝，說者如是：

陽處（履）陰，能拯弱。
專於其應則吉
陽履陰，衆陽輔（或乘二陽）
四以陽居中，棟象，之初故隆。
反巽高爲隆。
四與三比輔，不過故隆。
存下忽于奉上，隆棟務高則吉。
九四上六易位隆，四棟材也。
四應初，居初上故棟隆。
資九五補橈處故隆（四上有五）
變坎棟象。上虛下實，棟隆。
四初失位，應則吉。
四剛處柔，應柔處剛故隆
多輔則棟不橈。
棟拱高，好

應初，不弘故有它吝
有它則吝
失中故吝
有它吝者牽於應。
私所與悅柔善。
上弱不能有爲故以上爲它。
它指四剛皆在險中故吝。
居大坎中有他吝。
有它吝親初六小人。（楊簡）
它，蛇蟲。
它意外之患。
應上則橈有它吝。（它上六）
四柔初剛則有它吝。
它，古他字。
有應則有它吝。

屋寬家大

四使棟橈復隆起來。

四居柔用柔，得柔助反隆起

以上言棟隆，吉也。

（丁壽昌註明子夏傳非應比稱它。惠棟云非應稱它。）

以上有它吝，指定它。

上半截言棟隆者，謂九四以剛處柔，應爻以柔處剛，初六也，故隆。即九四原本即隆，不必假借他象，不必覓墊腳與資助，亦即免唇舌也，九四本隆。反之若變使之正，即初九，六四，則有它吝也。李郁未曾「廢話」，蓋所爲從來總是覓象苦，所覓之象，又人言人殊也。如資九三剛隆，資九五剛隆，變坎隆，上虛下實隆，乘二陽隆，四陽居中隆，反巽隆，九四上六易位隆，四應初居初上故隆，得柔「摸摸」隆，有人乾脆甭找象即自隆起來，如隆棟務高說，如四使棟橈復隆起來。惠棟之初四失位，應則吉，其說與李郁之保持現狀即最佳相反，毛奇齡、張惠言以不動爲是，朱震則以動始隆。皆各有其黨與！本席不仲裁，以傳隸樸「四使橈復隆」以自課，蓋本爻之命意也。又它吝者，應初爲吝，司馬光特指「不以得位爲義。」則以「反經爲義」。然子夏傳特謂非應比稱它。奈何規矩皆非，自由心證爲是耶！說以應初爲吝者居多。他如失中。（他卦三四爻亦謂中，卦之中也）以上爲它，四剛爲它，大坎也。蛇蟲，意外之患，四柔初剛吝。蓋或指插花者吝乎？新居有蛇固吝，有插花者何嘗非吝，泛指有其事而未必有象也。

九五，枯楊生華，老婦得其士夫，无咎，无譽。

象：枯楊生華，何可久也。老婦士夫，亦可醜也。

荀爽：初陰失正，當變，數六爲女妻，二陽失正，數九爲老夫，以五陽得正位不變，數七爲士夫，上陰得正，數八爲老婦。（二十一家易注）

王弼：處尊位，以陽處陽，未能拯危，處尊未有撓，故能生華，不能生稊，能得夫不能得妻。處棟橈之世而无咎无譽，何可長哉！故生華不可久，士夫誠可醜也。

孔穎達：不如九二枯楊生稊，言其衰老，雖被拯救，其益少也。又似老婦得彊壯士夫，亦是益少也。九五處尊，功雖未廣，但使枯楊生華而已。老婦所得利益少，拯難功薄。

司馬光：大過本末弱也，初弱入二遇故枯陽生稊。稊始生向茂。五陽盛，盛極將落，故枯陽生華。華者榮將落也。初弱二強相濟功成，如剛君柔臣故无不利。上以衰陰符盛陽，如驕君庸臣，不足譽也。五履正无咎，輔非人故无譽。

張載：九五上係上六，故不能下濟大事，徒益其末耳。无拯物之心，所施者狹。老婦士夫所與者不足道，枯楊生華，勢不能久，故无譽，未至長亂故无咎。

程頤：五中正居尊然无應助，上比過極之陰，相濟如枯楊上生華秀，雖有所發，无益於枯。上六老婦，五比者婦爲壯，以士夫得老婦雖无罪咎，殊非美也故云无咎无譽。

蘇軾：盛極將枯又生華以自耗竭，不能久矣！稊者顚而復蘖反其始也。華者盈而畢發，速其終也。五陽居陽，侈甚，上六乘之不能正。上六老婦，士夫九五，夫壯妻老君壓其臣象。故教求免斯世。咎致罪，譽致疑。

張浚：楊陰木之柔而悴其本，榮其末，生理窮矣！婦謂上，二五正，各有巽體，爲枯楊，陰下爲稊，上爲華。五剛中居位，无妄動之咎耳。

鄭汝諧：五陽既過，比上六陰，士夫得老婦，夫壯妻老，无復生育矣！如枯楊僅能生華，无補其過。剛得中，故无咎，不能救過故无譽。

朱震：兌澤巽木，澤木楊也。五變成震，震爲旉，蕃鮮其旉，生華也。巽爲婦，上六陰，已窮老婦也，震長男士夫也。震成兌毀故无譽，陽濟陰故无咎。然以當位之五，剛中濟窮陰以柔不能成功也。

項安世：九五中立，不可自以无咎爲能也。括囊无補當世，老婦不能生育，安足譽？以此坊民猶有長樂老自譽者！

李衡引房：无臣无應，不能過越救時。

楊萬里：木枯而華，是速其枯，何可久也。男未室曰士，女嫁曰婦。士夫九五，老婦上六，娶失節之婦而復老邪，无恥之甚，故可醜也。九五過剛，輕於舉，二三四陽不爲用，獨倚上六陰邪小人爲助。

朱熹：五陽過之極，又比過極之陰，象占皆與二反。

楊簡：華亦陰陽和而後生，至華極矣！極必衰，故有將衰象。故曰何可久也。上六陰，老婦，九五士夫，老婦得士夫，則老爲主，陰柔過，剛懲創大過，陽頓衰，安能有爲？故曰無譽，又曰亦可醜。生華不久，此類歟！

吳澄：剛中變柔，楊枯而空其中之象。上一柔如枝上生華，二三四互乾，二乾夫之初，士夫也。五變柔與二應。三四五成兌，五兌老婦也。老婦士夫不能生育，如楊華久即飄零。稱女稱老以初終起義。變柔正應正禮故无咎，不當其年故無可稱。

梁寅：木華乃柔在上者，九五過極之陽，一陰在上，枯楊生華象。九五任剛無應，但比陰，樂其目前，雖榮於暫，老婦得，以見婦志，非夫之美也。无咎无譽，言雖无殃咎，亦不足稱也。

來知德：兌錯艮，少男，士夫未娶者，應巽長女，已嫁而老者。兌綜巽楊象，生華上之枝生，楊開花則散漫，終无益于枯。時之大過不能生育者。非配合之美，安得有譽哉！

王夫之：陽過，亢居尊位，下無陰濟，惟上與比，相悅一時之浮榮，故爲枯楊生華象。五無就陰之志，上兌主就之，言老婦得士夫。五中未有咎，非偶訕笑至，必无譽矣！

折中引沈該曰：五承上近末，生華象。引何楷曰：生稊生機方長，生華，洩且竭矣！五與上，上末，又兌主爲毀折，理無久生已！

李光地：剛居剛而處尊位，比上六已過之陰，象楊枯生華，適以竭其氣。士夫爲老婦得，適以蠹其心，志窮小喜則益之災，德亢無輔則重之疾，居中猶有无咎之占，無令譽足稱矣。

毛奇齡：五亦枯楊，剛中與二同，比上柔，以大過顚枯復生，且生華，上六兌少女居垂暮之地，悅在中，士夫反爲婦得，（陰乘剛故）顚倒極矣！然無咎無譽，大過也，大過則醜亦可也。

李塨：九五棟餘，亦枯楊。枯楊生稊可活，生華一發即敗，何可久也。剛居尊，儼一士夫。上兌少女竟成老婦，乘五，是士爲老婦所得，何咎？又何譽？實可醜耳，以將敗之榮膴，被庸碌之薦紳，渺无重輕，但有醜狀！

張惠言：五楊猶四棟，皆取反巽也，或者初巽老婦爲枯楊，得士夫爲生華。巽長女像已嫁婦，巽入乾亦老，五陽必取大壯震爲夫者，兌本女，然則二亦大壯，乾老夫，注略耳。

惠棟：二五體巽乾故皆取象于枯楊，柔在初爲本故稱稊，柔在上爲末故稱華，巽爲婦。虞以初老婦，馬以初爲女妻，上老婦，荀以初失正，變六爲女妻，二失正數九爲老夫，五得正不變，數七爲士夫，上得正數八爲老婦。荀說理乖。俗說虞以上爲稊，初華，于卦義亦不足，今折中焉。

姚配中：虞翻曰枯而生華故不可久。案太玄曰无根繁榮，本此。又兌象反巽故枯楊，五動成震故生華，兌女，乾老，老婦謂五，初元士，二正艮爲少男故曰士夫。枯生華是狂生。荀子曰不胥時而落。五反本故无咎，无應二故无譽。又案五動失位，求非其偶，故亦可醜。自注禮七十無主婦是老夫。白虎通棄妻令可嫁，是婦出得再嫁。

吳汝綸：上爲老婦，五在其下故少。凡无咎譽皆非美占。坤初六荀子亦以爲腐儒。王云无咎譽何可長哉，其說是也。

馬其昶：虞翻老婦謂初，士夫謂五。沈該曰二比初近本，生稊象，五承上近末，生華象。案：可醜即釋无譽。

丁壽昌：吳草廬曰二五皆象夫婦，二變咸老夫女妻象，五變恆老婦士夫象。稱女稱老以卦初終起義，虞氏不達。案虞引舊說以初女妻，上老婦與程傳合。致二上無應義，虞創過應說非也。五動變震爲夫，兌少故稱士夫，上體兌爲少女動成乾故稱老婦。

曹爲霖：魯昭公欲去季氏而倚公衍；厲公欲抑司馬氏而倚曹爽，唐文宗欲除宦官而倚訓注，何可久之驗！胡致堂謂馮道老於販國，象謂老婦士夫亦可醜也。

星野恒：老婦過極，上六也；士夫謂五，陽剛中正，爲其所得。無生育之功故曰枯楊生華。固無所咎亦不足譽。人貴相益，爲過柔所說何益！論是非可醜之甚！

李郁：以剛處剛，枯楊象，承柔生華無實，老婦指九五，士夫指上六，老承少故曰得其士夫，情相得，事近反常，故无咎亦无譽。

楊樹達：漢書西域傳下：朕不明，弘上書言匈奴縛馬前後足……皆以虜自縛其馬，不祥甚哉，易卦大過九五「匈奴困敗」，太卜皆以爲吉……今計謀卦兆皆反謬。

胡樸安：生稊之枯楊又生華，但枯楊之華，不必可久！房屋已成，有不得女妻而得老婦而配，其狀可醜！士夫老婦匹配確有此等形狀。家庭組織，始於文王也。

高亨：枯楊生華亦反枯爲榮象。楊花易隕落，老婦年大色衰，得士夫固不爲辱，亦不爲榮，无咎无譽。

李鏡池：枯老楊樹重新開花，比喻老婦人找到年輕丈夫，不好不壞。這種婚俗，古代不爲怪。作者認爲太過分了。

徐世大：老婦不甘寂寞，乃蛇之由來。世俗視之反常之配合。譯：枯楊在開花朵，老婆婆得了個年青小夥，莫怪人家不來道賀。

屈萬里：荀子非相篇楊倞注：士者未取妻之稱。

嚴靈峯帛書：九五，（楛）楊生華，老婦得其士夫，无咎无譽。

張立文：楛假爲枯槁。華古花字。士，楊倞注士，未娶妻之稱。譯：九五枯楊生花，老婦嫁個少年郎，既無災患，亦無名譽。

金景芳引程傳：五中正居尊，然无應，上比過極之陰，相濟如枯楊生華。上六過極之陰，老婦也，五比老婦爲壯，老婦得士夫豈能成生育之功！士夫得老婦雖无咎，殊非美也。

傅隸樸：陽處陽位，不做過份事。位崇質剛，坐鎭有幾分用，如枯楊垂死餘氣，半片楊花，只加速其枯死。老婦不能滋補少陽，反耗元氣，無九二回生之機，及九三之害，故无咎譽。

徐志銳：九五陽剛小伙子，上六殘存老太婆，新鮮一時，長久不了，有花无果，肯定不是什麼美滿婚事！湊合而已！

朱邦復：兩相情願，無所謂得失也。

林漢仕案：易之作者虙羲、文王至孔子贊易而傳商瞿、施讎、孟喜，梁丘賀、京房、費直皆男士，其後注家馬融，王肅、王弼、李鼎祚，司馬光、來知德、李道平、屈萬里，清一色皆我同性，男尊女卑。佛菩薩也以女身垢穢，非是法器，龍女五漏，不能成佛，獻珠化男始成佛。佛教四十二章經云「去女即男難。」依八敬法，出家女衆在有比丘僧團中，其職權不可凌駕任一比丘，否則犯墮惡道戒，蓋出家女衆以駕御比丘爲樂，毁壞正法因緣也。佛四十八願中之一：我作佛時，國无婦女！命終隨化男子。男尊女卑，似古往今來各民族中通例，中國五十六小數民族中如白族者，女尊男卑，似不多見。男女乃自有人類來最早期爭鬥對象，男勝女，於是男人製訂種種規模以限制女性可活動之場所，代代相傳，令不得翻身。男女次序已定，逐漸有凡非我族類得兼併。種族戰爭之烈遍及四海，然後有自視爲優秀民族……易之尊陽抑陰者，至孔子之慨嘆：「唯女子小人之難養也。」夫子始嘗男性壓制女性之苦果。女子不得參政，女子必須三從四德，女子不能與男子受同等教育。自然限制其視野與胸襟。孔子出妻，孔子爲人中龍，想其妻亦必人中鳳，欲掙脫鎖枷而與孔子比高，惜大筆皆由男士主握，致使除伯魚期滿猶哭母逝遭孔子斥責，謂嘻！其甚也！別無他書再載「鳳飛他鄉」與被其夫視作「女子小人」難養之例證。即以曹大家之才亦不能廢祖先男性所定之法。老子與孔子異趣。老子主張柔弱勝剛強。牝常以靜勝牡。天下人皆知而莫能行其理論。牝牡之合，負陰抱陽，總以激盪出一和諧狀態爲上。惜乎經史之研討，其人數之衆無出老子書之右者，而其風不能平衡易家之見。即易家亦有應爲尙。本卦則以有應爲係累。女子之德也，處常履順，親蠶治生，敬舅姑，助夫長子，議酒食，操井臼，黽勉於內，史書獨貴節烈，非如劉向取行事可爲鑒戒者，留諸青史。女子之名不出戶限，所謂積家成國，家恆男婦半，各盡其分，如是家和國治之說話正行醜，已廣爲風俗矣！男子志在四方，女子則生長環堵之中而欲與男子競馳，猶阿里巴巴大盜跖之遇小神童項橐，比權量力，如其智何！後世子孫遂以男子優越地位，本位主義，視一切既得利益爲當然，「夫老妻幼，尚有生育之功」；「老婦得士夫爲可醜」，謂枯楊生華勢不能久。楊萬里謂「娶失節之婦而復老邪！无恥之甚！」項安世謂「老婦不能生育。」據報載六十三歲老娘，試出寶寶。（洛杉磯86.4.24電聯合報）老婆婆與十九歲郎君恩愛逾恆，老婆婆子孫懷疑彼青年有所望婆婆億萬家財也。婆婆則力爲其所愛闢說。武則天六十五六歲後之穢史可曾傳爲美譚？貴妃本爲愛兒壽王媳，「在天願作比翼鳥，在地願爲連理枝。」未必是兒妃之願；而明皇天長地久之思兩人相去差四十春，六十阿翁提攜二十媳，升格爲愛妃，白居易也自作情多，文情緜冪。強姦太眞意，千古果然傳爲佳話！老男少艾黃昏戀，女愛我財勢，我愛女稚痴，徐世大所謂「喜也相宜，嗔也相宜。」蓋描寫老男心態也。胡太后之戀楊華，一如老男之包容豆蔻少女。老男悅少女，无不利；老婦得士夫，无咎，无譽。作易者其先知兩性心理也。傳易者黨老男而醜老婦，洋洋洒洒，老婦士夫皆可醜矣，徜士夫與老婦海誓山盟耶？老婦以牀上工夫俘虜少男耶？何況尚有權力財寶等之吸誘耶？男貪女愛，必有究竟，茲彙集九五枯楊生華，易傳興起主題之敍述：

象：枯楊生華，何可久也。

王弼：處尊未有撓故生華，不能生稊。孔穎達：不如九二生稊，言其衰老。枯楊生華而已。

司馬光：五陽盛，盛極將落，華者榮將落也。
張載：枯楊生華，勢不能久。
程頤：中正居尊无應，比過極之陰，相濟如枯楊生華秀，有所發，无益於枯。
蘇軾：盛極將枯，又生華以自耗竭。華畢發，速其終也。
鄭汝諧：五陽已過比上六，如枯楊僅能生華，无補其過。
朱震：澤木楊，五變震爲專，生華也。
楊簡：華亦陰陽和而後生，至華極必衰，故有衰象。
吳澄：楊枯空中，上柔如華，楊華久即飄零。
梁寅：木華乃柔在上。九五過極，陰上，枯楊生華象。
來知德：兌綜巽楊，開花則散漫，終无益于枯。
王夫之：上比，相悅一時之浮榮故爲枯楊生華象。
折中引：生稊生機方長，生華洩且竭矣！
毛奇齡：五亦枯楊，大過顛枯復生且華。
李塨：九五枯楊，一發即敗，何可久也。
惠棟：體巽乾取象枯楊，柔在末稱華。
姚配中：反巽枯楊，五動成震故生華。太玄无根繁榮。

星野恒：老婦上六無生育之功故曰枯楊生華。
李郁：以剛處剛枯楊象。承柔生華无實。
胡樸安：生稊之枯楊又生華，不必可久。
高亨：枯楊生華，反枯爲榮象。楊花易隕落。
李鏡池：枯老楊樹重新開花，比喻老婦找到年輕丈夫。
徐世大：枯楊在開花朵，老婆婆得小夥。
張立文：九五枯楊生花，老婦嫁個少年郎。
金景芳：中正比過極之陰，相濟如枯楊生華。
傅隸樸：枯楊垂死餘氣，半片楊花，只加速其枯死。
徐志銳：有花无果，肯定不是什麼美滿婚事。
繁華乃人生奮鬥最高指標，儘管繁華夢易碎，然功名利祿，王圖霸業，有幾人能生來就甘心清風明月過此一生？「當年萬里覓封侯」應是普遍丈夫志略。「見落日而思暮年」，胡適曾大力砥砭，而悲秋尤爲通病！子午火水生，豈子，火生即憂火烈？午，水生而懼水深？楊樹枯而稊，由稊而華，稊固足大喜，華乃丈夫騰雲志，搏個汝公汝侯之大願到來，今反以華之巔峰，而悲其不永爲病！植樹盼華，華而不實，端視汝所植，玫瑰牡丹豈華而生實？再言楊能生華，正見其生命力強，華謝枝仍茂，非是生稊，再華即枯。易傳大家正朝「華發速枯」之喻以爲九五枯楊生華解題。枯楊生稊乃敗部復活，枯楊生華，乃敗部復活後爭得敗部冠軍，又戰勝勝部冠軍，榮登第一也。日方中方仄，以日方中即言喻日將沒，喻日西沉，亦喻人生暗淡，無乃大過乎！是乃解題人大過，非解大過九五爻辭也。然而衆口鑠金，茲約錄專家之見於后

1.枯楊生華，以自耗竭，速其終也，故曰何可久也。

2.生華不能生稊，言其衰老，生華而已。

3.五比上六，相悅一時之浮榮，上六无生育之功故曰枯楊生華。

4.華亦陰陽和而後生。華極必衰，故有衰象。

5.兌綜巽楊，開花則散漫飄零。

6.五亦枯楊，大過顚枯，復生且華，一發即敗。

7.反巽枯楊，五動成震故生華，无根繁榮。

8.以剛處剛，枯楊象：枯楊垂死餘氣，半片楊花，加速其死。

9.有花无果，肯定不美滿。

上共九說：「生華不能生稊」，有是哉？其梅花耶？先華後葉？抑先華後現樹之生機？生華正見樹之壯，根之茂，今日生華「言其衰老」，豈老蚌生珠耶？王弼、孔穎達有无誤導？王夫之「五比上六，相悅一時之浮榮」，其說甚是，星野恒等謂上六老婦無生育之功，則未免功利，做愛，相悅、擁抱，只爲生育？敦倫只爲生育，汝一年，十年敦倫幾次？百子千孫矣夫？夫與妻之生殖器官只爲生

育用，不爲調節性情，融合感情，互相依靠愛慕，相敬如賓變作神話？又謂「无根繁榮」，實有無的放矢之感，姚配中引太玄曰，其瓶中插花乎哉？九五當非瓶花，生稊而後根茂力強，庶能發華也。其他剛處剛，枯楊象；有花无果；兌綜巽爲楊。不必批判亦知其辭遁而窮也。徐世大譯文傳神：「枯楊開了花朵，老婆婆得小夥。」王夫之謂相悅一時。徐志銳謂新鮮一時。皆甚中肯綮，蓋亦爻意當如是也。

老婦得其士夫，无咎、无譽。

荀爽謂五陽數七爲士夫，上陰數八爲老婦。張載亦謂九五係上六。程頤、蘇軾皆同聲九五士夫，上六老婦。吳澄謂二乾士夫，五兌老婦。虞翻以初爲老婦，士夫五，丁壽昌以二五像夫婦，二變老夫女妻，五變則老婦士夫像。李郁最特殊，謂老婦指九五，士夫指上六。近人知無法統一其說，故籠統言「老婆婆得了個年青小夥。」朱邦復之譯，最得九五爻辭精髓，朱謂：「兩相情願，無所謂得失也。」

上六，過涉滅頂，凶，无咎。

象：過涉之凶，不可咎也。

九家易：君子以禮義爲法，小人以畏愼爲宜。至于大過之世，不復遵常，故君子犯義，小人犯刑，而家家有誅絕之罪，不可咎也。大過之世，君子遜遯，不行禮義謂當，不義則爭之，若比干諫而死是也。桀紂之民可比屋而誅，上化致然，亦不可咎。曾子曰上失其道，民散久矣，如得其情，則哀矜而勿喜，是其義也。

王弼：涉難過甚故至于滅頂，凶，志在救時，故不可咎也。

孔正義：過越之甚，以此涉危難至滅頂，言涉難深也。本欲濟時拯難，意善功惡，无可咎責。猶關龍逢，比干憂時深諫，以忤无道，遂至滅亡，意善功不成，復何咎責！

張載：陰居上極，雖過而不足涉難，故凶。大過之極故滅頂而无咎。

程頤：陰柔處過極，是小人過越常理不恤危亡，履險蹈禍如涉水至滅其頂，凶可知。小人狂躁自禍，何尤！故无咎。

蘇軾：過涉至滅頂，將有所救也。勢不可救而徒犯其害，故凶。然其義則不可吝也。

張浚：澤在木上爲過涉，爲滅頂。

鄭汝諧：下履四陽，陽方盛，是以過涉至滅頂。陽迫陰，陰罹其凶，義不可咎。巽柔居下，初陰茅，兌澤居上，故上之陰涉！

張根：觀過可以知仁，異夫患失者矣，陳寶是也。

朱震：乾爲首，上六首上頂也，兌澤滅沒其頂。上六柔處大過之極，不量力至滅頂。然上六正，志在拯溺，不可咎也。過涉之凶，所謂以貞勝也。

項安世：象所謂末弱，力不足濟難。志存大義，大過人之行，雖至滅頂而不可咎也。上高於五故上爲老，五爲士。

李衡引牧：不量其力，過而涉者也。引石：上不在其位，志救時，卦取過義，或吉或凶何也？六愼過，二四陽居陰亦過，故无不利，棟隆吉。上六涉難无咎。三五守常兮，不得太過之道。一棟橈凶，一无咎无譽。餘四爻皆得過之道，故得吉无咎。

楊萬里：水溢過涉，徒沒其頂；任重過才，徒滅其身。孔氏以爲龍逢比干，非也，二子豈陰柔哉！爲衍曹爽訓注以之，其凶大矣！曰无咎者當自咎而已！

朱熹：處過極之地，才弱不足以濟，然於義爲无咎矣，蓋殺身成仁之事，故其象占如此。

楊簡：過涉濟險而滅沒其頂，凶也。而濟險之至正，不可咎之也，故曰无咎。古志士見危授命而功不濟，有議其非者，聖人正之曰無咎。咎之則鄉原道行得志矣！

吳澄：上爲首之頂，應三，如下行至水深處被水浸過也。愈趨愈下，地卑水深，滅沒其頂，固身凶，卑下則无咎。

梁寅：兌澤涉水滅頂，此不量淺深冒大難者故凶。身雖凶其義則无咎。朱子以爲東漢黨錮諸賢是也。

來知德：頂者首也。變乾爲首。當過遇兌澤。初大過于愼，上大過于濟，居卦終，才弱，滅頂殺身矣。然不避艱險，殺身成仁事也，故其義无咎。

王夫之：陽已過而已涉之。如水盛徒涉，必至滅頂之凶。然過者陽，非陰咎，上欲以柔濟剛，反擯抑之，其心可諒也。言滅頂者，三四爲脊，覆乎上爻之上也。

折中引錢志立曰孔子觀卦象而有獨立不懼之思也。案程傳以履險蹈小人；本義爲殺身成仁君子。本義爲長。然又一說上六居無位委蛇和順，君子弗非也，此說可並存。

李光地：過極澤盈，故過涉滅頂象。大事非柔才能濟，凶必矣！然爻義无咎，蓋柔爲說主，無位非當事之人，柔說處之，和順不爭而養晦以俟，无咎之道也。

毛奇齡：兌上六涉澤而過，巽木謂滅木，乾頂謂之滅頂，非凶乎！然不可咎也，大過非過，大過時建大過之業，無不可耳！

李塨：上六末弱，承強居末，何克力救！過涉不能，已滅其頂，嗟乎凶矣！然豈其咎哉！可憫也。龍逢比干之死也。

張惠言：涉者之過也。大過之時乾沒於陰，此本大壯陰傷陽，五已之初而上陰滅乾故凶。然坤生乾沒，上妻二生子得位。續陰非其咎也。

惠棟：案涉從水從步，步長六尺，以長爲深，則涉深六尺，過涉則水益深，故滅頂凶。頂，首也，上乘四剛故有咎，以陰居陰得位故无咎。虞注震足兌水，足沒水故過涉。乾頂沒水中故滅頂。震以五乾爲頂，于卦義稍闕。

姚配中：案震无咎者存乎悔，頂已滅矣，不可追咎，此亦不可如何者也。

吳汝綸：朱子云處過極地，才不足濟，凶矣！然於義无咎也。

馬通伯：汪德鉞曰：中孚利涉大川，木在澤上。大過過涉滅頂，木在澤下，蓋舟沈於水之象。

丁壽昌：本義殺身成仁事。程傳小人過常不恤危亡。致九家易謂不義則爭，若比干諫死是也，本義從之。兌水澤，乾爲頂，中互二乾，頂沒兌水中故滅頂凶。

曹爲霖：王輔嗣云龍逢比干直諫，功雖不成，復有何咎！思菴謂殺身成仁，浩氣兩間，何咎之有！任重過其才者，不足濟難，徒滅其身！非无咎也，不可咎也，當自咎而已！

星野恒：滅頂沒頂，以柔居極求濟，過涉滅頂，自取其凶，誰咎？適見其不知量力也，豈可歸咎乎人哉！

李郁：上爲頂，九五遇上頂滅，以柔處柔故凶。剛來濟柔故无咎。

楊樹達：後漢書趙典傳趙溫與李傕書，於易，一爲過，再爲涉，三而弗改，滅其頂，凶。（後漢紀二十獻帝紀文同）

胡樸安：建築房屋處爲水所沒，可以涉也，人涉滅頂，此事可謂凶矣！然非建築之咎，穴居而屋居，生活進步常軌，滅頂之水，雖凶而无咎，故象曰不可咎也。

高亨：誤涉沒頂，將溺死於水，无咎二字疑衍。凶與无咎乃各據所占，各依其事以記之，故有矛盾之象歟？

李鏡池：滅頂，淹過頭。渡河水深淹過頭，很危險，但終於渡過去了。卦中舉不太正常婚姻例子，雖不算什麼，也是太過了。

徐世大：釋義：老婦士夫結果如上爻過涉滅頂。一失足成千古恨，豈可復歸咎乎！譯：淌水過河淹了頭，了不得，怪不得。

屈萬里：經義述聞：過者失也，誤也，過涉者誤涉也。滅沒也。无咎無過咎。

嚴靈峯帛書：（尙）九，過涉滅（釘），凶，无咎。

張立文：過誤涉河遭險。釘借爲頂。同聲系，古相通。頂，首也。上六錯誤地渡河遭滅頂，有禍殃，但無須譴責。

金景芳：滅，沒頂。程傳小人蹈禍；朱子君子成仁；折中按語本義殺身成仁比程爲履險小人爲長。程不合適，朱亦不好。上六柔說主，從容隨順，不爲剛激益勢，雖處過涉滅頂而无咎也。看來說法好些。

傅隸樸：易凡宏濟時艱都用利涉大川，不計個人生死，唯大難之拯是務。上六就像拯溺的人，遭了滅頂，對個人說是凶，在大義當歸咎他，故曰不可咎也。

徐志銳：孤陰殘存，如涉水隨時有滅頂之凶。不可咎則言不能將上六柔居陰位排斥掉，排斥則不可稱太過了。

朱邦復：陰柔難濟，然大過時，義無反顧。釋：求仁得仁，大難當頭，凶而無咎。

林漢仕案：九家易謂大過之時，不復遵常，君子犯義，小人犯刑。君王亦失其道，猶關龍逢，比干忤无道亡身。楊萬里則謂衍曹爽也。程頤言「小人過越常理，不恤危亡。」朱子稱「蓋謂殺身成仁事。」正是九家易敍大過之時君子不以禮義爲法，小人不以畏愼爲宜也。上無道揆，下无法守，君子憂而力矯時俗，不以身爲念；小人行險僥幸。程朱之意正一體而兩面也。大過之時，初能時祀盡敬，雖未獲喜而无咎。九二則喜生氣已現，主享特殊恩澤與福份。本位主義言，老牛得嫩草也。老牛獲官能滿足。九三遇挫折，自作孽也，扶顛持危，幡然醒悟，不難逢凶化吉，蓋繫辭所謂吉凶者，貞勝者也，吉凶是失得象，吉凶悔吝生乎動，吉凶以情遷，愛惡相攻吉凶生。棟橈固凶，能貞、能動、能愛，其情遷則逢凶化吉矣。九四以使橈者復隆爲志，吉矣，若旁及非應比而染焉，害不生於今日，要之豈能免乎！九五兩情相悅，享彼成熟被照顧關懷之福，無所謂得失，亦无毀譽。本爻過涉滅頂亦警告詞也，凡事過則不中，所謂過猶不及。叔梁紇，胡鐵花皆過涉致孔子，胡適早孤，孟子所謂「以若所爲，求若所欲，盡心力而爲之，後必有災。」不能量力而後動，過涉也。故善水者凶，不善水者亦凶。知所戒，善與不善水者得渡矣，蓋恐懼而後動也夫？

茲輯衆家解上六，過涉滅頂，凶，无咎之見如左：

象：過涉之凶，不可咎也。（一死天下无難事乎？）

九家易：上失其道，民散久矣。大過之世不遵常也。

王弼：涉至滅頂，志在救時故不可咎。（明知不可爲而爲之乎？）

孔穎達：本欲濟時拯難，意善功惡，復何咎責。

張載：陰居上，雖過不足涉難。（有志无才又愚昧蠻幹乎？）

程頤：小人過越常理不恤危亡。（只見一利不顧生死乎？）

蘇軾：勢不可救，徒犯其害。義不可咎。（愚忠也？）

鄭汝諧：陽迫陰，陰罹其凶，義不可咎。（君子黨也！）

朱震：上六不量力滅頂，志在拯溺，貞勝，不可咎也。

項安世：志存大義，大過人之行，雖滅頂不可咎也。

李衡引：不量其力，志救時，過而涉者也。

楊萬里：水溢過涉，徒沒其頂，任重過才，徒滅其身，爲衍曹爽訓注以之，凶大矣！當自咎而已。

朱熹：才弱不足濟，殺身成仁之事，於義爲无咎矣。

楊簡：古志士見危授命而功不濟，咎之者則鄉原得志矣！

吳澄：上首應三，下行滅沒其頂，固身凶，卑下則无咎。

梁寅：此不量淺深冒大難者故凶。東漢黨錮諸賢是也。

來知德：居卦終，才弱，殺身成仁事，故其義无咎。

王船山：陽已過而己涉，必滅頂，然過者陽，非陰咎。

折中引：上六居無位委蛇和順，君子弗非也。

李光地：過極滅頂，大事非柔才能濟，凶必矣！爻義无咎。

毛奇齡：大過非過，大過時建大過之業，无不可耳。

李塨：上六末弱承強，何克力救！過涉滅頂，可憫也。

張惠言：大過之時乾沒於陰，然坤生乾沒，續陰非其咎。

惠棟：過涉則水益深，故滅頂凶。以陰居陰得位故无咎。

姚配中：无咎者存乎悔，頂已滅矣，此亦不可如何者也。

馬通伯：木在澤下，蓋舟沉於水之象。

丁壽昌：兌澤乾頂故滅頂凶。九家易謂不義則爭，朱子從之。

曹爲霖：龍逢比干直諫，殺身成仁，何咎之有！當自咎而已。

星野恒：以柔求濟，過涉滅頂，不知量力，豈可咎人哉！

李郁：九五過上頂滅，柔處柔凶，剛來濟柔故无咎。

胡樸安：建屋爲水沒，人涉滅頂，非建築之咎。

高亨：誤涉沒頂，將溺死，无咎二字疑衍。凶无咎矛盾之象歟？

李鏡池：渡河水深淹過頭，很危險，但終於渡過去了。

徐世大：老婦士夫結果如上爻過涉滅頂，豈可復歸咎乎！

屈萬里：過者失也，誤也。誤涉滅沒。无過咎。

張立文：錯誤渡河遭滅頂，有禍殃，但无須譴責。

金景芳：上六柔說隨順，不爲剛激益勢，雖處過涉滅頂而无咎。看來比程，朱說法好些。

傅隸樸：上六拯溺遭滅頂，對個人說凶，大義不當歸咎他。

徐志銳：孤陰殘存，如涉滅頂，不可咎言不能將上六排斥，排則非大過了。

大過之世，大過常經也，如上六柔猶欲與人比權量力，度長絜大，如過涉滅頂，凶之必也，然而无咎者，高亨謂凶无咎連用有矛盾之象。金景芳謂上六柔說主，從容隨順，雖處過涉滅頂而无咎，說比程朱好。蓋苟且求全，知乎泰山鴻毛乎？程朱之說並無軒輊，君子小人各取所需，烈士循名，小人殉財，一體兩面事。易家皆寄上六過涉於微言大義，以志士仁人許之，於拯時溺許之。徐世大則從九五老婦士夫之延續。老婦若呼天呼地與士夫過涉，採陽補陰，殘花將謝，豈自願做風流鬼耶？一死百了，過失誤涉，不量力滅頂，死則死矣，咎之何益？繫辭謂无咎者善補過也。若死則无從補過矣，故知上六過涉滅頂，凶，乃警告辭，「无咎」則知過已補无復有過咎。凶也者亦隨之消失其因果矣。

䷽ 小過（雷山）

小過。亨，利貞。可小事不可大事，飛鳥遺之音，不宜上，宜下，大吉。

初六、飛鳥以凶。

六二、過其祖，遇其妣，不及其君，遇其臣，无咎。

九三、弗過，防之，從或戕之，凶。

九四、无咎。弗過遇之，往厲必戒，勿用永貞。

六五、密雲不雨，自我西郊，公弋，取彼在穴。

上六、弗遇過之，飛鳥離之，凶。是謂災眚。

☶☳ **小過，亨，利貞。可小事不可大事，飛鳥遺之音，不宜上，宜下，大吉。**

彖：小過，小者過而亨也。柔得中，是以小事吉也。剛失位而不中，是以不可大事也。有飛鳥之象焉。飛鳥遺之音，不宜上，宜下大吉，上逆而下順也。

象：山上有雷，小過，君子以行過乎恭，喪過乎哀，用過乎儉。

宋衷：二陽在內，上下各陰，有似飛鳥舒翮之象，故曰飛鳥。震爲聲音，飛而且鳴，去而音止，故曰遺之音也。

荀爽：小過，小者過而亨也。過以利貞，與時行也。陰稱小，謂四應初，過二而去，三應上，過五而去，五處中見過不見應，故曰小者過而亨也。（二十一家易注）

鄭玄：中孚爲陽貞于十一月子，小過爲陰貞于六月未，法于乾坤。（堂案見乾鑿度）傳不宜上：上謂君也。

王弼：飛鳥遺其音聲，哀以求處，上愈无所適，下則得安，愈上愈窮，莫若飛鳥。

孔穎達：音相過之過同，非罪過之過。遺，失也。鳥失聲必是窮迫未得安處，論語鳥將死，其鳴哀。遺音即哀聲也。

司馬光：小者陰也。陰之過差也。不宜上宜下，與其過而僭上，不若過而逼下。

張載：時宜用過，雖過正也。失其所安者必矯其所爲以求安，過於自大，其勢必危；過於自損，可以獲吉。

程頤：過者過常，利貞不失時宜。飛鳥遺音謂過不遠，不宜上宜下謂宜順。順則大吉。過而順理，其吉必大。

蘇軾：陰自外入，據用事之地而囚陽於內，謂之小過。小過者君弱臣強之世，小者過而亨則大者失位而否矣！

張浚：二陽陷四陰不得位失中，是謂小過。二五俱柔未可大有爲故小事可。飛鳥無所底止，君子用謙，用恕，懼上逆，盡修己之道。

鄭汝諧：大過四陽，小過四陰，陽大陰小。大者過必亢，比應乎陰吉。小者過常則取禍，宜下爲吉。小事有順自有亨之道。得位，烏可使之太過哉！不度德卒於顚越。

張根：權不足故。傳彖：小過可耳，非大人所宜，不可爲常。

朱震：中孚相易，陰小者過，比常理過，反中而亨。自臨來，明夷變。六二之正不動乃能小過而亨，利貞也。五中在上，二中在下，巽事，小事有過而不失正。正則吉。陽爲大事，三剛不中，以二三四五言小過也，不可作大事。離鳥升飛，震聲，飛鳥遺音象。巽風，逆上難下易，故不宜上宜下，大者如是則吉。以初九之四言小過也。

項安世：可小事爲利，於義正後通，故曰亨利貞。飛鳥音遺於此，則飛已過矣。以六爻之象言也。彖寓小大順逆之戒。大德不逾閑，小德出入可，如晏子或儉，正考父過恭，小節之過。

李衡引石：二剛失位，柔得中，是小者過得亨。利貞者，柔得中不可作大事。引胡：四陰外二陽內，綱紀未甚壞，矯正一時之失，天下一歸大中之道得亨通也。飛鳥聞音不見跡，君子矯弊不使知之也。宜上不宜下者，當附民心然後獲吉。引陸：中孚柔內剛外有鳥孵象；小過剛內柔外故有飛鳥象。大在內失中，當守實遺名，若鳥翰飛。二五小人得中，上犯五凶，下得二吉。大在內，道未顯，不可上行，而可俯就也。

楊萬里：小過之世，用靜吉，用作凶。小有所過可，卑有所就宜，如飛鳥有所飛必有所歸。小者過則亨則利，必正乃可。柔得中謂二五，剛失位不中謂三四，內二陽外四陰有飛鳥舒翼之象。

朱熹：小，陰也。陰多於陽，小者過也。既過陽可以亨矣，必利守正，不可不戒。二五柔得中故可小事，三四剛失位不中故不可大事。卦體內實外虛，如鳥飛，其聲下而不上，故能致飛鳥遺言之應，宜下大吉，亦不可大事之類也。

趙彥肅：貞者正而常也。過以利貞。與時行乃時中也，非中何以貞，知此斯知小過之義矣。

楊簡：陽大陰小，四陰盛得位。故小過足亨也。不正失道，故利貞正。二五雖中，柔體小，可小事而已！二剛失位失中故不可大事。六畫有飛鳥象。鳥飛過，遺音在。飛上逆，下順；人情事理猶是。聖人所以諄諄及此。

吳澄：小者過盛故小者亨。利小者正主事。小人可小知不可大受。陰柔小人得志時。飛鳥遺音指二陽，宜自上趨下，就卑處全身也。大者陽剛君子，轉凶爲吉之道也。

梁寅：四陰二陽，陰多於陽，小者過也。陰皆順故可以亨。陰過陽必利正，陰以順爲正。二五皆陰故但可小事。三四不中正不可大事。二陽鳥身，四陰鳥羽，飛太速，音在而身已去也。下集知止吉，去速則凶，陰過非大有爲之時也。

來知德：錯中孚，象離爲雉，飛鳥也。變小過象坎，離不見，則鳥已飛過，微有遺音，易經錯綜之妙至此。中爻兌口舌，遺音象，人得聽則鳥低飛，在下不在上。小過小事言，陰柔無所逆故亨。小者爲貞，宜謙居下方得大吉。

王夫之：二五卦主，初上羽翼，三四危疑地，陽錮於內，陰踰甚，故曰小過。過非惡罪，陰上覆下承護陽，軼常非罪故可亨。陽內陰函，利物不失正，陰可小不可大，如鳥遺音不宜上宜下則大吉也。

折中引呂大臨曰：小過，過小也。小過濟其小不及，故亨。上窮下有止，過奢凶，過儉吉。朱子語類：小過是過於慈惠，小事過，如行過乎恭，喪過乎哀，用過乎儉，自貶底意思。陸銓曰即夫子寧儉寧戚之意。

此聖人扶陽抑陰之深意。

李光地：謹小愼微，細微之事而過於畏謹，故亦謂之過。然必過不失正乃可亨。小事可以過柔，乃時宜。飛鳥不宜上，申利貞意。放縱，上之類，謹節，下之類，不上而下故大吉。

毛檢討：四陰環列，非小者過乎？陰居二五，正也，正則中，三四中行非中正。小得中可小事，大失中不可大事，理也。震爲鵠，兩震相背，絕類飛鳥，震動艮止，上動下靜，棄上取下，上逆下順，順逆分明，何勿吉之有！

李塨：陰過陽不及，小者過也。大坎通有亨義，小過時宜正行之，利貞焉。柔得中，剛失中，故小事宜，大事不宜。二陽居中似腹背，四陰似翼飛，飛聞震鳴又飛，上難聞，下可遺音也。小過安順則大吉。

孫星衍引王肅，過音戈。又引褚氏曰「小人之行，小有過差，君子爲過厚之行以矯之也。如晏子狐裘之比也。」周氏等兼以罪過釋卦名。

江藩：陽大陰小故曰小，五也。坤爲事。大謂四，陽爲大也。離飛鳥，上陰乘陽，謂五乘四，下陰順陽謂二順三。不鳥飛上翔不下來也，說解許君不字之訓本此也。

姚配中：陰爻過故曰小過，亨謂四升之五，初化之正成既濟故亨利貞。（注）宋衷曰二陽在內，上下各陰有似飛鳥舒翮象，震爲聲，飛且鳴，鳥去音止。案不宜上謂上得位不可化，宜下謂初化之正，初正則四五成既濟，故大吉也。

吳汝綸：太玄擬爲差，兼過失過越二義。淮南子云人莫不過而不欲其大。二陽內，四陰似飛鳥舒翮也。假鳥言不宜上飛宜下降，如是則大吉矣！

馬通伯引王又樸曰：小過亨，利貞。以小者過始有此亨，利貞三德也。案：遺音可聞，特小過耳。管子云鳥飛不過山則困，不集谷則死，故曰不宜上宜下大吉。

丁壽昌：宋仲子曰二陽內，上下各陰似飛鳥舒翮象。卦無離象，虞說非也。卦過有過盛，過越之義，非爻與爻過也。王伯申云過，差失也。兩爻相失不應，不可通於諸卦。以弗過爲應，過不應說頗爲簡易。蘇蒿坪震鴇有飛象。

曹爲霖：思菴葉氏曰小過陰過，君子道消，宜下可小，文王脫囚羑里是此妙用，容菴盧氏曰才德微小時，得位便妄意尊大，必爲莽操失貞不吉矣！陳氏曰鳥上下類逆順。

星野恒：陰勝陽曰小過，亦時或然，能致亨，必利正。二五柔中可治小事，三四剛不中不可治大事。卦象如鳥張翼鳴上聞于下，下順易上逆難，故宜下大吉。

李郁：陰過陽；過小失不遠；小事過，大德不踰閑。六二卦主。小指陰，陰多于陽故曰小過。柔居二故亨利貞。震動則飛，鳥以棲止爲安，故宜上不宜下，動能靜故大吉。

胡樸安：易會獵爲自獵之卦。小規模自獵，所獲飛鳥遺音猶在也。不宜上，不可大事會獵，宜下，可小事由下自獵，田獵規模雖小，其事則大吉也。

高亨：享祀曾筮遇此卦。舉事有利，但可以舉小事，不可舉大事。遺予也，飛鳥予人以音，飛益上，音益遠難聞，飛益下音益近而易聞，不宜上宜下，得其宜則大吉。

李鏡池：過有經過，責備二義。批評小事有好處，但對軍事和祭祀不宜隨便批評。飛鳥叫聲尙留耳際。這是鳥占。兆示上級不利，下級利。如否小人吉，大人否亨。

徐世大：小過，不及。普遍，宜持久。可以小小辦，不可大大做。飛鳥剩了音，不宜上，宜下大好。

屈萬里：集解虞曰鳥飛而音止，故飛鳥遺之音。遺，墜。象傳以柔爲小，以陽爲大。剛失位九四失位。初二五上四陰爻象翼，三四二爻象身。

嚴靈峯帛書：(少)過，亨。可小事，不可大事。(翡)鳥遺之音，不宜上，宜下。(泰)吉。

張立文：少小通。過，過之小，過常，過越，過失。翡借爲飛，遺音即哀聲，又遺釋予或存。泰大通。譯：小過，亨通，利占問。可做小事，不可做大事，猶飛鳥留存好音，不宜向上飛，宜向下飛，使人聽見，大吉。

金景芳：小過亨，但要利正。可小事不可大事，因爲是陰。小過有飛鳥之象，宜上不宜下，是矯枉過正。

傅隸樸：過爲過失過分，古有「知一重非，進一重境」名言，故曰小過亨，不可捨正道不由。過失不可發生在大事上。鳥上飛不還，發將死哀音，上飛勢逆下順，以飛高爲戒。

徐志銳：柔過，陰柔稍過，柔過反歸于中三層過義。小過矯枉過正，歸節中信中，利歸正中，時行不失其貞，失中得中，只能幹小事，鳥上行背中道，下順中道，反中則不爲過。

朱邦復：亨通，利於正，小事可成，大事不成。遺音不遠，不宜爭宜順，大吉。

林漢仕案：小過，小者過而亨也。象謂行過乎恭，喪過乎哀，用過乎儉。過恭，過哀，過儉爲小過。陰稱小，陽稱大。大過既名大者過，大者過越，超越，過訪；小過，何爲不可謂小者過越，超越，過訪？今試輯各家珍見如后：

象謂小者過，小事吉。象謂過恭，過哀，過儉。

荀爽：陰稱小，五處中見過不見應，故小者過而亨。
鄭玄：小過陰貞于六月未，法于乾坤。
司馬光：陰之過差也。
張載：時宜用過：過於自大、危，過於自損，吉。
程頤：過常，過而順理，吉必大。
蘇軾：小者過，君弱臣強囚陽於內謂小過。
張浚：二陽陷四陰，不得位失中是謂小過。
鄭汝諧：大者過中亢，小者過常取禍，烏可太過哉！
朱震：陰小者過，以初九之四言小過也。
張根：權不足，小過非大人所宜，不可爲常。
項安世：大德不踰閑，小德出入可。如晏子儉，正考父恭。
李衡引石：二剛失位，柔得中，是小者過得亨。
楊萬里：小過之世用靜吉，作凶，小者過則亨利。
朱熹：小，陰也。陰多於陽，小者過也。既過可亨矣。
趙彥肅：貞者正而常也，非中何以貞，斯知小過之義矣！
楊簡：四陰盛得位，故小過足亨也。不正失道故利正。

吳澄：小者過盛，小人可小知不可大受，小人得志時。

梁寅：陰多於陽，小者過也。陰以順爲正。非大有爲時也。

來知德：離爲雉。小過小事言。小者貞，謙居下得吉。

王夫之：此聖人扶陽抑陰之深意。陰上覆下承護陽。

折中：小過過小。朱子謂自貶底意思。引陸：寧儉寧戚意。

李光地：細小之事而過於畏謹，小事可過柔。

毛檢討：四陰環列，非小者過乎？小得中可小事。震鵠。

李塨：陰過陽不及，小者過也。小過時宜正行利貞焉。

孫星衍引：過音戈。小人有過，君子爲過厚之行矯之也。

江藩：陽大陰小故曰小，鳥飛不下來說解許君訓本此。

姚配中：陰爻過故曰小過。亨謂四升五，初化正成既濟。

吳汝綸：過有過失過越二義。淮南子人莫不過而不欲其大。

馬通伯：管子云鳥飛不過山則困，不集谷則死。

丁壽昌：卦无離象，虞說非也。過爲過盛，過越之義。

曹爲霖：君子道消，宜下可小，文王脫囚是此妙用。

星野恒：陰勝陽曰小過。三四不中不可大事。

李郁：小指陰，過小失不遠，小事過，大德不踰閑。
胡樸安：小規模自獵，規模雖小，其事則大吉也。
高亨：噬舉事可小事，不可舉大事。遺，予也。
李鏡池：過有經過，責備二義。批評小事好，下級利。
徐世大：小過，不及。可小小辦，不可大大做。
屈萬里：遺，墜。柔人陽大。剛九四失位。
張立文：過之小，過常，過越，過失。遺音即哀聲。
金景芳：小過亨要利正，陰可小事。宜上不宜下矯枉過正。
傅隸樸：過爲過失過分。古有「知一重非，進一重境」名言。
徐志銳：小過矯枉過正。利歸正中。柔過陰柔稍過。

　小過，正是小者過越，超越，過訪。更有陰過差，過於自大，過常，過理，過謹，陰爻過，過小失不遠，經過，責備，不及，過失，過分，矯枉過正。過義幾涵蓋矣！按雜卦小過，過也。序卦：有其信者必行之，故受之以小過。韓疏：守其信者則失貞而不諒之道，而以信爲過，故曰小過也。雜卦以本字解故彈性大，凡過之義皆可入選，序卦則以權爲上，免於一成不變，獃窒難行！蓋守信則失貞諒，不守信又不可以爲人！何如自處，則靠行者自由心證也。故解易者小過二字，予吾人16類解釋，條條道路通長安！先觀爻辭小義再敘全卦大義：初六小過小智，如雉之不能高舉，不過山已困，不集谷則死，若效沖天志，何如不凶！安分可免也。六二時運未濟，有所待也，不汲汲則祖可過，君可及，而无過咎。九三弗先過訪溝通即防衛過當，主觀硬幹，致使雙方莫名對幹，所有凶咎皆缺乏溝通。九四不中，陰在下當防，在上不當從，不必依常規約束自己，无咎害也。六五西來濃雲不下雨，我軟硬兼施，欲以最少代價獲最大利益。上六天災人禍並至。人謀鬼謀，百姓與能，則凶險災難可化爲祥和也。

再集其義爲：初六小智不可大舉。六二時運未濟，多待一會。九三雙方硬拼。九四不必依常規。六五眼看甘霖在望，不可即得。上六天災人禍並至。除非人謀鬼謀，百姓與能，可化險爲夷。是全卦依爻進程：小智運未亨，硬幹有缺失，不依常規爭取似有得而未得，懼天災人禍，多謀而成也。故卦辭言小過時主亨通、卜利、正亦利，惟時運未至，可小事而勿兵戎及大祭，不可高飛遠走，則大大有得，吉祥如意也。

金景芳謂：「宜上不宜下，矯枉過正。」似宜下不宜上之誤乎？上則死之徒矣。來知德謂離爲雉，丁壽昌謂卦无離象。來知德謂錯中孚，大象離爲雉矣！或三上，初四易位亦大卦離也，丁壽昌安不謂來說之非也！小過象曰君子行過乎恭，喪過乎哀，用過乎儉。朱子謂「自貶底意思。」其謙乎？故李光地言小事可過恭。小過飛鳥象，有言雉，有言鵠。若夫鴻鵠，則有沖天之志，可大事矣！可上不宜下矣！毛奇齡正言何勿吉之有！

初六，飛鳥以凶。

象：飛鳥以凶，不可如何也。

王弼：上逆下順而應在上卦，進逆无所錯足，飛鳥之凶也。

孔正義：初應在上卦，進而之逆同飛鳥无所錯足。

司馬光：止過宜在初，與坤豫之初同，困豫皆戒于初而慮于終也。

張載：與其上比於陽，不若下遇於陰。與其上合於五，不若退附於初，宜下之義也。无應於上故能免咎。臣居下猶不可過，況其它乎！

程頤：初，小人象，應四，動體，躁上，過乎其過，如飛鳥之迅疾所以凶，過速且遠，救止莫及也。

蘇軾：大過棟，小過飛鳥爲一卦之象。爻皆寄初本，末上也。春秋傳曰凡師能左右之曰以飛鳥見以於翼，欲左而左，欲右而右，莫如之何也，故凶。

張浚：初艮止，上應震四。小過用正靜時而肆躁動，悖理逆事，持是心以往，將何所不至凶可既乎！

鄭汝諧：初陰不安於下，其過趨上如鳥之奮迅，然勢必凶，莫如之何也。

張根：初六飛鳥以凶，應于四故。傳象，最在下故。

朱震：離鳥，初之四，飛鳥也。四動體躁，初艮不正，柔而止。不當過，應四，不當過而過。飛鳥迅疾，欲救止不可，凶必矣！惡成不及改者。

項安世：小過柔過剛。初陰過不中是以凶。當鳥翅之末，艮下當止，反飛以致凶，故曰飛鳥以凶。

李衡引正義：上逆下順，應在上卦，進而之逆，无所錯足，飛鳥之凶。

楊萬里：初六陰柔小人，常有躐高位心，故戒，言高飛必速墮也。小過論爻皆患過，不患不及。如德宗不相裴延齡。

朱熹：初柔應九四，上而不下者也。飛鳥遺音不宜上，宜下。郭璞洞林占得此者，或致羽蟲之孽。

楊簡：初六有高舉上進之意，凶之道也。人心放逸而有勇進之志。知凶遏之，曰不可，如何也，問甚之辭也。

吳澄：飛鳥擬君子，九四也。陰過盛傷陽，正應爲敵讎。初六害九四者也。九四之凶，以初六而凶也。

梁寅：柔上應九四，不量力以小圖大，欲上不下，其凶宜矣。

來知德：初六上六，翼之銳者，以，因也。因飛致凶也。初柔不正，惟知飛上不知其下者也，凶可知矣！

王夫之：初上外，張翼飛象，陰盛，偕二五翔，逆理而行，害及天下故凶。以者謂以飛故凶。

折中引胡瑗曰：位在下而志愈上，故獲凶。引胡炳文曰：大過棟橈，棟在中故三四言之，小過飛鳥在翼，故初上言之，初上其翰。又案：鳥正當棲宿，不自禁飛，凶非自取乎？

李光地：初上處兩端，翼象。飛不能自止，凶害自取。初上翼舒皆凶者。

毛奇齡：四柔皆鳥翼，初上翰也，翼強在翰，翰舉身從，此臣制君，末制本象，凶象也。春秋傳曰能左右之曰以。

李塨：四陰皆翼，初上翼之翰，翼強在翰，翰舉身從，此臣制君，小加大之象，凶象也，初自以之能如之何哉！

江藩：（注）初應四，四爲飛鳥。上之三則四折入大過死故凶也。江云此虞義。晉上之三，自二至五互，互大過故曰折入大過二陽在四陰中，陽死陰中故曰死。

姚配中：離爲飛鳥，上化則四體離，上體俱失正，故飛鳥以凶，以已也。凶已成不可如何者也。上化四成離，火炎上，不與初易位，三降二成未濟故凶。象曰不可如何也。

吳汝綸：以，與也。飛鳥與之以凶，此无妄之災故不可如何也。

馬通伯引項安世：初艮下當止反飛致凶，上震極，動成離，離於網罟。引鄭杲：初象鳥翅，鳥飛向上，其翅隨之，鳥能左右之，翅无如何也。

丁壽昌：漢書五行志劉歆視傳曰有羽蟲之孽，雞㔶。此洞林所本。初上動成離，離爲飛鳥，故特初上二爻明飛鳥義。

曹爲霖：隋文帝初詔，盜一錢棄世，此所謂小者過也。有盜刼執事曰爲我奏至尊，自古無盜一錢死者，吾再來，爾屬無遺類矣！此飛鳥遺之音也。帝聞停此法。

星野恒：初柔居下，九四應，此小人爲上所知，躁進者也。往必見凶故云飛鳥以凶。人無才雖得時，冒進不已，必遭凶，可不戒乎！

李郁：初六鳥翼，飛則不安故凶。

于省吾：應四離爲飛鳥，上之三則四折入大過死，故飛鳥以凶。按以矣古通，飛鳥以凶舊讀，應讀作飛鳥矣，凶句。矣以古同字。

胡樸安：獲鳥以歸，飛戾於天，是以凶也。此眞無可如何之事。獵前民衆相謂之語。

高亨：疑下挩矢字。飛鳥以矢者，鳥帶矢而飛也。鳥既中矢，飛而矢不脫，其矢貫深矣，未有不死者，故飛鳥以矢凶。

李鏡池：以，與，帶來。飛鳥經過，帶來凶兆。也是鳥占。

徐世大：射鳥爲喻。飛鳥亦可喻命運，命運不可捉摸。射鳥者得大吉，飛鳥爲凶矣。故譯作飛鳥因而遭殃。

屈萬里：以，及也。又以猶而也。並見釋詞。飛鳥宜高不宜下。

嚴靈峯帛書：初六，（翡）鳥以凶。

張立文：引高亨曰此句義不可通，疑以下當有矢字。然帛書無矢字，今從帛書。譯：初六，飛鳥（受傷）謂凶。

金景芳引項安世說：初不得中，在艮下，當止反飛，以飛致凶，故曰飛鳥以凶。講得明白。

傅隸樸：初陽位陰居，無才冒有才象。上應動卦，位卑求奢象，小人狂妄浮躁，好比飛鳥徒逞高飛，不知宜下不宜上順逆形勢，結果就發出哀鳴的凶禍。

徐志銳：小過開始，稍事矯正可歸到中。然初六之鳥高飛，難矯正歸中，故言凶。是自取无可奈何的。

朱邦復：初六小人，上應九四，有上飛之象。釋：小過之時，躁進有凶。

林漢仕案：以字有九解，因也。（來）以，已也。（姚）以，與也。（綸）以，矣也。（于）以，與，帶來。（池）以，及也，又猶而也。（屈）吳澄，王夫之「以初六而凶。」「以飛故凶。」可用因字取代，因初六，因飛如何如何。蘇軾毛奇齡引春秋傳曰凡師能左右之曰以飛鳥見以於翼。

飛鳥以凶。各家解作：

象：不可如何也。

王弼：上逆下順，進逆无所錯足，飛鳥之凶也。

孔穎達：初應上卦，進而之逆同飛鳥无所錯足。

程頤：初應四，動體，如飛鳥迅疾，過速救止莫及。

蘇軾：爻寄初本末上。春秋傳曰以飛鳥見翼，欲左而左，故凶。

張浚：小過用正靜而躁動，悖理逆事，持是而往，凶。

鄭汝諧：初不安下，過趨上如鳥奮迅，勢必凶莫如何也。

張根：初六飛鳥以凶，應于四故。傳象：最在下故。

朱震：離鳥，應四，動躁，艮不止，惡成不及改者。

項安世：小過柔過剛，艮下當止反飛以致凶。

楊萬里：初小人有躐高心，小過患過，不患不及。故戒。

朱熹：初應四，上而不下者，宜下。占此或致羽蟲之孽。

楊簡：人心放逸而勇進，知凶遏之，不可如何問甚之辭！

吳澄：飛鳥擬君子，九四也，陰傷陽，正應爲敵讎。

梁寅：柔應四，以小圖大，上不下凶宜矣！

來知德：因飛致凶也。初柔不正。知上不知下，凶可知矣！

王夫之：初上外，偕二五翔，逆理而行，害及天下，以飛凶。

折中引：鳥當棲不自禁飛，凶非自取乎！

李光地：初上翼象，飛不能自止，凶害自取。

毛奇齡：四柔皆翼，初上翰，此臣制君凶象。能左右曰以。

李塨：翼強在翰。翰舉身從，小加大象，凶象也。

江藩：應四，上之三則四折入大過死故凶。此虞義。

姚配中：上化四成離，火炎上，三降二未濟故凶。以已也。

吳汝綸：以，與也。飛鳥與之凶，此无妄之災故不可如何也。

馬通伯引：當止反飛，上動成離，離於網罟。

丁壽昌：初上動成離，飛鳥義。漢書羽蟲孽，雞禍。

曹爲霖：隋初詔盜一錢棄世，此小者過也。盜刼，奏停止法。
星野恒：初四應，小人爲上所知，無才得時，必遭凶。
于省吾：以矣古通。應讀作飛鳥矣，凶句。
胡樸安：獵前民衆相謂語：獲鳥以歸，飛戾於天，是以凶也。
高亨：疑挩矢字，飛鳥以矢凶。鳥帶矢而飛也。
李鏡池：以，與，帶來。飛鳥帶來凶兆。鳥占。
徐世大：射鳥吉，飛鳥凶。飛鳥可喻命運。
屈萬里：以，及也。又猶而也。飛鳥宜高不宜下。
張立文：帛書无矢字。飛鳥（受傷）謂凶。
傅隸樸：初無才求奢，徒逞高飛，不知宜下不宜上形勢。
徐志鋭：初六鳥高飛，難矯正歸中，凶自取无可奈何的。
朱邦復：初六小人，上應九四，有上飛之象。

上震，動，起，反生；下艮，止，順。又震起又順止，猶豫矛盾，欲起還止，欲止又起，漢書云雞胝，是招惹射人注意，飛本身无罪，肉身是罪，胡樸安謂獵前語，吳汝綸稱无妄之災，象謂不可如何也，李光地謂凶害自取。卦辭不宜上，宜下。屈萬里則持相反意見，謂飛鳥宜高不宜下。若乃鴻鵠大鵬，一舉千里，扶搖而上者九萬里，逢蒙后羿之箭可奈我何！理是，然卦辭明明言不宜上宜下，奈何可遠網罟而又罹網罟之禍！萬里先生豈筆誤乎哉？漢書謂羽蟲之孽，雞旣。雞有翅而不能高舉，拍拍翅膀，裝模作樣而已！醯雞則是小飛蟲。（蠛蠓）馬通伯謂當止反飛，上動成離。離爲飛鳥，離又是網罟，則卦變成火山旅矣！張浚謂小過用靜而躁動，悖理逆事，亦指上震動，下艮山靜說象，下欲止而上動不已，亦即相互矛盾也，故悖逆事理。猶之心欲止而口說不停，手腳舞不能自已。朱謂惡成不及改者，果如是，是心口不一矣！不誠無物矣夫！毛奇齡將羽毛體翅一體之鳥硬比作主體三四，附一二五六翼，初上翰，臣制君象，其徒李塨謂小加大象。可眞是矛盾生大業矣！江藩等以虞翻氏易上之三則四折入大過死故凶。上之三則成火地晉，如何入大過死凶？大過澤風，中四爻皆陽，小過初二，五六皆陰。豈四折成陽而三四又本陽無從變大過故謂大過死凶邪？初本應四，吳澄以飛鳥擬君，九四也。卦爻本以九五爲君，今升九四即爲君。正應初，初傷陽，正應爲敵讎！與毛大可三四本體君，臣制君說義通。繫解四多懼，近也。注位逼於君故多懼。今提陞四爲君，想係鳥之主體對鳥翅膀言也。春秋傳謂欲左而左，欲右而右。被人操縱，能無凶乎！折中云鳥當棲而不自禁飛，飛不已。如數十年前中國全民動員除四害—鳥鼠蟑螂蒼蠅，天甫亮即行動，老人小孩以鑼鼓臉盆發出聲響驚鳥，青年則持網捕雀，令彼飛不已而疲憊墮地，全國痲雀一朝盡除，是飛不已之害乎？姚配中謂上化，四以上成離，火炎上，三降二成水，爲未濟故凶。升降說卦，屈萬里評之：於上下經文無徵，復與彖傳相悖。矛盾齟齬，胥此類矣！戴君仁謂無關占筮，只用解經，其不足置信。于省吾與高亨改字。于謂以矣古通，改經文爲：飛鳥矣！凶。高亨則加字，以爲脫一矢字，改爲飛鳥以矢凶。鳥帶矢而飛，凶也。奈何帛書无矢字！胡樸安以抓到鳥又讓彼脫逃，飛戾於天，即飛到天空，其凶字乃指獵人捕獲又讓獵物脫逃，將飢餓無獵物可食也。李鏡池謂鳥占，飛鳥帶來凶兆。作者髫齡與祖父學鳳公夏夜乘涼於穀場，忽聞高空鳥叫聲，祖父心血來潮，發囈語謂：若我子道亨已死，鳥聲儘叫不止。道亨乃作者之父，時在新加坡任英國錫礦總經理，且正當英年，無可死之理。前日來信請相地起宅，所需費用即滙來云云。鳥叫聲歷久不竭，時夜將半也。祖父悶不樂無語就寢，隔數日傳來我父自玩手槍，走火擊斃自己。其鳥占乎？抑卜人養小鳥啣籤之占？傅隸樸謂初無位無才而求奢，逞高飛，不知宜下不宜上之形勢。從卦辭言可小事不可大事，不宜上宜下言，初果然是麻雀，學鳩，斥鴳，鷦鷯之類也。不然水擊三千里，摶扶搖而上九萬里，絕雲氣，負青天，孰能以凶？小者之過也，槍榆枋，翱翔蓬蒿屋簷間安矣！小智不可大用矣夫？奮衝天之志，其不達也明矣！救凶莫如安分，否則凶咎莫可奈何隨之而來矣！是初飛鳥以凶之本義乎？

六二，過其祖，遇其妣，不及其君，遇其臣，无咎。

象：不及其君，臣不可過也。

王弼：祖，始謂初也。妣者居內，履中而正，過初履二，故曰過其祖，遇其妣。過而不至於僭，盡臣位而已。

孔疏：過而得謂遇。六二當位，履中而正謂妣，祖始初也，二過初故曰過其祖遇其妣。過不僭盡臣位故日遇臣无咎。

程頤：四祖。二過四遇五是過其祖，五陰尊，祖妣象，二從五戒過。謂上進不陵君，適當臣道則无咎。遇，當也。

蘇軾：小過者臣強之世。故爲臣子之辭。六五當強臣，六二不僭。小過寄之祖妣。妣未有不助祖者，臣未有不忠君者。小過君弱不能爲政，臣得專之者，惟六二也。日過日不及者，以見臣之不可過其君也。

張浚：小過君道微弱時，臣宜謹忠厚禮。祖四妣五，取陰陽之義。二篤守臣道，當其分不少渝越。君不可過而及之，臣道當以遇爲正耳。

鄭汝諧：二雖在三四二陽下，不與遇。五陰主，二欲從，故過其祖（陽）而遇其妣（陰）。欲爲過常事，陵勢犯分則凶。二中且正，臣道遇之則可恃故能不及其君。

張根：相過謂之過，邂逅謂之遇。小過之時宜下不宜上，故可過其祖，不可過其君也。

朱震：三乾父，四祖，五陰祖妣。日祖日妣，既過之稱。二中正。祖不中正，於義當過；妣中，過義不可。遇不期會。五應二以中會，故遇之言過。五君位坤（臣）居，過適及君，過臣之分於義有咎。易傳日過當也，過臣之分，咎可知。

項安世：柔得中免凶，二陽君也，祖也，乃降而下，二陰臣也，妣也，升居上。二本與五應，過三四而見六五，故過祖遇妣與臣象。臣不可言過其君故變文日不及其君，言不相値。其實則過之矣。五上自過三四，二在下未嘗過故无咎。

李衡引侁：祖者陽之尊，九三也。妣者陰之尊，六五也。君陽臣陰，二近三應五，有過祖遇妣，不及君，遇臣象。

楊萬里：九三以陽居陽故稱祖，九四以陽居陰故稱妣。六二小人居高位，有弱君之心，二陽振其前，不可越而過。二剛失位，有益君猶如此。淮南反謀，寢汲黯死義；陶侃坐觀危亂，忌溫嶠義旗見指，皆遇其臣不及其君也。豈六二安无咎，天下實无咎也。

朱熹：二柔順中正，進過三四而遇五，是過陽反遇陰也。如此則不及五自得其分，是不及君，適遇其臣，過而不過，守正得中之意，无咎之道也。

趙彥肅：過初遇二時也。不及五，遇二守正也。小時之時，安於中正，靜止承剛，故无咎。

楊簡：初六有祖象，二過其祖象。祖不可過，自他人則可言，非子孫所當言。六二妣象。五君象。二固不及也。臣不可過君，過之往往遭禍，人君操生殺之柄也。

吳澄：陽在己上，父也，二視三猶父；視九四猶祖也。陰居尊位，妣也，六五，祖之妣也。過其祖，其指六二，祖九四，過之者六五也。遇之者六二，其妣之其指九四，妣六五也。二得上應，過祖（四）遇妣（五）。下卦艮九三君，二臣。不及其君，謂五下應二。（其臣，其指九三之臣六二也。）二中正无害。

梁寅：四陽祖，五陰妣。五君四臣。二五應者，然過四陽遇五陰，是過祖遇妣，非陰順陽之道。若反與四遇不及五君，是陰順陽乃正道，此其所以无咎。

來知德：三四陽爻，居下之上，有祖象，君象，初在下，妣象，臣象。四陰曰過，二陽不及。陽失位，陰抗陽，此爻與初遇，故曰遇妣。遇非正應。四陰二陽，若孫過其祖，所遇乃妣。陽應陰曰弗過，陰應陽曰過之。二柔正，陰遇陰，當過不過，无咎之道也。

王夫之：五上天位，有鬼神之道，故上祖五妣。二柔中，較上爲勝，與五同道，遇其妣也。陽君陰臣，二於君道不及，柔當位，臣道爲得。遇臣也。二柔自靖可无咎。

顧炎武：愚考古人自祖母以上通稱妣。經文多妣對祖並言。過祖遇妣，妣當在祖上。周人以姜嫄爲妣，是妣先乎祖。周易多以周之事言之。小畜自我西郊，文王自我也。

折中引王宗傳曰過或不及皆適時分，此爲無過，故无咎。引張振淵曰：祖妣，陰陽象。過祖遇妣是去陽就陰，順臣道之常。引吳愼曰：六二中正，當過而過，當不及而不及，此權取中，卒無過不及之偏。又案過恭過儉，妻道臣道也。

李光地：六二應六五每取妣象。越四應五，是過祖遇妣，無正應於上，是不及君。二有中德，能權衡過不及，取中故无咎。

毛奇齡：六二與柔比，進與剛非應，剛乾爲君爲父，柔爲坤爲母，今三四剛爲君祖不應，反比乎妻四，是所遇者在妣，以柔中過猶不及，過在彼而不曰過，臣不可過君故諱之，此不釋義而釋詞與有飛鳥之象。同一變體李塨：巽始，中且正，順者也。六陰爲女耶？三四陽其祖也。六五敵應，其妣也，則歷過祖不近而遇妣。三四君，不敢及之，下比初，遇屬僚，宜下，宜小事也。

江藩：初陰爻故曰祖，祖，母也。下陰順陽是過祖遇妣也。

姚配中：二應五，五陽伏故過其祖，妣謂上，母死稱妣，上宗廟，謂過五遇上，此爲人後者象。二五俱陰不相應，二退應四，故不及君。此謂不及五遇四。二得位故或遇上遇四皆得无咎。又案二之必歷四，故臣不可過。

吳汝綸：祖，四也。妣，五也。君，三也。臣初。二五應，今過四陽遇五陰，是過祖遇妣。三爲內卦主，今不及而下與初比，是不及其君遇其臣也。

馬通伯引語類：三父四祖五妣。過祖遇妣，是過陽遇陰也。引蘇秉國相越謂過，相與謂遇。三下卦主，二之君也，初下，二之臣也。古人有十等，遞相君臣。案：祖尊，母親，親親爲重，此可過者。易應爻陽下是貴下賤。比承陽爲順。

丁壽昌：王注祖始也。考初六陰柔居下不得謂祖。虞仲翔祖謂祖母初也。案祖爲大父，非謂大母。程傳五陰尊祖妣象得之。過不遇，不及亦不遇，小過時妣爲臣，易變例。

曹爲霖：六二以草茅之賤，一旦拔起禮遇冠諸強臣之上，非過其祖乎！然與五同心同德，謹愼天威，如三顧之勤，不免關張之慍，後聞先主屬君自取，繼之以死，鞠躬盡瘁，臣其可過耶！

星野恒：三陽父，四祖，五爲祖妣，不及五尊，退與四遇得无咎，蓋柔中之才事庸常之主，退遇剛陽取益，得无咎。

李郁：祖與君指六三，妣與臣指上六，二過三與上六遇，故曰過祖遇妣，不及君遇臣。過之云者，非皆失之，過此遇彼故无咎也。（不及猶言過。）

胡樸安：民衆相互邀約自獵，過其祖之居，不遇祖而遇妣。君，一家之主；臣，一家之從。不遇主遇從，從不允自獵。

高亨：過越同義，過行越其前，不及行落其後。行過祖父前而遏其妣，行在君後而遏其臣。雖不獲所追求之人而能遏其相關人，非徒勞無功。余疑妣當作父，祖父爲韻。遇猶遏也，迎而止之。

李鏡池：祖父可以批評，祖母應表揚，國君也可指出他的不夠，臣子可以贊揚。父權社會，祖母形同奴隸，作者見解十分可貴。過批評。遇禮遇贊揚。不及，有缺點。

徐世大：訪他的祖父，遇見他的母親；碰不著他的國君，遇見他的臣。沒有害處。所得不如預期不得不安於小就。

屈萬里：過謂過往。傳象遇其臣非過之也。祖妣對稱，自甲文如此。明陳恂謂古者祖母以上俱得謂之妣。郭沫若日知錄亦有說。

嚴靈峯帛書：六二，過其祖，（愚）其比，不及其君，（愚）其（僕），无咎。

張立文：遇渡，走到。祖祖父，愚遇通，遇會也。比，妣假借，泛指其祖母。僕，今本作臣。譯：六二，渡越他祖父，遇見他祖母，落在其君後，遇到君的臣僕，沒有災患。

金景芳：九三是父親，九四是祖父。六二過九四其祖，遇六五其妣。六五陰爻妣，是祖母。折中說二五皆柔，有妣婦之配，无君臣之交，故取遇妣不及其君爲義。无應君，不敢仰君象。守柔居下，是臣節不失也。

傅隸樸：祖義始，初爻陽位陰居，過錯之祖，也是過錯之始。二居中得位，得當之母。失曰過，得曰遇。初應四，初之過故曰過，二不與五應，二得正故曰遇其妣，不奉亂命故无咎。

徐志銳：九三父，九四祖父，六五祖母稱妣，六二越祖父與祖母遇，于禮失正，過中了！不及其君，五君柔，二反歸本位，矯正歸中，稱讚二曉得不越臣中正之位反回。

朱邦復：過猶不及，有一得必有一失，守中道无咎。四祖，二應五過其祖遇妣象。六二遇九四乃不及五君象。

林漢仕案：祖，妣，君，臣定位，然後言過，遇，不及，應。各家之說如是：

王弼：祖，初也。妣，六二。過不僭盡臣位故曰遇臣。

程頤：四祖，二過四遇五是過其祖。五祖妣。遇當臣道无咎。

蘇軾：小過臣強君弱，臣不可過其君。妣助祖，臣忠君。

張浚：祖四妣五，二篤守臣道。君不可過，臣道遇爲正。

鄭汝諧：二過其祖（陽）而遇其妣（陰）。臣道遇可恃故不及君。

張根：相過謂過，邂逅謂遇。宜下故過祖，不宜上不可過君。

朱震：三乾父四祖五祖妣。二中祖不中當過。妣中不期會。

項安世：二陽君也祖也。二陰臣也妣也。二五應，過祖遇妣與臣象。臣已實過君，二未嘗過故无咎。

李衡引：祖九三，妣六五，二近三應五，過祖遇妣……象。

楊萬里：九三祖，九四妣，六二小人，二陽不可越過。

朱熹：二中正，過三四陽反遇五陰，不及君適遇其臣。

趙彥肅：過初遇二，守中正，靜止承剛故无咎。

楊簡：初六祖象，六二妣象，五君，二固不及也。

吳澄：三父四祖五妣，六五過四祖遇二，二上應過祖遇妣。

梁寅：四祖五妣，二五應是過祖遇妣。非陰順陽之道。

來知德：三四祖象君象。初妣象臣象。陽應弗過陰應過之。

王夫之：上祖五妣，二五同道，遇妣也。陰臣，二於君道不及也。

顧炎武：妣前乎祖，周易多以周之事言之。

折中引：過祖遇妣是去陽就陰。六二取中无過不及之偏。

李光地：六二越四應五是過祖遇妣，無正應是不及君。

毛奇齡：剛君父柔母妣，二柔比妻四是遇妣。柔中過猶不及。

李塨：三四陽祖，五敵應妣也，過祖不近而遇妣。比初。

江藩：初祖母也，下陰順陽是過祖遇妣也。
姚配中：應五陽伏故遇祖，妣謂上。陰不應應四故不及君。
吳汝綸：祖四妣五，君三臣初。不及三內卦主下與初比。
馬通伯引：相越、過，相與、遇。三父四祖五妣初臣，三下卦主。
丁壽昌：祖大父，五陰尊祖妣象得之。不及亦不遇，妣亦臣。
曹爲霖：二賤拔冠強臣非過其祖乎！囑自取鞠躬盡瘁臣可過耶！
星野恒：三父四祖五妣，不及五與四遇。退遇陽取益无咎。
李郁：祖君指三，妣臣上六，二過三與上遇故過祖遇妣不及君遇臣。
胡樸安：過祖居遇妣，不遇主遇從，從不允自獵。
高亨：過越。不及，落後。遇妣當作父。遇猶遏止。行過祖遏妣，行君後遏臣，遏其相關人，非徒勞無功。
李鏡池：過批評，遇禮遇，不及有缺點。祖父可批評……。
徐世大：訪祖父遇母親，所得不如預期，不得不安小就。
屈萬里：過往，祖妣對稱。古祖母以上俱得謂之妣。
張立文：過渡祖父遇祖母，落後君遇臣僕，沒災患。
金景芳：三父四祖，二過四遇五妣。无應君，守臣節不失也。

傅隸樸：初過錯之祖，二得當之母。失、過，得、遇。初應四，不與五應。二得正故曰遇其妣。不奉亂命故无咎。
徐志鋭：二越祖父與祖母遇，于禮失正。
朱邦復：四祖二應五過其祖遇妣象。二遇九四不及五君象。
以祖爲初者計有王弼，趙彥肅，楊簡。傅隸樸言過錯之祖。
以初爲祖母妣者：來知德，江藩。來知德謂初妣象臣。
以六二爲妣者：王弼、趙彥肅、楊簡。
楊萬里謂六二小人，曹爲霖謂賤。朱子等謂中正守臣道。
以九三爲乾父者有朱震、吳澄、馬通伯、星野恒、金景芳。
以九三爲祖者有李衡引、楊萬里、來知德、李塨、李郁。
九三爲君者：吳汝綸，馬通伯。（內卦主）
以四爲祖者：程頤、張浚、朱震、吳澄、粱寅、馬通伯等。
以九四爲妣者：楊萬里。
以九四爲妻者：毛奇齡。
六五爲君者有楊簡。姚配中謂五陽伏故祖。朱邦復。
以六五爲妣者：程頤、張浚、朱震、李衡、吳澄、粱寅、王夫之、李光地、吳汝綸、馬通伯、星野恒等。丁壽昌謂五祖妣。

以上六爲祖者有王夫之。

以上六爲妣者：姚配中

屈萬里謂古祖母以上俱得謂妣。

父祖君妣妻似乎爻爻有份，爻爻沒把握，人人皆謂權威，言之成理，猶當年于大成博士自云：「余之書法不能言當代第一，汝給余第二咱不要。」易家想亦當然耳。細讀爻意，求其次則无咎之意味甚濃，胡樸安之「不遇主遇從。」與徐世大謂「所得不如預期。」似可參考。祖妣君臣不必固定初二三四五上任一爻，蓋超越過遇不及者六二也，以爻言爻當六二過，六二遇，六二不及，六二遇其臣也，无咎者亦六二无咎也。如是則六二之過超其祖可以泛指，不必謂初也，三也四也！六爻之歷程不同時，代表其人其事其時所占如是。如過越乃祖，乃祖喜一代強如一代隆耶？抑小子安可過越我頭頂！或云不遇祖而遇妣，妣第可與「關愛眼神」而不能直接助汝，能助者亦少也。不及與過越道理同。及君則吉凶悔吝未卜也。侍君如侍虎、及其君、則君之喜怒哀樂不可前知也。不及君，則不能產生吉凶悔吝。遇臣，只能斟酌損益及君之事，獲彼臣之聲援而已。无咎者，未遇主事者，未發出需求，未發多中，中，何咎之有？是讀本爻時，不必成見在先而是此非彼，爭執孰是其祖，孰是其君，振振有辭必其祖妣！前人皆已作古，亦不能起說者而肉其白骨，與之辯論長短。是其祖者，讓更後來者加添一人是其所是而已！六二過遇祖妣，及臣而不及君，六二之時運有所待也，不汲汲則祖可過，君可及，吉凶之兆未可先予言傳也。於此時則无咎已！

徐志銳謂「六二越祖父與祖母遇，于禮失正。」徐豈以男女之禮拘祖孫？本爻應无倫理越分之意。高亨疑妣當作父，帛書作比。遇作遏阻，豈人過分霸道也乎！

九三，弗過，防之，從或戕之，凶。

象：從或戕之，凶如何也。

王弼：大者不立故令小者得過也。陽當位不能先過防之，至令小者或過而復應而從焉，其從則戕之凶至矣！

孔正義：弗過防之者小，大者不能立德，故令小者得過。三應上六小人則有殘害之凶。戕者殺害之謂，或者不必之辭。

張載：君陽以剛而應于上，爲衆所疾，非過爲防，愼人或戕之，凶之甚也。

程頤：小過，陰過陽失位。三居正，在下无所爲，爲陰所忌惡。當過，過防小人，若弗過防則從而戕害凶也。防小人正己爲先，三不失正，故无必凶之義，能過防則免。

蘇軾：小過陽失位不中，君在三四，三所臣者初與二，春秋臣弒君，從來有漸。六二強臣未之過，九三剛不中，莫能容，故曰弗過防之。九三疑之而戕其君。二无逆意，咎在三。

張浚：艮承震陽，陽陷陰盛，理當知止。小人方盛，安可渝變越禮。君子防，守吾正而已，從之戕，正道喪，可不愼歟！

鄭汝諧：失位，二陰上趨，三拒之，過於防二陰也。弗過防則戕之，其凶无如之何也。

張根：妣之與臣，何可邂逅？以得位在中，故至三則雖過有所不可矣！不獨弗過焉，又當防之，弗防而從之，凶斯極之矣！上六已亢，非所應過也。

朱震：五中不可過，三戒小不忍剛正應上六過中，故弗過。宜正己自守防小人則吉。三不防，捨所守過中，上或戕害之矣！不能守正見戕於外，凶果如何也！

項安世：三四爲陰所過，非能過人者故皆曰弗過。從猶從禽從獸，謂往逐之。九三在艮之上有防止之義。九三以剛居剛，攻人反取禍，當止而防之，恃重剛往取凶而已。

李衡引子：陽不得政，小人匡政，忌君子，可防，應從則戕之矣！引侁：五取二，二在三下，三必見傷，弗能過防，遂罹戕賊。

楊萬里：六二有進僭其君之心，戒九三迫切如此！君子之進不可過，惟防小人不可不過。白公爲亂，子西不信；曹操篡漢，荀彧不疑，至九錫始有異議，故受其禍。

朱熹：三以剛居正，衆陰所欲害者也。自恃其剛，不肯過爲之備。占者能過防之，則可以免矣！

趙彥肅：陽少弗過，其初拒陰，不能終止，故有害。艮能拒，兌說應，不能終止。小過陽當位者似蹇，不當位者似解。

楊簡：九居下卦之上，重剛不中，弗過防將有從而戕之者矣！凶道也。防愼不嫌於過，深戒之也。

吳澄：過謂踰越。九三不敢上進以就正應，踰越上六也。當如隄防上六不能爲己害，九四陽畫連亘在前象扞水之防。若從上六則或爲其所戕害，往從上則凶，不往可也。

梁寅：三陽以陽剛不中，下防二陰不使過，必爲二陰所戕矣！弗過者阻陰過也。防閑乎陰，陰多於陽必過陽，陽雖中正，不免於害，況過剛不中乎！

來知德：弗過者陽不能過乎陰。本卦陰過乎陽。防者防陰也。從陰也。九三剛正，邪正不兩立，群陰欲害，當防之，從則彼戕害我而凶矣，故戒占者如此。

王夫之：陰過陽不及故弗過，爲二陰迫，志大力不足，陰受止從而戕之矣！二柔順而初逆，禍自遠發也。

折中引楊啓新曰：言當過於防而九三不知時也。又案小事過，敬小愼微，九三過剛違斯義，故不過於周防而或遇戕害之象。傳曰君子能勤小物，故無大患，此爻之意也。

李光地：過於小心愼密之時也。剛居剛而不中，不能過爲周防者，失時之義，故必有戕害及之，而其占凶。

毛奇齡：九三艮剛之末，有所防止，惟恐防之太密，反致以猜嫌而起隱禍，故曰勿過防之也，如魯君欲去季氏，反爲所逐。過防或有戕之者，戕則凶矣！

李塨：陰過陽則陽弗過陰，九三當艮止以防，縱而不防，則或且戕之凶可量耶？

江藩：弗過者鳥音弗過也。三折四死大過故曰防，防四也。

姚配中：虞翻曰防，防四也。案弗過四也，三應上爲四隔，故弗過。四失位將反初，故防之，防其戕害也。艮止故防，四隔三應故弗過。三隔四應故四戕三、四之初體明夷，夷傷也。四非三應故從或飛鳥翼折故凶。

吳汝綸：三四皆云弗過者，言下二陰不能過越三，戕謂上戕三也，從讀從而振德之之從。

馬其昶引楊增新曰：小人不宜從，從之未有不遘其戕者。案：當小過時，必過於謹小乃能適得其宜，三弗能過防應上六而從之，昧乎不宜上之戒，故凶。

丁壽昌：胡氏弗過，防之兩字絕句說是也。三上剛柔應，故弗過。小過時陰或害陽故當防之。王注弗過防之句非也。三變互坎，險故有防象，互兌毀折有戕象。

曹爲霖：思菴葉氏曰自古君子常負，小人常勝，君子難進易退，小人難退易進，孔融于曹操，張九齡于李林甫，易曰弗過防之……。張居正去高拱，拱杜門，從或戕之矣！

星野恒：重剛不中，居下上，衆陰妬害，苟不過防，或被戕害而致凶！群陰得志，防備不至則見戕害，君子之所愼也。

李郁：三最正故弗過戒之。倘爲在下二柔所惑，不能守正，則有戕生亡身之患，故曰凶。

胡樸安：弗過防之者，所過之家不允自獵。歸而防其攣如之禽。從或戕之者，防不勝防，眞無可如何之凶事！

高亨：人對人，當其未過誤時宜防範之，若縱而任之，或足成其過而亡其身，是則凶矣，若莊公共叔段是也。

李鏡池：從通縱，或猶則。暫時不批評，也要防止錯誤發展。如放縱不理，反而害了他。這樣是很壞的。戕，傷害。

徐世大：指過於謹愼，庸人自擾。譯作：弗過於防他，或因而殺害他，不禍了。

屈萬里：不過訪而又防禦之。

嚴靈峯帛書：九三，弗過（仿）之，從或（臧）之，凶。

張立文：仿借爲防，古相通。防禦，預防。臧借爲戕，即殺害，傷害也。譯：九三，沒有過失時須防過失，如放縱其過失，則傷害自身，故凶。

金景芳：陽爻居陽位，過于剛，要防之。程傳曰三獨居正，爲陰所惡，若弗過防之，或從而戕害之矣。

傅隸樸：三以陽居陽得位，位極人臣，上六小人居高位，三不防止反與應，犯了逢君之惡罪嫌，這足招來戕害故凶。

徐志銳：弗過，防之；從，或戕之，凶。三過剛不中，想幹大事故言從，從追逐也，攻柔必戕殘致凶。以過剛矯陰柔，不自量力，凶不可測。

朱邦復：對手勢強，自己力有未及，應保持距離，嚴加防範，否則有凶。

林漢仕案：過，超越，過分，亦可解過訪。本爻句讀有作弗過防之。有作弗過，防之。六三如何弗過防之，茲輯易家之偉辭以見一斑：

王弼：大者不立，小者得過。陽不能過防令小者過從焉。

孔正義：大者不能立德，令小者得過，三應上小人有殘害之凶。

張載：應上，衆所疾，非過爲防，愼人或戕之。凶甚也。

程頤：三居正爲陰所忌，過防小人正己爲先。

蘇軾：二強臣末之過，三疑之，二无逆意，咎在三。

張浚：小人盛，君子防，守吾正而已。

鄭汝諧：失位，過於防二陰，弗過防則戕之，凶如何也！

張根：得位在中，不獨弗過又當防之，弗防而從，凶矣！

朱震：三應上，五中弗可過，過中上或戕害之矣！

項安世：九三艮上有防止義，恃重剛往，取凶而已！

李衡引：小人匡政，忌君子，五取二，三必見傷，弗防罹賊。

楊萬里：君子進不可過，防小人不可不過。

朱熹：三剛正不肯過爲之備。占者能過防之則可免陰害。

趙彥肅：小過陽當位者似蹇，不當位者似解。

楊簡：重剛不中，弗過防將有從戕者矣！防愼不嫌於過。

吳澄：三不踰越上六，當隄防上六，從上則凶，不可往也。

梁寅：弗過者阻下二陰過，三陽剛不中，防閑陰不免於害。

來知德：防陰從陰也，三剛正，當防之，從則彼戕我矣！

王夫之：陰過陽不及，爲二陰迫，力不足，陰受止戕之矣。

折中：九三過剛，不過於周防而或遇戕害之象。

李光地：剛不中不能過於周防者，失時之義，其占凶。

毛奇齡：艮末恐防太密，猜嫌隱禍故曰勿過防之也。

李塨：三艮止以防，縱而不防則或戕之凶可量邪？

江藩：鳥音弗過，防四也。

姚配中：三應上四隔故弗過，四應初三隔故戕三。

吳汝綸：下二陰不能過越三，戕謂上戕三。從讀從而振德之從。

馬其昶：小過時必過於謹小，三弗能過防應上六而從故凶。

丁壽昌：三上剛柔應故弗過。陰害陽當防之。弗過句，防之句。

曹爲霖：自古君子常負，小人常勝，小人難退易進也。

星野恒：重剛不中，衆陰妬害，苟不過防，或被戕害致凶！

李郁：三最正故弗過戒，倘爲陰惑不能守正則有亡身之患！

胡樸安：所過不允自獵，歸防其攣如之禽，防不勝防。

高亨：人未有過時宜防範之，若縱任足成其過，是則凶矣！
李鏡池：從縱、或猶則。防止錯誤，縱不理反而害他。
徐世大：過於謹慎，庸人自擾。弗過防他，或因殺害他！
屈萬里：不過訪，而又防禦之。
張立文：三沒過失防過失，放縱過失傷害自身故凶。
金景芳：陽爻陽位過于剛，要防之。程傳三獨居正，爲陰惡。
傅隸樸：上六小人，三應犯逢君之惡罪嫌，招來戕害。
徐志銳：三過剛不中，矯陰柔不自量力，凶不可測。
朱邦復：對手強，保持距離，嚴加防範，否則有凶。

傳說共黨二萬五千里長征，退陝北，蔣介石派傅作義率四十萬兵守華北，胡宗南三十萬守西南，馬家軍據甘肅，張學良楊虎城盯於西安陝南令毛共自困於窮荒。如此過防，反令彼生置之死地之志，西安事變，兩將一死一終生軟禁，胡宗南一人落荒南逃，傅作義上將四十萬大軍一夜降共，馬家軍亦爲共黨效忠。此防衛過當也。防衛過當之義，即汝明示我爲女敵而欲置之死地，令女必爲圖生存發憤突破封鎖，我明女暗，結果強弱之勢逆轉。蔣介石老死海隅，毛澤東、周恩來、鄧小平雄踞東亞。

弗過防之之義：非過爲防。（張載）三獨正過防小人。（程頤）三疑二強過，二无逆意，吝在三。（蘇軾）小人盛，君子防。（張浚）九二艮上，恃重剛往，有防止之義。（項安世）君子進不可過，防小人不可不過。（楊萬里）其他如楊簡、吳澄、梁寅，折中等皆謂防人請早，免爲小人所構陷非過爲防，不得不耳。

防之對象言，以三爲陽爲大，又居正得位而中，故以防陰小人爲說，程頤、蘇軾、鄭汝諧如是言，朱震則謂五中弗可過，三欲應上或戕之矣！李衡之五取二，三必見傷。吳澄之防上六，江藩引謂防九四，姚配中以四應初，三隔故四戕三。是君子防君子矣！或係君子迷於小人初，三不得不過防四乎？

弗過，程子以爲正己爲先，張浚亦以守吾正，張根言不獨弗過。是弗過者有人言得位在中，九三剛正，三最正故弗過戒，小過時必過於謹小。是弗過之義，正己也，謹愼也。己正然後人正。

又有言三重剛不中，弗過防將有害。（楊簡），折中亦謂九三過剛，不過於周防，或遇害。李光地亦謂三不能過於周防，失時之義，占凶。星野恒稱重剛不中，衆陰妬害，苟不過防，或被戕凶！斯言三本身條件重剛不中，不得不防閑爲先，不能正己，如正人何！

鄭汝諧謂三失位。三陽位剛居，何來失位？鄭之誤讀也。張根言中，蓋大卦之中也。楊簡言不中，以上下卦折開言，僅二五中，三居下卦之上爲不中。

弗過另一解釋爲：不肯過爲之備。如朱熹言：三剛正不肯過爲之備。李光地言不能過於周防。不肯，不能，有本身條件上之差別，朱子之論較佳。

防患有鬆有緊，毛奇齡謂防太密，猜嫌隱禍，故曰勿過防之也。如法律太密，曹爲霖舉例言：隋文帝初年詔，盜一錢棄市。有盜刼執事曰：爲我奏至尊，自古無盜一錢死者，吾再來，爾屬無遺類矣！帝聞停此法。即當代亦有車輛輾死人者死。金門有軍車輾死一人，駕駛知必死，遂瘋狂駕車見人即輾，死傷甚夥，執政聞之即廢是法。過防失彈性，汝不欲余生，余亦不欲汝生，遂生與偕亡之志。處處設防，處處障礙，礙人亦礙己也。我儒者遂有嚴以律己，寬以待人。誠則靈，不誠無物之大胸襟。光武輕騎夜行銅馬賊營，降將官兵高呼萬歲宣誓效死。張繡刃曹操長子，用賈詡計，繡降，爲曹操親信，勇冠三軍，封賞亦冠於時人。是用人者不猜忌，成大事者不拘小節也。今九三處處設防，是項籍陳涉之徒，興只一時也，亦見其志量之小。至少不明統御術也。我儒者之自誠明，自明誠之雄辯偉說，亦設防也，其運用之妙，存乎一心乎？猶之孟子闢梁惠王言利，亦有仁義而已矣。孟子之仁義說，亦以利爲之變言也乎？一悅乎耳，一逆乎心。是弗過防之，弗過，防之，其句逗之有無，而義一也。定要正己而後可，堯舜其猶病諸乎！

九三時位正，不必自疑。以爲正己而後正人，使己無瑕疵而正天下，不知人心之貪瞋癡慢疑，古今天下一也；財色名食睡五欲，亦天下通義也，正己未必可以人正，人以爲必除之而後快！故正己以防人不可行，防衛過當，再縝密計劃防衛，一漏則全盤皆輸矣，聖人其戒九三勿自作聰明，自以爲是，能拒人於一時，不能拒永久，否則隨著即有人破壞汝大計，賊汝害汝使不得翻身，凶之大也莫過如是。是弗過防之亦不可行，行則有不測之禍，聖人之戒，非爲无的，能者行之，不能者執一無權，害不旋踵。

弗過，過如屈萬里解作過訪。今弗過訪即防之，明確其防衛過當。蓋不先溝通瞭解，主觀蠻幹也。

對方從而莫名所以與對幹，兩造互傷。凶者失也，雙方皆有錯失也。

九四，无咎，弗過，遇之，往厲必戒，勿用永貞。

象：弗過遇之，位不當也。往厲必戒，終不可長也。

荀爽：四往危五，戒備於三，故曰往厲，必戒也。勿長居，四當動上五，故曰勿用永貞。（集解）

王弼：陽爻不居其位，不爲責主故无咎。失位在下不能過者。宴安酖毒不可懷也。處小過不寧時，陽居陰不能有所爲，自守免咎可也。往危，無援必戒，不足用之於永貞。

孔穎達：九四陽爻不居位，責不在己，无爲自守則无咎，往則危厲，群小之中未足委任，不可用以長行其正。不可懷而安之。

張載：道非剛亢故无咎。有應於下故弗過，遇之。過此以往，難无以除故危，而必戒不可常故勿用永貞。一云九四以陽居陰乘九三剛，非其過，乃適與之過故无咎。率是往必危，終不可久，勿用永貞，當思奮爾。

程頤：剛處柔，剛不過是无咎，合其宜矣！故云遇之。若往則有危。方陰過時，彼豈肯從陽？故往則有厲。

蘇軾：四所臣者五與上，以陽居陰，失位自卑，臣雖弗過，我則開之，遇，逢也。臣未僭而逢其惡，故曰遇，弗過遇之，往厲必戒。言九四失位往從五，危而非正，不可長也。

張浚：四動而知止象，故无咎。剛處群陰，當守中正之道不可過，四承五遇之感格君心，復其剛德。往危，戒勿用，如乾初九勿用，貞不可須臾忘也。

鄭汝諧：失位，安於二陰之下，无害陽之心故无咎。陰方用事，弗過乎陰而遇乎陰，當有戒備心，小人烏可久處哉！

張根：雖不當位，然應初故不可過耳，然亦不可久也。

朱震：四不當位，以剛履柔爲宜，故无咎。應初，知二不可過，五亦中也。小人過君子時不戒用剛，鮮不爲禍，故曰必戒，又曰勿用永貞。當處順不固守正，以俟其復。

項安世：九四自知不能過之而與相遇，見危能戒，以柔自悔不往，足以免凶矣。九四君也，以剛居柔可以无咎，勉勿用永貞者，以其知柔知剛可與有爲也，豈能鬱鬱久居此。

李衡引子：卑退自守故曰无咎。剛失位，下應非己召故曰遇，恃應往，危也，必自戒，此不足爲長正之道。引陸：小上，四能下是无咎。四體陽爻故弗過，承五故曰遇之。陽居陰故位不當。若動犯上則失飛鳥之宜，故往危，勿用者戒辭。勿用君子之道，所以深思保永久之貞。引介：四不得位比五，遇也。陽居陰應下，不志動而進故无咎。比五故曰遇之。若孔子遇陽虎，可遇不可往，往則厲。必戒勿有爲則永貞矣！

楊誠齋：四居上卦之下，非要地，豈失位而不勉！九四位不當，遇六二上僭，往從必厲，勿用往也，必戒可也，永守爾貞可也。能如是則无咎。故良平從行不可无蕭相之留也。

朱熹：以剛處柔，過乎恭矣！无咎之道也。弗過言弗過於剛而適合其宜也，往則過矣，故有厲而當戒。陽性剛故又戒勿用永貞，宜隨時之宜。又依九三爻例：過遇當如過防之義。闕以俟知者。

趙彥肅：九居四，小過時无咎。陽既弗過，與陰遇，不可阻。若從應則危，是宜戒。勿用永貞也。

楊簡：四剛居臣位，疑其過而爲咎。應初，志在下故无咎，六五非本應，若適相遇然。四陽柔得位而過，疑過疑犯，往則危厲，必戒勿有所用，守貞正無愆違。義當退也。

吳澄：以居柔无凶。九四弗過六五也。四與五比，不敢踰越上合於五。與初六應，退居至下之位，免爲初害。必戒不可往合五，雖正主事於四位亦不可，退下就初位其庶乎！大概小過之時，陽但宜處下也。

梁寅：陽居陰不極其剛，又遠下二陰不爲所害，故无咎。二陽比，四重剛，下二不能過之矣！然上二陰復相遇，往必戒者，四臣，九剛，五居六柔，臣迫君往危，戒用柔不守剛貞也。

來知德：位不當，弗過乎陰，反遇乎陰。陰在下當防；陰在上，不當往從之。相隨必危厲，況與之長永貞固乎！

王夫之：陰過盛，陽宜處內待定。三躁進故或戕之，四剛居柔不爭故无咎。承順五，往危。勿用焉，乃永保其正。處不足之勢者其道然也。

折中引朱子語類：過遇猶言加意待之。與九三弗過，防之，文體正同。又案不可固執不變，是小時之時義也。

李光地：剛居柔，可无咎矣。不得中位，有不能過於審處以適合其宜者，以是而往，有危當戒！不可長守之以爲常也。

毛奇齡：震剛居兑悦善附，五震陰據高位，四位不當！儻過爲禮遇，則不正之厲反從此生，故又戒之勿過遇之，往必有厲，當戒勿可用也。

李塨：九四剛居柔，位不當，弗過陰與三同。上與六五比故遇上，終難長久，徒得危耳，戒勿往，永守其貞則无咎矣！

江藩：四體震，動位，不正當動上居五故不復過五，上陰乘陽，四舍五應上，是動上居五也。

姚配中：（注）荀九家曰陽居陰，行過乎恭，雖失位，進遇五故无咎。四動位不正，當居上不復過五故弗過遇之。案四往初，三防之，四不得之初，故往厲必戒。初發四化成明夷，故勿用永貞，言勿用自化當升居五也。四升五降，四不之初故不可長。

吳汝綸：上二陰不能越四，以四五相遇也。若往比五則危，宜戒備。戒其有爲如乾初。永貞者祈其久安如坤用六之言永貞也。

馬通伯引陸希聲曰勿用戒辭以保永貞。引陸震小者過不可長。引張浚勿用靜也。引楊增新曰過遇非匿怨而友。案四應初宜下，故无咎，然失位雖應而情亢，故戒往厲勿用永貞。

丁壽昌：語類過遇猶言加意待之也。王伯申曰弗過遇之謂遇初六，不相失而相逢故弗過遇之。相逢未必相得故往厲必戒也。終不可用釋勿用永貞之義。

曹爲霖：陳氏曰遇之誠弗過矣，凡以剛失位也必戒，斯弗往矣，終非可長之道。如桓王聘魯隱，所謂遇之者；若桓王以諸侯伐鄭，往厲矣！

星野恒：以陽居陰爲遇，故云弗過遇之，不當其位則致其危厲，戒愼而不可固守。處陰多雖無過甚之行，立身不正可永守乎？愼之甚也。

李郁：本失位有咎。剛不可過也。遇柔，以剛承柔故曰遇之，往謂上，外卦成艮，與三敵應故厲。用謂變柔，小過以剛爲貴，故曰勿用，固守以待是曰永貞。

胡樸安：无咎者自獵之事无咎也。所過之家不遇其主，其從不允自獵，今雖遇之，已非其時。往厲必戒者，允同獵，往必多危，不可長與同獵，不足用永久之事也。

高亨：過，遏也。筮遇此爻可以無咎。人行事未過之時，我遏止之，彼有所往，將蹈危境，我必戒之，不可有所施行也。

李鏡池：无咎，沒錯。往，以後。厲，危險。勿用，不利。沒錯的不要責備，要表揚鼓勵。日後犯錯要警惕，不是永遠都好的。

徐世大：指不期而遇事有戒懼必要，但不以此爲常。譯：莫怪不成心看他而遇著他，去要受病，必須警戒不可持久。

屈萬里：隱公八年穀梁傳：不期而會曰遇。弗過遇之，非過從也而偶遇之。戒戒備。勿用永貞，不宜永守其常。

嚴靈峯帛書：九四，无咎，弗過（愚）之，往厲必（革），勿用永貞。

張立文：愚遇通，過謂過差過失，遇，防止。厲，危，革借爲戒。戒革古音近相通。警告戒備之義。

譯：九四，沒災患，沒過失應防過失，出門危險宜戒備，不可占問永久事。

金景芳：九四陽居陰位。折中說剛失位不中，九四居柔故有无咎之義。然本質剛，故戒當過遇之爲善。過遇，朱子所謂加意待之者是也。

傅隸樸：剛資陰位，人微言輕，不敢越位行事，反得无咎。弗過是不越位，遇之這是對的，往厲是越位有危險，必戒越位行事。正道有時不可行，不是永久可用的。

徐志銳：剛爻陰位，剛柔相濟，與柔爻有來往，故弗過遇之。九四與柔打交道有危險性，不能不戒愼，唯有无所作爲，才能正固長存。弗過遇之，位不當也。

朱邦復：無咎，宜靈通應變，勿固守其常。

林漢仕案：无咎乃大前提。九四剛位柔居又應下。王弼謂陽居陰不能有所爲。朱熹言過乎恭。李鏡池謂沒錯。故无咎也。勿用永貞爲戒辭，能行如是則无咎。弗過，遇之，往厲必戒。其九四之遭遇乎？句型弗過，遇之與九三同。弗過之義：非過爲防，不得不耳；使己行爲正大光明，无纖介之污，所謂正己也，使己無過失也；第三弗過，謂苟不過防則將何如也；第四不肯過爲之備；第五弗過訪對方，禮先未到，誤會頻傳。

今爻辭弗過，遇之。似「陽貨欲見孔子，孔子不見，歸孔子豚。孔子時其亡也而往拜之，遇諸塗。謂孔子曰來，予與爾言：懷其寶而迷其邦，可謂仁乎？曰不可。好從事而亟失時，可謂知乎？曰不可。日月逝矣，歲不我與！孔子曰諾，吾將仕矣！」孔子答應陽虎之勸仕，孔子可曾執著君子一諾千金？君子無戲言？然則孔子食言而自肥，自絕於人乎哉？陽虎乃季氏家臣專魯國之政者，欲網羅孔子以壯大其陣營之聲勢及其正統性。孔子常誨人執一無權之弊，孔子之不往仕，孔子無失言之病，亦無失人之弊。「吾豈匏瓜也哉！焉能繫而不食！」孔子亦無往公山弗擾以費畔，召孔子，孔子欲往之記載！佛肸召孔子，孔子亦欲往。自信堅，磨不磷，自信白，涅不緇。孔子之牢騷也，孰謂聖人一頭栽進，食古不化？非禮勿言，非禮勿行，非禮勿思，非禮勿動，後世將人教育成獃頭獃腦而許爲木訥，有是哉！

茲條列易傳大家之說供後生小子們共同嗤點，讓前賢笑後生之妄也：

象：弗過遇之，位不當也。

王弼：失位在下不能過者，故弗過。

張載：有應於下故弗過，遇之。一云乘剛非其過，適與之。

程頤：合其宜故云遇之。

蘇軾：遇，逢也。臣未僭而逢其惡故曰弗過遇之。

張浚：四剛當守中正之道不可過，承五遇之復其剛德。

鄭汝諧：陰用事，弗過乎陰而遇乎陰，當有戒備心。

張根：雖不當位，應初故不可過耳。

朱震：應初，知二不可過。五亦中也。小人過君子鮮不爲禍。

項安世：四自知不能過之而與相遇，見危能戒，不往免凶。

李衡引子：剛失位，下應非己召故曰遇。

引陸：四體陽爻故弗過，承五故曰遇之。

引介：四不得位比五遇也。若孔子遇陽虎。

楊誠齋：四居非要地，失位不勉，位不當，六二僭，從必厲。

朱熹：弗過言弗過於剛而適合其宜也。過遇當如過防之義，闕以俟知者。

趙彥肅：陽既弗過，與陰遇，不可阻。

楊簡：四剛居臣位，疑其過，五非本應，若適相遇然。

吳澄：九四弗過六五，四與五比不敢踰越，合五應初，退免初害。

梁寅：二陽比，四重剛，下三不能過之矣！然上二陰遇，往必戒。

來知德：陰在下當防，在上不當從。不過陰反遇乎陰，隨必厲。

王夫之：四剛居柔不爭故无咎。

折中：過遇猶言加意待之。（引朱子語類）

李光地：不得中位，有不能過於審以適合其宜者，往危。

毛奇齡：四位不當，儻過爲禮遇，則不正之厲反從此生。

李塨：弗過陰與三同，上與六五比故遇上，終難長久。

江藩：不正，當動上居五故不復過五。

姚配中：四動位不正，四當居上不復過五故弗過遇之。

吳汝綸：上二陰不能越四，以四五相遇也。

馬通伯引楊增新：過遇非匿怨而友。四應初宜下故无咎。

丁壽昌引王伯申：弗過遇之謂遇初六，不相失而相逢。

曹爲霖引陳氏曰遇之誠弗過矣。如桓王聘魯隱，所謂遇之者。

星野恒：以陽居陰爲遇，故云弗過遇之。

李郁：剛不可過也，遇柔，以剛承柔故曰遇之。

胡樸安：所過之家不遇其主，其從不允自獵。

高亨：過，遏也。人行事未過之時我遏止之。

徐世大：不期而遇事有戒懼必要，不成（存）心看他而遇著他。

屈萬里：不期而會曰遇，弗過遇之，非過從也而偶遇之。

張立文：過謂過差過失。遇，防止。沒過失應防過失。

金景芳：過遇，朱子所謂加意待之者是也。

傅隸樸：弗過是不越位，遇之這是對的。

徐志銳：剛爻陰位，剛柔相濟，故弗過遇之。

過，張載一云非其過。則過爲過失之過；應初，知二不可過。（朱震）五中，四弗過五，與比，合五應初。（吳澄）過如傅隸樸云不越位。二五皆不可過也。張浚謂四守中正之道不可過。朱熹謂弗過於剛，適合其宜也。折中引朱子謂加意待之。金景芳是之。梁寅謂下三不能過之。來知德云陰下當防故不過陰。李光地謂不中，不能過審以合宜者。李郁云剛不可過。連同前稱非過爲防，无纖介之過，不過防將如何，不肯過備，不過訪，則過義多矣，察諸爻義，似以過訪較佳，九四剛居柔，弗先過訪其人，不期而遇諸途，其人勸往則往，有所不可不能慮之事先，起身前宜乎戒愼，不宜守其常道。厲，一般以危厲釋之謂往危厲，故宜三思必戒，不必以一般世俗規矩規範之也。九四之无咎，正謂不以世俗規矩規範其事也乎？

遇，程頤謂合宜故云遇。蘇軾云逢也。鄭汝諧謂遇陰當戒。李衡引下應非己召故曰遇。又引四不得位，比五，遇也。趙彥肅曰陽弗過與陰遇。梁寅云上二陰復相遇。毛奇齡：儻過爲禮遇，則不正之厲生。姚配中云四當居上不過五，故弗過遇之。丁壽昌引弗過遇之謂遇初六，不相失而相逢，相逢又未必相得。曹爲霖曰遇之誠弗過矣。星野恒：陽居陰爲遇故云弗過遇之。李郁：以剛承柔故曰遇之。徐世大謂不期而遇事要戒懼。屈萬里：不期而會曰遇。非過從而偶遇。張立文以遇，防止。弗過遇之：沒過失應防止過失。傅隸樸：遇之這是對的。徐志銳：以柔爻有來往故弗過遇之遇之有十四解：

剛不過是无咎，，合其宜。（程）逢也。（蘇）遇陰當戒。（汝諧）下應非己召曰遇。（衡引）比五遇也。（衡引）上二陰相遇（梁）過爲禮遇。（毛）四當居上（姚）遇初六。（丁）陽居陰爲遇。（星）剛承柔曰遇。（郁）不期而會曰遇（屈）遇，防止。（立文）柔爻有來有往故弗過遇之。

弗過訪其人而遇之，似乎屈引穀梁「不期而會」，其解較較爲入理，不必曲文附會。可直譯作：九四以陽居陰，不中，陰在下當防，在上不當從，雖弗過訪其人，偶遇時加意待之，有所往，起身前三思必戒，是否有危厲之事，不必依常規言必信，行必果，以一般世俗規矩來規範自己，九四之无咎也者，其如是乎？

讀者諸君亦可以將上說組合排列，要之要言之成理也，譬如：九四無纖介過失竟遭逢其事，理直氣壯一往無前，險矣！必戒愼匹夫之勇，不用卜亦知无咎也。蓋心知肚明，我無過失，心不疑何必卜？然而九四非無纖介過失之人，其居非其位，像開宗明義即謂位不當也。其以陽居陰，失位自卑，只有避退自守才无咎也。

六五，密雲不雨，自我西郊，公弋，取彼在穴。

象：密雲不雨，已上也。

鄭玄：密雲不雨，已尚也。尚，庶幾也。（釋文）

王弼：六五陰甚，艮止下不交故不雨，陽不上交亦不雨，雖陰盛，未能行其施也。五陰盛稱公，臣極也。弋射，在穴隱伏之物。小過過小，難未大作猶在隱伏者，陰質治小過，能獲小過者也。

孔疏：小者過於大，六得五位陰盛也。九三陽止下，陰陽不交不能雨也。於人是柔過處尊未恩施，廣其風化也。五陰極稱公，弋獵穴隱之獸。雨喻德化，弋尙威武。

張載：不能畜剛止健，凡言自我西郊，進不已也。柔得中小事吉，故曰公弋。非及物之功，且不能摧敵止暴。三止於下，隱伏之象故曰在穴。小過有飛鳥之象故因曰取彼在穴。

程頤：五陰居尊，雖欲過爲豈能成功！如密雲不能成雨，自西郊故也。在穴指六二，五二非相應，乃弋射取之。五當位故謂公，上也。雨陰不能濟大事，猶雲不能成雨也。

蘇軾：已上者，勢不復下之辭。六五不雨，其謀深也。強臣欲變，憂在內，是故不爲，不取，不發，凡皆以遂其深謀。故戒公弋取彼在穴以自明於天下，天下信之矣！

張浚：二五陽德不足，異乎君臣以道遇合者，是以有密雲不雨象。陰盛陽未孚。五有弋取遺隱之功，小過坎體爲穴，今陰陽失騰降之節，故不雨。

鄭汝諧：陰主，不得陽故雖密雲不雨。五當陰過，陽伏下不爲用，五不能雨，乃欲弋取之，有刼而致之之心，陽安失位深潛不出，不交故不雨也。

張根：雷在山上之象。下小取庶幾焉上自應二也。

朱震：兌澤氣上爲雲，兌盛陰爲密雲，澤降爲雨。明夷初往四成兌澤，氣上雲密無雨，故密雲不雨。

四兌西，五震東，巽風楊西往東，陰升陽不和，不雨象故曰自我西郊，三公位，弋取物器，坎穴，艮手，三取六二助五，用力多豈能濟？小過過者小，不可作大事。

項安世：柔得中者。雖過其君，能與之遇而免凶。密雲不雨无陽，自我西郊，陰爲唱。五互兌故爲西郊，澤在上爲雲，坎爲穴，二陽在穴中，五自上臨之，故有公弋取彼在穴象。西郊爲我，陽爲彼。五爻爲主，公陰之尊稱。

李衡引胡：陰，小過主。德未盛故不能雨，但密雲而已！五陰盛稱公，以弋繳取穴中物，猶矯正下也，五止可爲公之事，上當作止，言陽艮止於下所以不雨。引昭：五陰爻爲小過主，才不稱位，九三不交，臣止其權，陽不更上，陰柔不能治大事，故有取穴之辭。引句：陰得位盛于上，陰能薄陽雨乃降，今三應上，四納初，氣已通故无雨。

楊誠齋：六五弱，三四協力。不雨者：陰陽不和，陰盛陽微；上下不應，陰陽不交；震生卦，西殺地，雲興殺地，安得雨？五一陰不能主二陽，亦不勝群陰，力弱矜小強，弋不射宿而射之，以爲能，亦可羞也。晉明帝戮王敦尸，足爲天子威也乎？公弋曰王公之弋。棲宿巢穴而射。

朱熹：陰居尊，當陰過之時，不能有爲，弋取六二爲助，在穴，陰物。雨陰相得，不能濟大事可知。

趙彥肅：天氣下，地氣升，烝而雲興。陽往陰聚而雨降。今小者用事，陽不爲主，自五觀之，陽降陰升，陽微未達，陰盛不下，安有雨？二陽五下，今弋取六二，何能濟！小過所以不能大有爲也。陰壓不主陽能利者，未之有也。

楊簡：四以五爲君。五本爻自取大臣象。六五陰爲臣，爲小，居位甚尊，有公象。陰陽未和，密雲在西郊而已！西方臣象。大臣竭誠事上而君心未應，大臣僅可小事。弋取在穴，小事之象。

吳澄：四五得坎之上體，九三蔽下，塞不通，故不雨。陽弱陰強，不和不能成雨。又四不上合五，何望陰陽成雨。西郊四，四爲西，又互兌，故曰西郊。公四，彼初，初在坎穴內應，猶弋取穴物也。

梁寅：五雖尊位，當陰過時不能下從二陽，如雲密其勢上，是陰陽不和，安能成雨乎！穴陰物，五進與上比，兩陰相比，雖欲有爲，豈能大乎！

來知德：坎雲、兌雨。兌西。絲繫矢射曰弋。坎弓戈象、巽繩、弋象、坎穴象，鳥巢多在高處。五變兌，不成震鳥，不動在穴象。有遮避，弋豈能取之！雲不成雨，弋不能取鳥，皆不能小過者也。

王夫之：陰暗居天位，四欲遇，終不可得和，陰亢不交陽，雲雖密不能雨也。五據位深處穴象，四公如弋射飛鳥，穴固不能入。陰邪盛，志士徒勞，故爲四重歎之。

折中引胡瑗曰：弋射高，穴隱伏，公以弋繳取穴物，猶意在矯下。引姚舜牧：陰至五過甚，居尊挾勢自亢，欲膏澤生民，必求巖穴之士輔乃可。引錢志立曰：小過惡飛鳥，鳥在穴不飛，所謂宜下者，故公弋取以爲助！

李光地：密雲不雨猶飛而未下。凡西風則不雨。居尊有中德，比上應二，降心下交如弋鳥弋其在穴，如此則合宜下之義，過可免矣！居尊能下交，澤被天下矣！

毛奇齡：五過無比合之情，如密雲不雨者。虞氏曰：坎在天爲雲，墮地成雨，而反居水上，則雲而不雨。兌爲西郊。坎狐、艮鼠、艮山，穴在山下，今倒見在前，取何難！五承上反弋上，此不宜上宜下者也。

李塨：小宜下不宜上，六五則已上矣！故大坎爲雲，徒見自我西郊而已！卦象初飛五窮，坎窅穴象，鳥在穴，公往弋，取之則可雨矣！不執言田獵，而取亦小事吉也。

江藩：密之言閉。上坎雲，下坎雨，坤爲我。三爲公，坎了離矢，坎窞爲穴。雲自坎出，是坎爲穴，離鳥高飛，故用矰矢，手取晢三爲坎，離上之三，飛鳥入穴也。

姚配中：雲山澤氣也，五在兌口，雲方出未成既濟故不雨。兌西乾郊，五下有伏陽，故自我西郊。震爲侯，故公謂四，弋上，四升五成離，弋上飛鳥，取初陽伏故在穴，日升五，初發成既濟。上坎雲下炊爲艮止故不雨。

吳汝綸：陰氣上，不下施，密雲不雨象。詞同小畜，弋下陰爲取在穴象。鳥上飛，下則穴。密雲不宜上，在穴宜下也。

馬通伯：巢穴通稱，禹貢有鳥鼠同穴之山。公謂王季，季歷代西戎皆克之。取彼在穴指此。文王繫易歸之王季，忠孝之極也。

丁壽昌：本爻取象陰在陽上，陰過乎陽，陰已上也，陰陽不和象，所以不能爲雨。六五互兌西象。禹貢之鳥鼠同穴，艮手，二穴，手入穴中，六五公也，故公弋取彼在穴。

曹爲霖：不飛者六二，六五應，故公弋取彼在穴象。諸侯過天子，未能佐天子平天下，惟弋取諸臣助成霸業，此類也。

星野恒：弋射取，穴指六二，陰居尊不能大有爲，如雲厚不雨。舉六二賢自助，猶弋鳥在穴。兩陰相得豈能濟事！小過陰過不能從陽，故有密雲不雨象。

李郁：陰畜陽，體大坎是爲密雲，六五未變，兌澤未成，故不雨。彼初，公五，用四弋上，上爲飛鳥，初爲鷸在穴中，艮手故取，四弋上，三取初，初上以剛代之，內動外止，可免凶矣！

胡樸安：與小畜卦辭同義。上言時，下言地。公，衆也。弋，矰繳，穴，居也。大衆取弋於穴中，乘密雲不雨之時，獵於西郊。象仰射鳥，鳥飛上翔也。

高亨：此事在醞釀中之象。蓋某公弋鳥中矢，飛入穴中，公乃取之，此弋有所獲之象也。

李鏡池：弋、射鳥。西郊上空烏雲密布，但沒下雨。某貴族想射鳥，從洞穴捉到野獸，前者旱占，後者田獵占。占旱還是无雨，田獵有收穫。

徐世大：旱象喻小過。譯：密布的烏雲不下雨，從西郊外來。公射已入陷阱鳥獸。

屈萬里：此二語與小畜卦辭同。言雲自西來。彼謂鳥。弋虞翻曰矰繳射也。傳象已上，已同以，謂雲。

嚴靈峯帛書：六五，密雲不雨，自我西（茭），公（射）取（皮）在穴。

張立文：陰雲密布而無雨。茭郊音同，古相通。公射，通行本作公弋。弋射義同。皮與彼相通，指鳥。譯：

六五陰雲密布不下雨，起自西郊，某公射鳥而中，逃入穴中，故取鳥於穴中。

金景芳：程傳說五柔雖欲過爲，豈能成功？在穴指六二，弋射。本義說以陰居尊，又當陰過之時，不能有爲，弋取六二以爲助。

傅隸樸：五柔質才德不足，好比蒼生盼霖雨，徒見烏雲不見雨。公，爵位最高者，代表六五，射不著鳥，向穴捕獸。昏君在位，烏雲蔽日，世道昏亂，正是所本爻感歎的時局。

徐志鋭：陰盛陽弱，喻陰過中而陽不及，難以中和，五柔得中爻，也是柔有所過的，因其在上，无處可往了，即不動也離中道，雖有降下才能反歸于中。

朱邦復：費盡心機，事不能成。又六五非陽故不稱君而稱公。

林漢仕案：雲雨表示興奮、滿足、健康、希望、和諧。密雲，是盼望、緊張到一定相當程度，準備接納與喜悅、恐懼之綜合。不雨，則陰陽和合未能恰如其份，仍有相當成份之滂沱大雨欲來之兆。故而皆有還巢迎合與走避動作。密雲不雨，雷聲隆隆，俗語「只聽樓梯響，不見人下來」不雨乎哉！齊景公欲相孔子，擇日登壇拜相。晏嬰非之而罷，孔子正準備早餐後登壇受命，聞罷，接淅去齊。蓋確知密雲其雨其雨不下來也！九四「我无意於人」，故弗過，偶遇之，戒勿往。九五，「人亦無意於我」，故佈疑陣。懷寶迷邦，好從事而失時，官話也。是六五之卜，時不濟兮奈若何！自我西郊。東生西殺。雨從西來，雨帶殺氣，俗謂西風雨如藥，（殺蟲藥）東風雨生蟲。不雨則亦不藥也。但裝腔作勢而已！希望之甘霖，自西而來；恐怖之暴雨，亦從西來。不雨則徒來一場空喜與虛驚！公，如齊桓，晉文五霸皆稱公，魯隱桓莊閔亦稱公，君也。諸侯也。弋、獵也，射也，君思引弓繳而射之也。論語有「弋不射宿。」在穴，其宿乎？弋獵耀兵，射宿則雖勝之不武乎。孔穎達謂雨德化，弋威正，觀六五徒有取之溝澮行伍之中，置之公卿將相之上之志，而不能忍其行授與實權。嘆天下无才，无千里馬，而才與伯樂在旁不能用也。不雨則澤不下及，弋宿則禮數不到第以張牙舞爪之待異類，浮名如雷聲，其竭立可待也。

茲錄易學大家之宏論以見一斑：

象：密雲不雨，已上也。鄭玄已尙也，庶幾也。

王弼：五陰甚，艮止，陽不上交，未能行其恩施廣其風化也。

張載：不能畜剛止健。

程頤：陰居尊雖欲過爲，豈能成功。

蘇軾：已上者誓不復下之辭。不雨其謀深也。

張浚：二五陽德不足異乎以道遇合者。

鄭汝諧：陰主，陽伏下不能用。

朱震：陰升陽不和，不雨象。

項安世：密雲不雨无陽，五互兌西郊，陰爲唱。

李衡引句：陰能薄陽雨乃降。

楊誠齋：雲興殺地安得雨？

朱熹：陰居尊，陰過時兩陰相得，不能濟大事可知。

趙彥肅：陽微未達，陰盛不下，安有雨？

楊簡：陰陽未和，密雲在西郊而已！君心未應。

吳澄：九三蔽下塞不通故不雨，陽弱陰強，不和不能成雨。

梁寅：五尊位如密雲其勢上，不下從二陽，安能成雨乎！

來知德：坎雲，兌西雨，雲不能成雨。

王夫之：陰亢不交陽，雲雖密不能雨也。

折中引姚：居尊自亢。

李光地：凡西風則不雨。猶飛而未下。

毛奇齡：坎在天雲，墮地雨，而反居水上則不雨。

李塨：小宜下，五已上矣，故取大坎爲雲，徒見西郊已！

姚配中：雲方出未成既濟故不雨。

吳汝綸：密雲不宜上，陰氣上不下，密雲不雨象。

丁壽昌：本爻取象陰過乎陽，陰已上，不和象。

星野恒：陰居尊不能大有爲，如雲厚不雨。

李郁：陰畜陽，體大坎爲密雲，五未變，兌澤未成故不雨。

胡樸安：乘密雲不雨時獵於西郊。

高亨：事在醞釀中象。

李鏡池：西郊上空烏雲密布，但沒下雨。

徐世大：旱象喻小過。

傅隸樸：五才德不足，好比蒼生盼霖雨，徒見烏雲不見雨。昏君在位，烏雲蔽日，世道昏亂。

徐志銳：陰過陽不及，難以中和。

朱邦復：費盡心機，事不能成。

漢仕以爲六五志大才疏，如孟子之諷齊王云「王之大欲可得而知，欲朝秦楚而蒞中國也。」故五並未費盡心機，蓋皆興之所至乎？東坡先生謂「不雨其謀深也。」內憂故不爲不取不發，凡皆以遂其深謀。五若有深謀，則必謀人爲我用，先威之以兵，既恩之以祿，甘澤不時以送，肅殺之氣不減，所謂恩威並施，權謀同作也。今不雨則澤不下降，穴取則禮數有缺，故知六五城府並不深也。傅隸樸謂五才德不足。象謂已上，即王夫之謂陰亢，此之謂也。李光地謂凡西風皆不雨。未必如是。吾嘗聞前輩老人言，西風雨，一包藥，利百草也。亦嘗見西風雨來之驟，穀木欣欣之象。星野恒謂陰居尊不能大有爲。星爲日本易家，如日本者果未之見中國之則天皇帝，英國之維多利亞女皇也乎！堯非舜无以成爲堯天之號，舜非禹亦无以美禪讓之名。堯能用舜，舜能用禹也。中國以陽性爲君者亦多矣，如秦皇、漢武、唐太宗者數風流人物，確然區區有限，是陽居尊亦未必能大有爲也。維多利亞能戰敗鄰國艦隊，遠征中國，陰居尊善用陽也，是故在居尊者志大才大與否耳，不能以性別逕判定其人之未來！項安世謂不雨无陽，朱熹云兩陰相得，楊簡云陰陽未和，是謂天地之氣緼邪？同性相得，佛菩薩之謂滅度衆生，同登極樂，自然毀滅繁淵法門也。易象之謂體大坎爲雲者，整卦看，大坎也，五變則成澤山咸，雨矣，姚配中云未成既濟，則四五，二三易位始成既濟，未成故不雨。倒不如就密雲未雨言「事在醞釀中。」「蓋密雲矣！你我凡夫如何體認天地陽陰之氣未和，密雲一定不雨？密雲乃必雨之象也。李鏡池謂：「但沒下雨。」乃人類發事後有先見之明也。句譯：帶肅殺自西郊而來之密佈烏雲，是暴雨甘霖皆好，下不來，吊足衆生胃口。在上位者利用矰繳利祿，軟硬兼施，網羅異類供我驅使。欲以最少代價獲最大利益也。六五司馬昭之心天下皆知之矣！

上六，弗遇過之，飛鳥離之，凶，是謂災眚。

象：弗遇過之，已亢也。

王弼：極過不知限，至亢也！將何所遇？飛不已將何所託？災自己致復何言哉！

孔疏：小人之過極至于亢無所復遇故曰弗遇過之也。必遭羅網，故曰飛鳥離之凶也，是謂自災致眚，復何言哉！

司馬光：小過六二逼祖遇妣，不及其君遇其臣，无咎。夫過者上也，不及者下也。遇者得其中，陽君象，陰臣象。九三居下上，用小過之道，上所忌，下所疾。故弗過防則就戕矣！九四陽居陰，過恭者也故无咎。行過乎恭非過也。若守以爲常則消陽之道，故往厲必戒！上六初六皆過而失中之甚也。

張載：不宜上而上，乃自取之災也。

程頤：陰動體，處過極不以理遇，動皆過，違理過常，如飛鳥之速，所以凶。災，天殃；眚，人爲。既過之極，豈唯人眚，天災亦至，其凶可知，天理人事皆然也。

蘇軾：亢不復返故曰弗遇過之。言君不逢惡而臣自僭。離，遭。君失正而臣得之。憂患集我，非我失政而遭凶者天禍也。故曰飛鳥離之凶，是謂災眚。

張浚：陰居動極，過中不知反，天人之禍。小人逆常違理，自取敗亂，況居小過而矯亢，上而不能自下，能免禍耶！

鄭汝諧：愈上而愈不遇，故其凶愈甚也。

張根：已亢矣，雖遇不可，況欲過焉！飛鳥之上必離于網罟。

朱震：失中，動過甚亢甚，故曰弗遇過之。上動成離爲飛鳥，爲目，巽爲繩，罔罟象，違理過常，猶飛鳥自離于罔罟，故曰飛鳥離之凶。伏坎災，自取也，已亢故未必能免災眚。

項安世：上六高貴之人，居震極，飛已高，動成離則麗於網罟，故曰飛鳥離之凶。鳥飛不已，觸網羅後見凶。過而不遇，天惡其盈降災，人忿其亢成眚，天人共棄，非常辭所謂凶。

李衡引陸：四承五故弗過遇之。上以陰過中，故弗遇過之。陰上過極，若鳥飛太高，上下无常，則羅網離之，是謂災眚。災外眚內，失中故也。引介：小者過越大者，亢逆之甚，天下所疾。天曰災，人曰眚。引昭：此離凶，至亢離之，處散之凶。飛鳥離群失侶之象。

楊誠齋：上六柔資，挾震超諸爻過之，必出其上，亢滿如此，豈不罹災眚之凶乎！

朱熹：陰居動體之上，處陰過之極。過高而遠者也。或曰遇過，恐亦當作過遇，義同九四，未知是否。

趙彥肅：二柔遇中，四剛遇柔，故无咎。上六過中遠陽，无所遇者，亢極而凶。

楊簡：居卦上，不中，有過象。過則弗遇，如鳥飛離其所，有大過之凶，是謂災眚。蓋曰此正所謂凶也。亢故也。

吳澄：上六弗與九三遇也。過之謂上六過越九三而居極高之立。九三爲飛鳥，離，麗也。上六變成離，網罟，九三飛則離上六網中矣！凶謂九三應上六必致凶。災眚謂過眚。災由己取，眚非己致。災眚者九三進上，由己所致之眚。嗚呼，陽剛不幸際斯時者，可不知所以自處之道哉！

梁寅：陰過居上，進大銳，如飛鳥之速離遠，言凶又曰災眚者，見凶禍之甚皆其自取也。

來知德：上六隔五不能遇乎陽，反過乎陽也。弗遇過之，顚倒其辭。凡陰多于陽曰有災眚。上六過之高而亢者，陰過如此，非陰之福也，天災人眚薦至，凶孰甚焉！

王船山：水旱曰災。薄蝕曰眚。終絕陽不下，驕亢求勝，此鳥飛而上逆之極，遇之其凶甚矣，害自天降災無可避也。

折中引胡瑗曰：上六過不已，若鳥高翔不知所止而離凶，猶人亢己招損。引余芑舒：如鴻則離之之離。引兪琰曰飛鳥離於矰繳，不亦凶乎！是天災亦人眚也。案凶由己作，災眚外至。

李光地：以陰居上，故不能遇而過之，過甚，離於此也。處時之窮，與之俱過，其凶亦由於災眚。

毛檢討：四陰至此，羽翼成矣！勿謂君遇之過也。而亢之飛鳥將離，言當謝去，坎多眚，坎之盡故災眚，亢過高象。

李塨：上六更上而亢，不屑與陽遇，悍然過之，方謂迅羽可高飛，不知爻變爲離，已麗網中，天災人眚奚逃焉！

江藩：離，遭也，言飛鳥遭公之弋而死，公謂三也，坎爲災眚，說卦文。

姚配中：上居亢位已過五，不得遇五故弗遇過之。已過故也。上亢失位成離，故飛鳥麗之凶！上化成離，三降二爲炊，離大坎災故是災眚。

吳汝綸：上弗與陽遇也。過乎陽。飛鳥離之，有網羅之害，是謂災眚，指而示之之詞。此過亢之咎也。

馬通伯引余芑舒曰：離如鴻離之之離。案陰陽同類相拒，上變則與三相失，弗能親遇，但過之而已！其自爲之也。

丁壽昌：王伯申曰上六弗遇，過之。一无所遇，雖相應亦相失，驕亢勢已成。弗遇過之猶損九二上九云弗損，益之。王氏說確有心得，發先儒所未發。

曹爲霖：弗遇過之者，情弗相遇，輒復過之也。魏元忠對唐高宗曰劉藏器行副于才，七十仍爲尙書郎。帝默然。馮唐知漢文有廉牧不能用也。人趾高氣揚，必獲凶禍。

星野恒：陰居陽爲遇，陰居陰爲過。禽爲網繫，陰道違理過常，猶飛鳥爲羅所加，災眚並至。小人冒進，位窮祿極，豈唯人眚，天災兼至，今古覆轍其戒炯矣！

李郁：上處過極，過不已，弗能有遇，上鳥翼，飛愈高，離棲處愈遠，災眚交至，凶甚矣！

胡樸安：六二邀約弗遇，今則同獵。以有九四之戒心，意志驕亢。飛鳥離於網而獲也。凶，是謂災眚者，彼此志亢，爭所獲之鳥，所以凶，是以謂之災眚也。

高亨：我不遏人之過，而且使之過，是設阱陷人，猶張羅捕飛鳥也，凶矣，因而釀成變亂，胥蒙其災。

李鏡池：離通羅，網也。說沒有錯的人不表揚他，反而批評他，像用羅網網飛鳥，坑害人很壞，一定造惡果。本卦說的可能是司直者的經驗。本卦批評是針對現實的。

徐世大：遇不著而過去了，飛鳥來碰著，糟了。這所謂天災鬼禍。總釋射不及鳥脫險，不圖又離之，如詩「魚網之設，鴻則離之」者，若鬼怪作祟。

屈萬里：非偶遇也，實往過之。離羅也。上鄭作尙。傳象亢之爲言知進不知退。又高氏今註詩兔爰訓離爲羅。

嚴靈峯帛書：（尙）六，弗（愚）過之，（罪）鳥（羅）之，凶。是謂（茲）（省）

張立文：弗愚過之謂不事先防止，就會發生過失。羅假爲離。茲災相通。省眚相通。譯：上六，不事先防止，就會發生過錯，猶張羅網捕鳥，結果凶，是謂災禍。

金景芳：孔疏以小人身過而弗遇，必遭羅網，自災致眚。王弼說小人之過不知限！飛不已將何託，災自致。可從。

傅隸樸：飛鳥不宜上宜下，上六如鳥高飛不下，最後會發出哀鳴。人臣過分越職，必同飛鳥哀鳴一樣凶。災是天災，眚是人禍。離義同羅。

徐志銳：過極與中界線不再相遇了，故言弗遇過之。以飛鳥離開地面中心點一去不反，過中必導致自身衰亡。

朱邦復：居過之極，違理逾常，凶，有災害。

林漢仕案：上六弗遇過之。與九四弗過遇之基本理念完全不同。人格類型亦異。張根「遇」之定義在邂逅。高亨謂遏止，傅隸樸謂得曰遇，蓋本孔穎達疏：「過而得謂遇。」過爲相過，過越，過訪，過錯，過失。蘇軾謂遇，逢也。今以高亨，傅隸樸遏，得釋遇，謂上六不自遏止其行，上六過而不得，於是再過越，過訪，一錯再錯。上六熱中一頭栽入，一過再過，如飛鳥之自投網罟而罹難，咎由人不禮遇我而我過於熱中也，咎由自取也。象謂上六亢，孔疏爲小人，張根謂遇尚不可況過焉！上六之亢，其位也。過分越職，不知己亦不知彼，无才冒才，不與三遇而自過其位，以爲一飛可以衝天，逃離羅網，不知飛不已而力竭將何所託也！

試錄上六弗遇過之諸賢高見以爲參考：

象：已亢也。

王弼：極過不知限，至亢也。

孔疏：小人過極于亢无所復遇，故曰弗過遇之。

司馬光：過者上，遇者得中，上六初六皆過而失中之甚也。

程頤：違理過常，動過極不以理遇，如飛鳥之速所以凶。

蘇軾：亢不復返故弗過遇之。

張浚：陰居動極，過中不知返，況矯亢，上不能自下。

鄭汝諧：愈上愈不遇，故凶愈甚。

張根：已亢矣，雖遇不可，況欲過焉！

朱震：失中，動過亢甚，故曰弗遇過之。

項安世：上六高貴之人，震極高飛，動離網罟。

李衡引：小者過越大者，亢逆之甚。飛鳥離群失侶象。

楊誠齋：柔質挾震超諸爻過之，亢滿如此豈不凶乎！

朱熹：過高而遠者。或曰恐亦當作過遇，義同九四，未知是否？

趙彥肅：上六過中遠陽，无所遇者，亢極而凶。

吳澄：上六不與九三遇，過越九三居高位。陽不幸際時者。

梁寅：陰過居上，進大銳。

來知德：隔五不能遇陽，反過乎陽。弗遇過之顛倒其辭。

王船山：絕陽不下，驕亢求勝。

毛奇齡：羽翼成矣，亢之飛鳥將謝去。亢過高象。

李埱：不屑與陽遇，悍然過之，謂迅羽可高飛而麗網中。
姚配中：居亢過五故弗遇過之，已過故也。
吳汝綸：上弗與陽遇，過陽有網羅之害。
馬通伯：上變與三相失，弗能親遇，但過之而已！
丁壽昌：上六一无所遇，雖相應亦相失猶損九二上九弗損，益之。
曹爲霖：情弗相遇輙復過之也。人趾高氣揚必獲凶禍。
星野恒：陰居陽爲遇，陰居陰爲過。陰道違理過常。
高亨：不遇人過是設阱陷人，猶張羅捕鳥。
李鏡池：離通羅，網也。說沒錯的人反而批評他。
徐世大：遇不著而過去了，若鬼怪作祟。
屈萬里：非偶遇，實過之。離罹也。亢言知進不知退。
張立文：不事先防止就會發生過錯。
金景芳：小人身過而弗遇，必遭羅網。
傅隸樸：上六如鳥高飛不下。災天災，眚人禍。

擬提出三點討論：

(1)朱子謂當作弗過，遇之，義同九四。

(2)離，是鳥離網罟？抑鳥罹網罟？離網也？

茲依次略析如后：

朱子謂：「或曰遇過，恐亦當作過遇，義同九四。」漢仕以爲若作過遇，與九四不祇文法架構同，其義亦同。弗過，小者弗過訪而遇諸塗。上六我本閑散人，因邂逅而一頭栽入，五湖四海，天上地上唯我獨尊之身世，一入彼彀則不得不發矣！世俗之禮遇榮耀，無形之索已套牢爲之驅馳矣！是一失足成千古恨也！以野鶴閑雲身，爲榮譽、虛名、財色、祿位緊箍，咎由自取也，是之謂災眚。如嚴光之遂志，顧炎武之刀繩具在，毛遂之錐不入女囊，穎何由出？莊子之寧爲污泥中爬行而拒絲帛裹身，供奉廟堂之上，七十二鑽无遺筴。一居其位則常畏人！弗過從之志，不可因偶遇而改，改則自負一切後果也。上六之不過，遇之，災眚咎不可免也。蓋受人者常畏人。今上六已亢，高貴，弗與三應，不屑陽遇，所謂羽翼已成，亢之飛鳥將謝去，陽之不幸際時者。則上六所謂弗過遇之者似不恰當，況帛書正與今本爻辭相同也，弗愚過之，愚假遇。

其次離，入網罹災抑離網自由高飛，網奈我何？

經文「弗遇過之，飛鳥離之，凶，是謂災眚。」大前提是凶，災眚，因此，離字乃關鍵字，張根謂飛鳥之上必離于網罟。因下文爲凶，故知離，必如江藩之謂遭也，屈萬里之謂罹也，李鏡池謂通羅，網也。因之前人逕謂離麗網罟，離麗網中，必遭羅網。被羅網則知其凶也。然舍離羅外，鳥飛不已，上不至天，下不及地，疲累亦可凶死，如初六之「飛鳥以凶。」小智而大用，欲奮衝天之志，效鯤鵬怒翼，摶扶搖而上九萬里，笑彼人也北山張羅，可奈我何！力盡而墮，亦可哀也。故毛奇齡謂「羽翼成矣，亢之飛鳥將謝去，亢過高象。」象謂已亢，王弼謂極過不知限。則知鳥確然高亢奮飛，遠離羅網。是離，離開也，遠離也。李衡引昭亦謂飛鳥離群失侶象。若第言鳥飛不已，低飛是有觸網機率，高飛則否。李郁曰上，鳥翼，飛愈高，離棲處愈遠。是第二說亦可成立也。第三說江藩之謂遭公弋而死，是飛鳥遭矰繳射中而死也，鳥之遭難故災眚。程頤謂：「動皆過，違理過常。」天災人禍並至，所以凶也。凶並非即劃上休止符，繫辭云：天垂象見吉凶。又云吉凶生大業，孔子曰作易者其知盜乎？蓋吉凶言失得。今所謂凶即失也，有所失則思得，思得其盜天乎？故序卦云有過物者必濟，韓注云：「行過恭，禮過儉，可以矯世厲俗。」故受之以既濟。窮則變，變則通也。小過至上六羽翼成，可以飛矣，反遭窮困者，弗遇過之，是其人格類型必須調整也。反求諸己，盜天計可出矣！觀卦辭云：「小過，亨，利貞，……不宜上，宜下，大吉」。大吉，大得也，烏有卦辭大得而卦之上爻走入死胡同天災人禍凶死者耶！所謂凶者失也。災眚者，錯誤嘗試之煉鑠也。思之過半盜天計可出矣！所謂人謀鬼謀，百姓與能也，亨，大吉亦祇一寸之遠耳。

跋

林漢仕

目睹大舅吳德謙氏所贈月曆日薄，情感起伏反轉日濃：同僚好友劉道荃君篤信上帝，提借優利存款上麻將檯、瀟灑接納主安排右邊寶座。教會道友因不得承受一切，催討未付之捐獻無門又不許主辦讚美主後事，憤而退出殯送行列。服務學校以鮮花素果請女尼誦念彌陀接往西方極樂世界。劉兄生前不忍擺脫基督恩澤，第屢邀陳老師沅淵兄與劣等同遊古剎禪林，接受齋飯藥食，注目禮佛金身而守馬丁不拜戒。阿門之聲不絕於口。不圖生爲基督愛徒，薨卻成佛門弟子。腳踏雙板船，劉兄汝要航向何方？人生眞無常，感受亦無常，數年前皈依星雲大師門下，卻因見上人也有貢高傲慢之一面，無視劣徒等之參拜問訊，直奔花叢與女衆逗笑，手按一美婦頭，彼婦嬉笑不支蹲地，上人亦撩衣「折腰」，「加持」之手不離髮。依四分律言，若捉髮……接受嬉笑聲供養……上人功業大，自後我將更篤信如來，讓無明稠林遠離，伴佛回笑衆生「慈悲喜捨」諸惡莫作，衆善奉行！

比年物質精神生活各得所適，日思夜索，扣除彼作夢時光，尙可餘多少可用作易傳整理？今甫成七卦顏之曰《周易匯眞》。文史哲彭老闆囑字數不可多過廿萬，故以此作一小結，第七本不日亦將脫稿。餘下卦約十七篇四十萬字，奉畢生心力將以底以成，用記念鄉大賢長者林大椿名紳問、答以「欲與古人爭短長耳」，先生哂余言之不讓也。先生自署西東南北人，示有別於孔子。吾署鳳美園示不忘祖德也。可乎？

參考書目

無求備齋易經集成　嚴靈峯　成文出版社印

刪補易大全　納蘭德成　廣成書局

易經皇極經世祕本　邵　雍　武陵出版社

易參議　梁　寅　廣文書局

誠齋易傳　楊萬里　三才書局

來氏易注　來知德　民樂出版社

仲氏易　毛奇齡　廣文書局

周易傳注　李　塨　廣文書局

周易要義　宋書升　山東齊魯書社

周易經翼通解　星野恆　五洲出版社

周易補注　陳樹楷　天津古籍書店

周易哲學史　朱伯崑　北京大學出版社

周易闡微　徐世大　臺灣開明書店

周易探源	鄭衍通	中教出版社
周易理解	傅隸樸	中華書局
周易集解初稿	屈萬里	聯經出版事業
談　易	戴君仁	臺灣開明書店
易學新探	程石泉	黎明文化事業
費氏古易訂文	王樹柵	文史哲出版社
漫談周易	王居恭	文史哲出版社
周易秘文	黎子耀	浙江古籍出版社
周易大傳新註	徐志鋭	齊魯書社
周易講座	金景芳	吉林大學出版社
易　經	蘇勇（點校）	北京大學出版社
其他書目見易傳評估	林漢仕	文史哲出版社
乾坤傳識	林漢仕	文史哲出版社
否泰輯眞	林漢仕	文史哲出版社
易傳綜理	林漢仕	文史哲出版社
易經傳傳	林漢仕	文史哲出版社